现代会展培训指定教材

现代会展服务

总顾问 王志平　　主编 王彦华　　本册编著 陆　莹

中国商务出版社
CHINA COMMERCE AND TRADE PRESS

图书在版编目（CIP）数据

现代会展服务/王彦华主编 . —北京：中国商务
出版社，2015.4
现代会展培训指定教材
ISBN 978-7-5103-1281-6

Ⅰ.①现⋯　Ⅱ.①王⋯　Ⅲ.①展览会-商业服务-技
术培训-教材　Ⅳ.①G245

中国版本图书馆 CIP 数据核字（2015）第 087504 号

现代会展培训指定教材

现代会展服务
XIANDAI HUIZHAN FUWU

总 顾 问　王志平
主　　编　王彦华
本册编著　陆　莹

出　　版：中国商务出版社
发　　行：北京中商图出版物发行有限责任公司
社　　址：北京市东城区安外大街东后巷 28 号
邮　　编：100710
电　　话：010-64245686　64515140（编辑二室）
　　　　　010-64266119（发行部）
　　　　　010-64263201（零售、邮购）
网　　址：http://www.cctpress.com
网　　店：http://cctpress.taobao.com
邮　　箱：cctp@cctpress.com；cctpress1980@163.com
照　　排：北京科事洁技术开发有限责任公司
印　　刷：北京密兴印刷有限公司
开　　本：787 毫米×980 毫米　　1/16
印　　张：23.75　字　数：360 千字
版　　次：2015 年 5 月第 1 版　　2015 年 5 月第 1 次印刷
书　　号：ISBN 978-7-5103-1281-6
定　　价：48.00 元

现代会展培训指定教材
编 委 会

序

中国加入世贸组织以来的十多年间，会展业作为联系生产与消费的中介，在中国也得到了迅猛发展，已经成为现代服务业的一个重要分支并呈现出一系列新特征：

一是境内展会数量和规模快速增长。据商务部统计，2013 年全国共举办各类展览 7 319 场，同比 2008 年的 4 490 场增长 63%；2013 年展览面积 9 391 万平方米，同比 2008 年的 4 517 万平方米增长 108%。展览范围涵盖机械、化工、印刷、家电、家具、服装、通信、生物医药、汽车、珠宝、建材、美容、文化等各个行业。

二是出国展览市场稳定发展。2013 年全国 102 家组展单位共赴 75 个国家实施经贸展览会计划 1 492 项，比 2009 年的 1 183 项增长 26%，其中参加国际博览会 1 422 项，占实施总量的 95.3%，单独举办展览会 70 项，占实施总量的 4.7%。2013 年出展项目净展出面积 64.7 万平方米，比 2009 年的 42.64 万平方米增长 51%。

三是展馆规模全球领先，布局更加科学。截至 2012 年年底，全国拥有 5 000 平方米以上会展场馆 316 个，可供展览面积 1 237 万平方米。2013 年，全国在建会展场馆 13 个，面积 154.49 万平方米。预计全部建成后，全国会展场馆总数将达 329 个，可供展览面积达到 1 391.49 万平方米。随着展馆设施不断完善，全国已经形成长三角、珠三角、环渤海三个会展经济带。

四是办展主体呈多元化发展。在办展主体方面，我国形成了政府、商（协）会、事业单位、国有企业、民营展览公司、中外合资展览公司以及外资展览公司等多层次、多渠道办展的新格局。全国 5 000 平方米以上展会中，各类企业和行业协会举办展会约占全国展会总量的77%（其中，企业办展占57%，行业协会办展占20%），已成为行业主流，为各行业企业提供了产品展示、信息交流、贸易合作的平台，对扩消费、促流通、推动对外经贸发展发挥了积极作用。

五是社会经济效益日益明显。会展业是连接生产与消费的桥梁和纽带，各类展会汇聚人流、物流、资金流、技术流，有效拉动餐饮、住宿、交通、零售、旅游等众多服务业增长，促进城市完善基础设施和配套服务，对于转变经济发展方式、增加服务业在国际经济中的比重、推动经济社会全面协调持续发展具有重要意义。会展业带动就业效果显著，2013年我国会展行业带动就业人数达2 777万人次，综合拉动效益日益凸显。

目前，在产值、展馆数量、展馆面积、展会数量、展会面积、世界商展百强等六项主要指标上，中国在展馆面积和展会面积两项指标上居世界第一，其他指标也位居前列，中国已是名副其实的展览大国。同时，中国也是国际展览机构普遍关注及重点发展的市场，并成为其业务增长的主要来源国。随着中国经济持续稳定健康发展，对外开放进一步扩大，全球制造中心地位的形成，居民消费结构不断升级，形成了巨大的现实和潜在的市场，这些都将为会展业的发展提供广阔的发展空间。当然，从国际比较观察，我国会展业目前尚处在"大而不强，多而不精"的阶段，与欧美会展强国相比，我国会展业仍存在发展模式不清、产业规划滞后、资源相对分散、发展方式过于粗放等问题，中国会展业的可持续发展还面临着不少问题与挑战。

商务部是中国会展业的行业主管部门，始终重视、支持这一行业的健康发展和国际竞争力的增强。中国对外贸易中心作为国家商务部的直属单位，在承办广交会的发展历程中，积累了丰富的办展经验，培养了一支专业素质较高的会展人才队伍。随着上海国家会展中心项目的建设完成，外贸中心已经成为名副其实的航母级会展企业集团，成为中国会展行业应对国际竞争的主要依靠力量和迎接国际会展中心向中国转移的重要载体。为适应会展业发展趋势与规律的这些新变化，外贸中心加大了在干部培训培养、企业大学建设、宏观经济政策研究、会展业发展规律研究等方面的投入。他们围绕国内外会展业发展面临的热点、难点问题，理论联系实际，深入调查研究，完成了许多行业影响大、参考价值高的课题。历时两年、由多位同志利用业余时间编写的广交会现代会展培训指定教材（共七册）就是上述投入的重要成果之一。这套丛书有以下三个方面的突出特点：

1. 视角宽广、重点突出。丛书从政府与企业、从国际到国内，全方位论述了会展业发展面临的主要问题，提出了许多针对性强、可操作的建议措施，对政府制定政策有较高参考价值；涵盖了从策划、招商、招展到现场管理等会展业涉及的各个重要环节，对企业制定发展战略有较强指导意义。

2. 案例丰富、图文并茂。丛书的主要编著者都是有着多年实战经验的同志，丛书中许多展览项目的案例就是这些同志的亲身经历和切实体会，特别是《中国第一展——广交会文库》收录的所有文章，都是每位作者国内外调研的精品之作，首次结集出版。

3. 方法科学、结构严谨。丛书共七册，第一部分是导论，是全套丛书的基础和总纲。第二部分是现代展会核心业务读本，按照展会的主要内容分为组织策划、招商推介、现场服务、展示工程、专业展览五个分册，是展会业务链的全景展示。第三部分是《中国第一展——广交会文库》，是从近几年来外贸中心完成的几百份研究报告中精选而来并按不同专题归类整理的，是独具特色的知识库，具有较高的教学与科研价值。

王志平

2015 年 3 月

前　言

本书具有以下五个方面主要特点。

第一，体系性强。打破以往会展教材的知识点零散与体系化弱的局限，以会展行业特性与服务运营管理思想统领全书的铺排，构建服务体系概念，有助于会展服务从业者建立全局观与系统化思考模式。

第二，有战略高度。融入会展服务提供策略、管理模式、组织架构等具战略高度的行业经验，为会展服务从业者打开思路，构建会展服务的理念框架，培养会展服务提供的统筹思维与战略见解。

第三，知识覆盖面广。本书内容涵盖服务设计、组织、运营、执行、质量管理的服务管理全过程，同时对每项会展服务的开展思路与具体操作详细阐述，为会展服务从业者的业务开展提供全面参考。

第四，强调服务规划。以市场需求为前提，对服务能力与服务流程进行前期规划，是高质量服务提供的重要保障。本书对服务规划给予高度重视，对其进行了深入与系统的阐释。

第五，凝聚行业经验。以中国对外贸易中心（集团）多年会展实践为基础，汇集先进会展服务经验与理念，突破以往会展教材实操性不足之缺憾。

总之，本书力求在创新性、前瞻性和应用性等方面形成特色，并做到内容丰富、语言简洁易懂、适用范围广，希望可以对我国会展服务方面的研究起到一定的推动作用，同时，希望广大读者读后能对会展服务有新的理解和感悟。

陆　莹

2015 年 3 月于广州

目　录

第一章 概 述

　　会展是现代服务业的新领域，服务于商品贸易与信息交流，是商品流通和经济发展的重要环节。我国的会展业始于20世纪50年代，目前，已成为世界展览大国，会展的规模和数量已居世界前列。

　　会展服务是会展的基础，会展的成功举办离不开会展服务。但是，一直以来，我国的会展服务却是会展业的软肋，会展服务远远落后于其他国家，这也是我国不被世界公认为展览强国的重要原因。

　　会展服务是什么？会展服务在会展活动中处于什么重要地位？本章将对这一系列问题做出探讨，旨在让读者对会展服务形成初步认识。

　　会展服务是一种服务活动，也是服务业的一种服务形式。由于会展业的特点，会展服务具备其独特之处。本章第一、二节将会展服务置于社会、产业的宏观视野中，置于"服务"的大范畴中，介绍会展服务在会展业与城市经济发展中的功能和地位，让读者认识会展服务，全面理解会展服务的内涵与意义，加强对会展服务本质与意义的理解。第三节聚焦会展服务业，通过对会展服务的分类，将复杂纷繁的会展服务进行结构解体，从微观层面了解会展服务的主要内容和组成部分。第四节提出会展服务体系的新概念，以统筹与系统化的高度运筹帷幄，运营会展服务。本章的最后，反思现有会展服务业，明确新一代会展服务人员的使命与愿景，开启本书的后续内容。

第一节　服务与会展服务

一、服务

　　现代社会，无论是消费服务还是提供服务，服务已经成为我们生活中不可或缺的部分。我国改革开放以后，以服务业为代表的第三产业快速发展，服务业在国民经济中占据着越来越重要的地位。据国家统计局统计，2011

年，我国以服务业为代表的第三产业产值已占国内生产总值的 43.4%（见表 1—1）。经济结构的变化，体现着社会生活结构的变迁。咨询、金融、酒店、美容、家政等以往只是"自给自足"，只由个人完成的事，现已逐渐衍生为服务业的商机。生活在 50 年前的人们，根本无法想象家务可以雇人完成，所需物品在家中按下鼠标就可以买到，足不出户就可以实现货币流通。这些，已经形成生机勃勃的新兴服务行业。正如美国著名学者菲茨西蒙斯所言：日后，越来越多个人活动会归入服务领域。服务已经成为社会生活的必要部分，其重要性与影响力将不断加强。

表 1—1　国内生产总值产业结构　　　　　　　单位：%

产业	1978 年	1990 年	2000 年	2011 年
第一产业	28.2	27.1	15.1	10.0
第二产业	47.9	41.3	45.9	46.6
第三产业	23.9	31.5	39.0	43.4

（一）服务业发展历程

早在 1750 年，第一次工业革命之前，服务业早已显现出与当时的经济主体——农业的不同之处。受限于当时的经济与产业结构，重农主义者将服务看作"农业生产以外的其他所有活动"。尽管许多服务在古代就已有雏形，但真正作为一个行业的萌芽则是从工业革命开始的。工业革命实现了人类生产方式的伟大变革，使得人类社会的经济、文化有了空前的繁荣，随着企业职能分工的逐步细化，有一些职能就借助企业外部的服务力量来实现，广告、会展服务等行业在欧美等国家出现并有所发展。

第二次世界大战结束后，欧美、日本都把注意力转移到经济建设上，世界经济平稳发展，服务行业逐步实现产业化，发展成为一种社会公认的新行业。

进入 20 世纪 90 年代，世界经济发生了根本性的转变。传统的基于手工业时代的经济格局让位于知识经济。在知识经济背景下，许多企业都关注于核心业务的发展，大量的商务活动外包给专业服务公司来经营，从而使现代服务业在全世界范围内迅速壮大起来。

（二）什么是服务

什么是服务？或许在我们心底里都有相关的界定。然而，要对服务做出通用且精确的定义却相当困难，近两百多年来服务的定义被不断地补充与修订，这一过程也标志着人们对服务认识的不断完善与加深。

在重农主义者将服务定义为"农业生产以外的其他所有活动"后，亚当·斯密（Adam Smith）对此做了进一步的修正，即"不产生有形产品的所有活动"。从此，产品是否有形成为区别服务与工业、农业的重要标准。1977年，希尔（T. P. Hill）尝试以服务的特点对此进行定义。他指出："服务是指人或隶属于一定经济单位的物在事先合意的前提下由与其他经济单位的活动所产生的变化。服务的生产和消费同时进行，即消费者单位的变化和生产者单位的变化同时发生，这种变化是统一的。服务一旦生产出来必须由消费者获得而不能储存，这与其物理特性无关……"在这个定义里，供求双方首次得到了强调，服务不再被视为商品的一种，而是一种经济活动，包含过程与产品两重属性。其后，许多经济学家不断扩展希尔"服务"概念的内涵。如1982年，菲利普·科特勒（Philip Kotler）对服务做了如下定义：任何组织或个体以一定行为方式满足其他组织或个体的某种无形需求的活动，其过程不必依赖于有形的工具。就服务的内涵或其所包含的内容来说，人们不再有太大分歧。一般认为，服务是指一方为另一方提供一定的行为或表现，是为提高消费者效用所进行的创造价值的活动。

（三）服务的特征

服务作为一种区别于商品的经济活动，具有无形性、生产与消费同时性、服务差异性、不可储藏性4个重要特征。

无形性。无形性是服务的基本特征，是其区别于商品的重要标准。酒店的管家服务，为初来乍到的客人安排好旅途的一切；时下潮流的导购服务，专业设计师陪同客人购物，提供专业服装搭配建议。这些经济活动均不以实物形式存在，与一般商品流通形成鲜明对比。

生产与消费同时性。一般而言，顾客与商品的第一次接触在商店发生，商品生产在工厂进行，随后运送到商店售卖，生产过程是在后台进行。而服务则不然，客人需要参与服务的生产，从接触服务人员开始服务即刻生产，而这一过程中顾客也在消费服务。服务是在顾客与服务提供者、系统或设施的互动中进行的。正如心理咨询服务，无法在顾客到达前录制好解决方案，需要顾客与医生的共同互动推进服务的进行。

差异性。这一特征是由服务前两个特征决定的，服务不是一个单一的整体，而是相关服务要素的集合，难以进行工业化或标准化生产，只要其中一个要素表现不佳，即会造成顾客的不满。如"微笑服务"是近年来各类服务企业对员工的基本要求，但受地域文化、员工精神面貌等多种因素的影响，服务质量具有明显的差异性。

不可储藏性。服务的无形性与消费同时性决定了服务的不可储藏性。如酒店的房间无人住宿，酒店就必须承担相应的利润损失；空置的飞机座位不能储存到下一个航班等。服务的不可储藏性加重了行业季节性等波动因素对服务运营的影响，使平衡供需成为服务运营的一大难题。

二、会展服务

宏观而言，会展业是现代服务业的新兴领域，是现代服务业的新型代表，是一个知识、技术、信息密集型服务部门。会展是会议与展览的统称，是为业内提供高效广泛交流的重要平台。在瞬间万变的信息时代，会展活动汇聚大量的人流、物流与信息流，信息与知识在会展中得以分享与交流，会展活动反映了行业最新潮流和趋势。对各行各业而言，会展是一种服务于产业信息交流与知识创新的现代服务业。会展服务贯穿于会展活动的始终，会展业的功能决定了会展服务的重要性，换言之，会展服务就是服务于新兴服务业的服务，是构筑会展服务交流平台的基础。

会展服务有广义和狭义之分。广义的会展服务是指会展企业和与会展相关的企业向会展活动的主办方、承办方、与会者、参展商以及观众所提供的全方位服务，包括会展策划、会展筹备与组织、会展物流、会展接待、会展宣传、会展场馆设施配套等各方面的服务。在广义会展服务中，会展服务企业为主，其他相关企业为辅，包括宾馆、饭店、旅行社、娱乐场所、物流公司、广告公司、设计公司等，以及交通、通信、金融、消防等公共服务部门，共同为会展活动提供完善的全方位服务。

狭义的会展服务是指在会展活动中，由主办方或承办方向与会者、参展商及观众所提供的各项服务，主要包括策划、营销、宣传、采访、接待、餐饮、住宿、礼仪、交通、运输、仓储、后勤、安保、保洁、旅游、文书、通信、信息、保险、租赁、展台设计、展具制作、展台搭建等方面。狭义的会展服务项目主要是由主办方或承办方提供的，或者通过主办方或承办方提供的服务。如展会期间的金融和保险服务，可由主办方或承办方提供代理服务。此外，狭义的会展服务还牵涉参展商的服务、会展客户关系维护、展会品牌维护以及展会知识产权保护等方面的服务问题。

本书对会展服务的探讨基于狭义的会展服务概念，特指展览所涉及的服务。

（一）会展服务的主客体

明确会展服务的主客体是提供会展服务的基本前提。会展服务的主体是指会展服务的提供者，而客体则是指会展服务的接受者。

广义而言，会展服务的主体指在会展举办全过程中提供服务的政府部门与各类服务商，包括航空公司、公共交通、酒店、旅行社等。广义的会展服务也包括政府部门协调交通、基础设施配套等公共服务。狭义的会展服务主体是指会展活动的主办方（或承办方）与会展场馆，是会展活动的内部机构。会展的举办牵涉到大量人流与物流的组织与管理，在此期间，会展主办方（或承办方）是各类会展服务的集合体，汇集各种会展服务的提供，组织服务有序地开展。而会展场馆则是会展服务提供的主要场所，大部分的会展服务由展馆提供，包括展位搭建、物流组织、保洁服务等。服务是展会品牌的重要体现之一，随着专业化分工的深化和细化，越来越多服务已以外包形式提供，这更加强调服务主体职责的重要性，如何选择服务供应商、如何确保服务质量，都是会展服务的运营难题。

会展服务的客体，广义的包括各类服务商的服务对象，不仅包括了参展商及观众，而且还包括了主办方和承办方，而狭义的主要是指主办方和承办方的服务对象，即参展商和观众。由于参展商能带给主办方直接利益，展览业界的研究倾向于"重参展商而轻观众"，但是，如果从展览举办的目的和展览的价值分析，尽管参展商是会展主办方的最直接客户，是会展经济收入的主要来源，但参展商参展的目的在于拓展商品销路和市场，因此，观众才是展览的最终客户，能够持续吸引数量充足的观众，特别是专业观众是展览企业获得竞争优势的法宝，也是展览成功的主要因素和标准。对于会展服务来说，服务的目标导向应以观众为主，尤其是专业观众。

（二）会展服务的特点

会展服务是为会展活动开展而提供的多种服务的集合，具有一般服务的共性特点。同时，由于行业的特性，会展服务也具有自身的特殊性，包括集聚性、综合性、差异性、复杂性。

1. 集聚性

会展服务的集聚性主要体现在现场服务方面，它是由会展活动的性质而决定的，会展使得大量的人、物、信息短时间内在同一时间、同一空间集聚。相应地，为会展活动而提供的各项现场服务必须在指定的时间与空间内集中完成，因此形成服务集聚的现象。会展服务的集聚性有两层表现：其一，服务项目的集聚，从参展商与观众注册开始，到客商到达会展举办地、展会结束回到客源地，这一过程所涉及的服务内容众多，所涉及的服务部门也非常多，注册服务、金融服务、交通服务、住宿服务、餐饮服务等多种服务通过展览项目归并到一个整体中，这也体现了会展对举办地的基础设施及生活配套有很高要求；其二，服务需求的集聚，在会展举办期间，大量人流对举办地的各类服务的承载力发起挑战，需求波动性强，当服务供给不能满足需求时，将产生服务需求溢出效应。如广交会期间，广州市内酒店"一房难求"，对住宿的需求也向周边城市有所溢出。

2. 综合性

研究表明，会展是一个包括众多分支学科的综合性学科。会展学的知识领域涉及信息学、传播学、经济学、管理学、旅游学、建筑学、运输学、口岸学、艺术学、环境科学、安全科学、社会学、文化学、政治学、公共关系学、心理学、政策学、法学等众多学科。会展服务的提供需要整合多学科知识与多行业经验，具体很强的综合性。在服务提供的微观层面，会展服务需要综合素质好、能力强的专业人员。会展服务的对象特殊而又复杂，参与会展服务的人员不仅要掌握政治、文化、营销、礼仪、服务心理等现代服务理论，而且，还必须掌握接待礼仪、会话艺术、餐饮文化、现代设施及设备的使用等多种服务技能。

3. 差异性

会展服务所涉及的部门很多，主办方、承办方、外包服务方以及为展会提供支持的公共服务各部门，需要通力合作、协调共进才能提高服务效率，达到共赢的目的。但由于会展服务人员工作经验不同，各人素质、修养和技术水平存在差异，会导致服务质量出现差异；即使是同一个人提供同样的服务，由于服务对象的不同以及时间的差异，服务质量也可能有较大的波动。另外，由于顾客对展会服务的期待不同，不同顾客对同一服务会产生不同的感知。而差异性的根源在于顾客的生活习惯、消费习惯、文化、经历存在的异质性。再者，服务需要顾客参与，会展服务具有生产与消费同时进行的特征，服务中任一环节都会影响顾客的体验，留下不同的印象。所以即便是同一服务，其评价的优劣也可能是不同的。会展服务的差异性将促进服务提供者进行服务创新，在保持服务质量稳定的前提下，追求服务差异化和个性化。

4. 复杂性

主办方、参展商、观众是会展的三大主体。其中，参展商与观众都来自全国各地，甚至是世界各地，文化、风俗习惯、教育水平、知识结构等均非常多样化。服务是一种体验的传递，服务客体的多样化，决定了服务的复杂性。例如，每年广交会都云集全国各地的参展商与世界各地的专业观众，这就要求主办方配备多语言服务。另外，在餐饮安排上也需要照顾多种地域文化的需求，如设立独立的清真餐厅、素食餐饮供应等。

第二节　会展服务的意义

会展业是现代服务业的新兴代表，是城市服务业的源头和引擎，会展服务作为会展的重要组成部分，对会展业的发展以及社会经济的拉动具有重要的战略意义，主要体现在三个层面，一是会展服务的必要性，会展服务对展览的成功举办有举足轻重的影响；二是会展服务的增值效应，会展服务对展览品牌的提升有很大的促进作用，是展览可持续发展的关键因素之一；三是会展服务的拉动效应，会展服务是展览对经济拉动的依托，对树立城市形象、增加社会效益有重要的意义。

一、会展服务的必要性

一直以来，对于大多数人来说，会展服务是一种理所当然的存在，很少有人去研究它的必要性，人们关注更多的是它在表象上对展览的辅助和效果，如个性化展位搭建会使整个展览大放异彩，但很少有人去试想假如没有展位搭建服务，参展商展示的平台如何构筑；展品琳琅满目地摆放在每个展位上，很少有人去试想假如没有物流服务，这些展品如何能在有限的时间内被快速送达并整理上架。会展服务的必要性体现在它为满足参展商和观众基本需求提供了基础。据研究所得，参展商的参展动机在于获取最新行业趋势、接触新客户、行业交流、获得订单等；观众的参观动机在于搜集信息、建立市场关系、考察奖励、采购行为[①]（罗秋菊，2008）。这些动机都是参展商与观众的基本需求。首先，会展服务是展览信息交流、展示功能的构建基础，如展位搭建、保洁、展品搬运等服务，这类服务也被称为展览的基础服务或核心服务，即缺少这些服务，展览的展示平台将无法顺利构筑。其次，会展服务是良好的办展秩序的保障，如交通、安保等服务。从管理学双因素角度分析，该类服务属于展览的保健因素，即如果该类服务欠缺或质量不佳，将对参展商和观众的参展体验造成严重的负面影响。此外，会展服务还是展览效率的重要保证，由于展览具有服务的特性，不存在库存制造的环节，因此，要在有限的时间内达到最佳的效果，需要各个环节快速、高效，会展服务在其中发挥着纽带和推动的重要作用。世界上许多展览大国都把会展服务看作是展览的核心任务，如德国将会展服务视为展览的灵魂，想方设法促进会展服务的发展，法兰克福国际会展中心成立了专业的货运管理机构，并设有占地80000平方米的现代化物流中心，专门处理展品的通关、搬运和堆存等业务。而汉诺威国际会展中心则将其物流业务全部分包给5家国际性物流公司，大大提高物流效率，进而提高办展效率。

[①] 罗秋菊：《参展商参展决策研究——以东莞展览会为例》，《旅游学刊》，2007年第5期。

二、会展服务的增值效应

对于会展活动本身而言，会展服务的增值效应在于对展览品牌发展的正面作用。展览品牌效应的形成在于展览能有效地促进行业交流，满足参展商与观众的参展需求，增加其感知利益。而优质的服务则会通过给参展商与观众留下良好体验，提升其满意度，从而提升其对展会的认同度，实现对品牌效应的增加。《会展管理》一书的作者，美国休斯敦大学希尔顿管理学院捷安娜·阿博特和阿格尼斯·德弗兰科，将展览会"增值服务"定义为展览主办方为了达到"吸引回头客"的目的，而向参展商和观众提供的一系列附加服务①。这类服务在会展活动组织中好比激励因素，不提供则会造成服务满意度的降低，相反，则会给顾客带来额外的惊喜。会展增值服务可分为以下两种。

第一，为参展商与观众提供基本需求以外的服务，如现在很多展会为观众设置休闲区、旅游服务、酒店服务等。此类服务不直接作用于基本需求，但能提高顾客整个行程的体验，起到增值的作用。例如，汉诺威国际会展中心的增值服务提供属世界顶尖水平。在住宿与娱乐配套服务方面，成立专门公司为客商预订展览中心内部和周边 180 千米范围内星级酒店与经过严格审核、具备基本配置的民宅；增设管家服务，通过业务承包商向客商提供餐饮配送、房屋保洁、洗衣等家政服务。同时，建立分级管理制度，为不同观众尤其是 VIP 观众提供包括特色餐饮、娱乐休闲等个性化服务。

第二，为参展商与观众提供基本需求上的专业化与精品化服务，如租车服务、网络服务、广告服务等。目前，许多展览的着力点在于"贸易撮合"服务，着眼参展商与观众最根本的需求。以广交会为例，2010 年广交会将原"网上广交会"会员服务正式更名为"贸易匹配"。该项服务根据采购商详细的采购需求，在最短时间内借助查询系统与后台匹配等方式，为采购商度身配对寻找供应商，突破时空界限，为供需双方搭建沟通的桥梁，降低参展商与采购商的搜索成本。这类服务直接作用于基本需求，协助参展商与观众更

---

① 童国颜：《百年 AVMA——透视德国展览业发展历程》，《中国会展》，2007 年第 11 期。

好地实现其参展目的，也是最能体现会展服务增值效应的。

增值服务的提供有赖于客户关系管理（CRM），这一方面的知识将在本书第四章进行详细讲解。

三、会展服务的拉动效应

会展服务的集聚性与综合性使会展活动的开展需要多元化与高强度的服务配备，对相关产业的发展有非常明显的促进作用，具体体现在社会效益的增加以及城市形象的提升两大方面。

首先，在论及会展对发展经济的作用时，"1∶9效应"这个概念经常被提及。会展的"1∶9效应"是指投入1个单位的成本会给举办城市带来9个单位的收益，这9个单位的收益是由会展企业与相关的企业共同带来的。由于会展的举办，短时间内带来的大量人流的涌动，构成了一个暂时的高消费群体，他们将刺激旅游、餐饮、交通、住宿、印刷、媒体等多方面产业收入的增加，其增加量是会展收入的若干倍。会展行业对经济的拉动作用，直接体现在会展服务上。以北京2008年中国国际服装服饰博览会（简称服博会）、北京国际汽车展览会（简称汽车展）和中国国际体育用品博览会（简称体博会）对服务经济的拉动实证为例。2008年，在中国国际展览中心新馆举办的汽车展、服博会和体博会三个会展，直接服务行业（包括展台搭建、广告印刷、海关关税、检验检疫、邮政电信、保险、银行、鲜花礼仪、纪念品等相关行业）增长分别为66938万元、29279万元、14695万元；零售业增长分别为7982万元、1092万元、921万元；旅游业增长分别为6509万元、630万元、595万元；娱乐业增长分别为26055万元、900万元、700万元（见表1—2）。

表1—2　会展拉动地方交通运输业、住宿餐饮业　　　　单位：万元

	汽车展		服博会		体博会	
	北京市	顺义区	北京市	顺义区	北京市	顺义区
交通运输	7888	304	2300	124	2090	103
住宿	38895	10313	7279	3890	7953	4226
餐饮	28614	3882	3347	2008	2974	1784

与此同时，举办城市服务业的发展，也会提升展馆的新型生产要素的孵化能力，如展馆信息化、智能化和现代化建设。以香港为例，服务业占 GDP 比重高达 92％的香港，具有大型展览会议接待能力，为香港旅游、会议及展览创造了良好的发展环境，业务收益指数逐年上升，2010 年增长高达 35.7％（见表 1—3）。[①]

表 1—3　香港旅游、会议及展览服务的业务收益指数及年度变动百分点

年　份	业务收益指数	年度变动百分点
2007	90.8	＋18.9
2008	100.0	＋10.1
2009	103.2	＋3.2
2010	134.8	＋30.6
2011♯	164.8	＋22.2

注：业务收益指数及年度变动百分点是按"香港标准行业分类 2.0 版"编制，2008 年按季平均指数＝100。♯代表临时数字。
资料来源：香港特区政府统计处统计资料，2012 年 3 月 9 日修订，港府统计处网站。

其次，参展商与观众对会展服务的感知并不会限于展馆内，而是整个旅程的体验，优质会展服务将对城市形象产生增值作用。据研究显示，城市形象具有替代性，游客倾向于以城市标志物与对城市的感觉表达旅游目的地的形象（Andrew Smith，2005）。参展商与观众对会展举办地的城市形象感知也是如此。一次国际会展可以极大地提高城市的整体形象，提高主办城市的知名度和美誉度。1999 年的世博会使昆明摒弃了过去城市环境的脏乱差，市民的文明程度和综合素质得到了极大的提高。如今，当大家评价这次盛会的时候，都不忘对这座城市给予极高的赞赏。上海自成功举办了世界财富论坛和 APEC 会议后，大大提高了上海国际大都市的知名度与国际金融及贸易中心形象。这两次会议以后，2/3 以上的国际银行都将中国及亚洲总部管理处落户上海。由此可见，会展服务是彰显城市形象的重要载体，参展商与观众通过会展服务感受城市的基础建设与整体氛围。会展服务是会展参与者感受城市魅力的重要窗口，对城市形象有重要的增值作用。

---

① 张敏：《中外会展业动态评估年度报告（2012）》，社会科学文献出版社，2013 年。

第三节 会展服务分类

会展服务融合了多种服务类型，涉及时间、空间、提供对象、服务目标等多种维度，学术界曾将会展服务分为 4 类，从服务对象、服务阶段、功能和提供方式 4 个角度阐述会展服务的具体内容①。为了更好地解答会展服务"为谁服务""由谁提供服务""为何提供服务""何时提供服务""如何提供服务"等关键问题，我们将在原分类基础上对会展服务项目重新进行整理，从服务对象、服务提供主体、服务提供时间、目的、服务与展览的关系 5 个维度对会展服务进行分类。

一、按服务对象分类

主（承）办方、参展商、观众是会展的三个重要主体。因此，会展服务可分为对主办方、对参展商、对观众的三类服务。

对主（承）办方的服务，主要指展馆对主（承）办方所提供的各类服务，服务重点在于协助组展工作的开展，包括展览申报服务、展览配套、功能增设搭建等。如今，也有越来越多展馆提供展览同期活动的策划，如开幕式、会议论坛、现场活动。

对参展商的服务，指为参展商所提供的服务。一般来说，参展商来自不同地区，需要短期内向会展举办地输送展品与员工，服务项目包括展位搭建（含特装设计）、展品运输、仓储、差旅服务等。以促进交流与贸易为目的，还会提供采购商邀请、贸易匹配、广告服务、电子商务服务等。

对观众的服务，指为观众所提供的服务。与参展商相似，观众一般也来自不同地区，因此服务项目中包括各类差旅服务、交通服务。观众到达展馆后，往往需要通过注册程序入场，因此现场注册、展讯服务也不可或缺，这部分服务主要由主办方提供。另外，为促进贸易、降低搜索成本，也可提供贸易匹配、网络服务等。

---

① 华谦生：《会展策划与营销》，广东经济出版社，2004 年，第 245—257 页。

另外，一些会展活动会为不同身份的参与者进行定制化服务，对服务对象进一步细分，可分为普通客商服务和贵宾服务（VIP）。贵宾服务通常针对一些国内外首要、忠诚或重要客户等，为其设立 VIP 通道、VIP 优惠等。

二、按服务提供主体分类

按服务提供主体来分，会展服务可分为主（承）办单位提供的服务、展馆方提供的服务、社会上各类服务企业提供的服务、政府各部门及社会团体提供的服务。一些展览的主（承）办单位为更好地处理现场业务和为参展商和观众服务，将部分展览事务和现场业务委托给主场承建商负责。

主（承）办单位主要提供展览组织方面的服务，包括展览申报、策划宣传、招展招商、现场注册、咨询类服务等。

展馆方，即展馆，主要提供现场服务，包括展位搭建、保洁服务、安保服务、信息与智能化服务、餐饮服务、礼仪服务等。展馆方提供的服务可通过自营或服务外包方式提供。

社会上各类服务企业，主要提供旅途中的吃住行游购娱服务，包括餐饮服务、住宿服务、差旅服务、租车服务等。

政府各部门及社会团体，主要提供基础设施与资讯方面的服务，如交通疏导、通信服务、邮政服务、医疗服务、应急救险等。

三、按服务提供时间分类

按服务提供时间来分，会展服务可分为展前服务、展中服务和展后服务。因其划分通俗、操作简便，并能有效指导会展活动的组织，这种分类方式在业界较为常用。

展前的主要工作是筹展，服务包括文件报批、招展招商、展位搭建等；展中服务主要是现场管理与组织，服务包括保洁、安保、餐饮、礼宾、医疗等；展后服务主要是撤换展服务，包括垃圾清运、展位拆迁等。

四、按服务对象目的分类

按服务对象目的分类，会展服务可分为组展服务、贸易服务、差旅服务、保障服务 4 类。

组展服务是指服务于会展的组织与筹备的服务，包括文件报批、物流服务、招展招商、展位搭建、展具出租等。

贸易服务是指一切服务于参展商与观众交流与贸易的服务，包括广告服务、电子商务服务、会议服务、金融服务等。

差旅服务是指服务于参展商与观众参展旅途中的所有服务，包括交通服务、餐饮服务、住宿服务、票务服务、娱乐休闲服务等。

保障服务是指保障会展活动安全与参与者权益的服务，包括安保服务、医疗服务、知识产权服务、法律咨询服务、质量认证服务等。

五、按服务与展览的关系分类

为了将服务的提供对象、服务目的以及提供时间等因素融合起来，充分体现不同的服务项目在展览中的地位，我们还可以按服务与展览的关系将会展服务项目分为基础服务及配套服务。

广义上的基础服务是指与会展活动有直接关系的服务，即会展活动本身必须配备的服务，这类服务如果缺失，将严重影响会展活动的开展。该类服务主要包括展览报展申请、宣传策划、采购商及参展商邀请、展位搭建、物流、安保、会议、信息智能化、广告、保洁、交通及设备设施服务等。

为了将展览前期服务与现场服务更清晰地区分，基础服务项目可继续细分为组织服务和狭义的基础服务，其中，组织服务包括展览报展申请、宣传策划、采购商及参展商邀请等前期组织服务，一般由主（承）办单位自行提供或委托专业机构进行提供。狭义的基础服务主要是指为展会筹备及开幕期间的展位搭建、物流、安保、会议、信息智能化、广告、保洁、交通及设备设施服务。

配套服务是指与会展活动有间接关系的服务，即如果会展活动本身不配备，与会者可通过其他途径实现满足的服务。主要包括餐饮、商务、通信、金融、邮政、医疗、礼宾、娱乐休闲、酒店、旅游及票务、法律咨询、知识产权保护、展品设计、商品检验、测试认证等。与会展活动的间接关系并未弱化配套服务的重要性，事实上，配套服务是会展服务发挥增值效应的核心部分，也是展览核心竞争力形成的重要基础。

最后，本文对以上所有分类方式进行归纳，如图 1—1 所示。

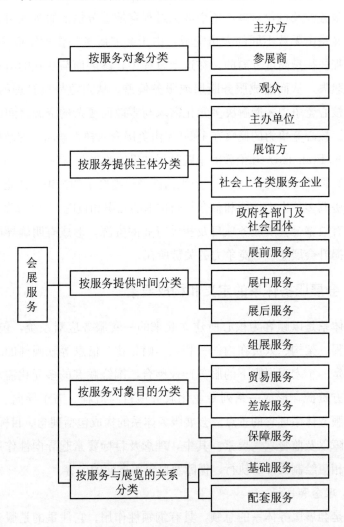

图 1—1　会展服务的分类归纳

第四节　会展服务体系

　　会展服务涉及行业众多，整个展览过程穿插着分散的服务项目，而每个服务项目又是由无数不同的人员完成，由于会展服务提供的零散和不集中，服务的过程往往是高度分离的。在这个过程中，参展商与观众的需求很容易被忽视或迷失，从而造成服务断层或服务偏差。从企业战略管理的角度看，只有形成核心竞争力才能解决多元化需求与零散而复杂的资源之间的科学配置和平衡。核心竞争力的概念在 1990 年由美国密西根大学商学院教授普拉哈拉德（C. K. Prahalad）和伦敦商学院教授加里·哈默尔（Gary Hamel）首先提出，他们将其定义为："在一个组织内部经过整合了的知识和技能，尤其是关于怎样协调多种生产技能和整合不同技术的知识和技能。"对当代会展服务业来说，有效整合会展服务项目及相关行业的资源，形成有明确导向的服务体系，是提升会展业核心竞争力的关键所在。

一、会展服务体系的定义和构成要素

　　服务体系是以顾客为核心所建立起来的一套服务应对系统，包括制度、标准、流程、架构、人员在内的一切人、财、物、信息等软硬件的组合。它所提倡的是一个宏观视野下的服务产业整合，围绕顾客的多元化需求，协调与整合多方资源，形成一系列专业化服务项目与流程。需求导向、全局观、逻辑化是服务体系理念的重点。会展服务体系的构成包括理念、目标、设计、执行、保障以及监督六大要素。其中，理念及目标要素起导向性作用，在此基础上，相应绘制设计、执行、保障及监督等方面的内容。

（一）理念和目标

　　理念是会展服务体系的总领，具有纲领性作用。它注重的是服务体系的内涵与概念，即上文所述的会展服务体系三大问题：体系的出发点、体系的根本目的、体系的构建主体。在此之上，会展服务应以什么思路与逻辑进行梳理、协调与整合，是理念体系需要解决的问题。目标则具有指导性的作用。在会展目标与服务体系目标的基础上，将宏观目标分解、细化、具象化的一

系列子目标，构成会展服务的目标体系。意义在于将宏观的难以操作的目标，具体化为可操作、可落实、可评估的目标。以时间为维度划分阶段目标、以内容为维度划分顾客目标、以职责为维度划分部门目标，是常见的三种目标分解方法。从宏观的角度出发，会展服务体系理念及目标的建立主要包括会展服务体系理论的建设、会展服务行业机制的建设、不同展览主体的服务意识建设等。

（二）设计和执行

服务体系设计主要将无形的服务具象化和操作化，对服务的流程及规范进行分析，从而寻找更多的发展机会和服务盲点，它涵盖了服务传递的全部处理过程，是会展服务体系的重要构成要素。执行则是会展服务体系的执行与落实。会展服务执行要素的建立由服务传递系统和组织管理两部分构成。其中，服务传递系统是保证服务质量的重要举措。服务体系的设置，最终需要将设计的服务传递到顾客，减少期间的误差，达到顾客期望值与实际感知值的差距的最小化。服务设计和传递系统的具体内容将在本书第二章进行详细阐述。

执行要素中的组织管理是指服务管理部门执行服务任务的方式和方法，合理化、匹配性、高效率、低成本是组织管理的最终目的。合理化是指任务分配合理，匹配性是指组织架构与服务目标、理念、计划的相适应，高效率是指服务的效率最大化，低成本指通过合理的服务管理和运营手段，达到利润最优。本书第四章将以展馆服务管理为例，介绍会展服务组织管理的具体方法。

（三）保障和监督

保障和监督主要指对服务全过程的监督管理。其中，保障是指为服务体系创造有序的实施环境，包括服务评估、服务管理风险防范及处理等内容；监督是指对服务质量进行控制和优化，进一步促进服务提升。会展服务体系建设的成败得失，很大程度上取决于相应的保障和监督体系，它们的重要性主要包括三个方面，一是会展服务体系的构建不可能一蹴而就，需要根据实际情况不断加以优化；二是会展服务体系中的服务需要根据客商需求和时代的发展不断优化；三是会展服务体系中的服务质量通过评测不断加以优化，保持服务领先。本书第五章将详细介绍对服务全过程进行监督管理的具体方法。

二、会展服务体系构建

构建会展服务体系首先要解决以下三个问题。

（1）会展服务体系的出发点——即为谁服务。

（2）会展服务体系的根本目的——举办会展的根本目的。

（3）会展服务体系的构建主体——谁组织（或者牵头组织）构建。

根据这三个问题的答案，会展服务体系可以理解为：以参展商与观众的服务需求为中心，以促进行业信息交流为根本目的，由会展行业协会牵头，以展览主（承）办方为主体、展馆为载体，通过外部流程和资源引导，内容流程和资源激励整合，构建会展的整体服务体系。

（一）以参展商、观众的服务需求为中心

参展商与观众，始终是会展的生命线，是展览效果与会展服务的直接感受者。由于开拓一个新市场的成本远远大于保有一个已有市场，如何促进已有参展商与观众的重复参展尤为重要。其中，会展服务是重要指标之一，将直接影响着其忠诚度。对于大量非领军型展会，服务的影响力会更大，尽管参展效果不错，但由于手续繁杂、管理不当、服务缺失等因素，在有其他可替代展会的情况下，参展商与观众会转向服务更好的展会。因此，顾客需求导向在服务体系构建中起灵魂与引领的作用，会展服务必须围绕着参展商、观众的服务需求，从他们的角度出发与考虑，尽可能地为其提供所需要的快捷、性价比高、人性化的服务。其中，由于观众是检验展览成效的关键因素，所以展览观众需求对整个服务体系的指导性作用应更加凸显。

（二）以促进行业信息交流为根本目的

专业性与导向性是会展业的重要特征，也是参展商参展与观众观展的根本目的。展览中汇聚了大量专业行业人士，参展商为获得订单或展示实力，往往会将最新产品与技术进行展示，并与观众交流与讨论。另外，展览也汇集了大量竞争对手，通过观察与比较反映行业趋势、促进创新。作为主办方或展馆，如何做到行业信息交流最大化，是建设会展品牌的关键。因此，会

展举办的根本目的在于行业信息交流，其专业性与导向性成为衡量会展品牌效应的首要指标。相应地，会展服务业也应以此为根本目的，在此之上建立目标体系，构建促进沟通交流的科学合理的服务体系。

（三）由会展行业协会牵头，以展览主（承）办方为主体、展馆为载体

会展服务需主（承）办方、展馆、会展相关服务产业、城市公共服务部门等多方主体提供，即提供主体多元化。同时，会展服务项目之间具有交融性，不同主体所提供的服务项目可能出现重叠。例如，展会期间的交通服务，政府相关部门将组织出租车与大型穿梭巴士服务，而酒店也会提供穿梭巴士服务，在展会周边拥挤的交通状况下，如何做到资源优化配置，使得服务之间、流程之间更加紧凑与合理，达到最大的产出，则是会展组织者必须面对的问题。会展服务体系的构建，首先需要政府部门或者相关的公共服务机构在宏观规划上给予支持和指导，综合统筹协调公共资源，规范市场秩序，该项职能可由政府部门或会展行业协会承担；其次，展览主（承）办方作为展览发起者，应对会展服务的组织和管理起主导性作用；再者，展馆作为会展举办场所，同时也是主（承）办方与城市服务部门的联结者，具有较强的全局观与服务整合能力，应作为服务体系的关键载体，如展馆可根据主办方需求，提供展位搭建服务、广告、餐饮和酒店住宿等服务的整合服务包。如从展馆运营的角度出发，服务体系构建也是展馆核心竞争力的重要内容，因此，展馆肩负着展览服务体系构建载体及展馆服务体系构建主体双重责任，在整个服务体系构建中发挥着越来越重要的作用。

（四）会展服务体系的整体性

会展服务体系的构建体现了整体性治理的管理理念，即通过有效协调与整合，使多元主体彼此的目标连续一致，执行手段相互强化，达到合作无间的目的，具体表现为两个方面：一是会展服务所涉内容及部门众多，需团队协同合作，共同参与；二是各服务项目及服务主体之间不是单纯的自我运作，而是通过展览项目进行统一的组织管理。主要通过充分利用公共服务资源、加强政府相关部门、行业协会、展览主（承）办方及展馆之间的联动、促进各会展服务项目之间的协作整合、充分利用信息技术等多种途径提供简捷和无缝隙的会展服务。

第五节　我国会展服务的现状及挑战

我国会展业萌芽起步较晚，但改革开放以来，尤其是中国加入世贸组织之后，随着整体经济的突飞猛进，发展迅速。短短 30 年，已经取得了举世瞩目的成就。近几年来，随着国家对会展行业的大力扶持，我国会展实力迅速提高，无论是展会数量、展会规模、展馆建设都已经走到世界前列。随着会展业的发展，会展服务也经历了从无到有，从自然产生到逐步规范，从业余到专业化的过程，虽然目前我国的会展服务水平与世界顶尖水平存在一定差距，会展服务体系建设仍处于初级阶段，但业界对会展服务的重视以及要求正在不断增强。

一、会展服务现状

（一）会展业发展推动会展服务硬件不断提升

中国经济的快速发展为会展业发展奠定了基础，"十一五"期间，中国会展业作为一种新的经济业态，以年均 20％以上的速度快速增长，我国展馆建设也在不断地扩张。据《中国规模以上展览机构调研分析报告》称，2010 年我国规模以上展馆 298 个，分布于 40 个城市，展馆面积超过 228 万平方米，展馆数量仅次于美国和德国，位居世界第三位。[①] 展馆由早期的功能单一，逐步向多功能及现代化发展。比如，于 2008 年全面建成的中国进出口商品交易会展馆（简称：广交会展馆）结合科技发展与行业需求，按照国家 5A 智能化建筑标准设计，大量应用了高新科技，智能、通风、交通等系统，展览空间和结构布局可满足大规模国际展会的需求。展馆设有信息咨询点、现场展览服务中心、银行、商务中心、小卖部、图片复印及传真服务点、自动取款机等专业配套服务设施。会展服务硬件建设步入现代化发展的行列。

（二）服务业发展带动了会展服务同步发展

会展服务的发展也是所在区域相关服务业发展的缩影，就展馆的宏观区

---

① 张敏：《中外会展业动态评估年度报告（2012）》，社会科学文献出版社，2013 年。

位而言，如所在区域与贸易有关的金融、检验和认证机构、货物运输等现代服务体系发达，将拓宽会展服务的贸易服务平台；就展馆的微观区位而言，如周边的交通、酒店、餐饮、旅游、商业等设施较完善，也同样可增强相关会展服务项目的服务质量。近年来，我国服务业迅速发展，为会展服务的发展创造了很好的行业环境，2000 年至 2010 年，北京、上海、天津、重庆、广州 5 个中心城市服务业增加值总量规模从 7179.98 亿元增加到 3.41 万亿元，年均增长率达到 16.86%[①]，在相关服务业的带动下，会展服务中的金融、酒店、餐饮等服务的发展速度较快；交通、货物运输等服务正在进一步向满足现代物流业要求的方向转变。[②]

（三）构建会展服务体系的意识逐步形成

近年来，面对激烈的国内外竞争，我国会展服务意识有所提高。国内展会中逐渐出现贸易匹配、展讯预告、VIP 服务、俱乐部、售后服务、网络平台等增值服务，致力于参展商与观众的体验提升之上。一系列的增值服务，延伸了传统的服务内涵，加深了基本服务的精细化与顾客导向，也加强了参展商与观众与展会的日常交流，形成可持续的社会网络，进一步提升顾客的忠诚度。

除此之外，会展服务体系的构建意识也逐步形成，比如，深圳高交会在广东省内首次建立客户服务中心，设立为主办单位与参展商提供全方位"一站式"服务，将商务、海关、工程、货物运输等机构集中起来，为主承办机构、参展商提供一条龙服务[③]，提供一条龙服务的展会。广交会展馆于 2013 年推出展览整体服务解决方案，深入洞悉展览客户的复合需求，确立了"从纯粹的场地销售者、基础服务提供者向整体服务解决方案提供者转变"的创新思路，结合展馆特有的产业链及资源优势，为展会量身定制服务组合套餐，提供更多增值服务。这些服务形式的创新，充分考虑了主办方、参展商、观众三方需求，加强资源整合，为客商提供一步到位的完整服务，服务体系的

①　高玫：《我国中心城市现代服务业发展现状与路径选择》，《企业经济》，2012 年 12 期。

②　国家统计局服务业统计司：《"十一五"中国服务业发展报告》，《中国信息报》，2011 年 11 月 3 日。

③　牟红：《会展服务管理》，机械工业出版社，2007 年。

构建意识的形成和服务体系的构建已初步体现了对服务能力提升的促进作用。

（四）会展服务专业化、国际化程度仍有待提升

虽然，近几年我国的会展服务发展迅速，但与世界顶尖的会展大国相比，仍存在一定差距，主要体现在以下四个方面。

一是服务意识有待进一步加强。目前，我国会展服务的重视程度在不断提高，但服务创新意识和品牌意识并不强烈，许多展览致力于为客商提供大而全的服务，缺乏追求卓越服务的意识，导致人性化、个性化、差异化服务水平相对滞后。

二是服务能力有待进一步提升。与国外完善的会展服务相比，我国会展服务仍存在单一现状。如我国会展服务仅着重于满足基本需要，而其他配套服务则仅有相对大型的展览会才会提供，其中，只有非常少数的展会设立质量认证、法律咨询服务、专业观众检录、贸易匹配等服务项目。各项服务间也缺乏整合与连贯性，大大增加了参展活动手续的烦琐。这将严重影响会展参与人员对会展举办城市的综合实力与制度环境的印象。

三是服务国际化程度有待进一步提高。在会展国际化程度加快的时代，我国会展服务的国际化水平仍有待提高。比如，虽然大部分展馆的标识系统国际化程度提高较快，但翻译等口语服务配备与之相比显得非常不足，不但所提供的翻译力量不够，而且翻译覆盖面较窄，许多参展商服务点、展馆内部服务点均不能实现双语服务。

四是服务信息化水平有待进一步提高。随着信息化技术的不断发展，我国会展服务的信息化应用显露出很多不足，目前除了信息化服务项目外，其他服务项目的信息化应用并不广泛，服务项目大都独立存在，各服务项目之间，各环节之间通常只通过人工、电话通信或简易的信息系统进行，工作效率不能得到充分提升，以撤展时段为例，撤展期间所涉及的服务项目包括交通、展品搬运、保洁等，如将整个时段所有的服务环节的完成时间以及进行情况汇总到信息化平台，再由信息化平台进行统筹调配，将指令迅速传递给每个服务点的工作人员，从而提高各个工作环节之间、各服务项目之间的衔接速度，减少工作冲突。

二、国际先进的会展服务借鉴

（一）香港：彰显人文关怀

香港被誉为"亚洲会展之都"，是亚洲最具国际化特色的会展城市。在业内，其服务行业有口皆碑。主要体现在现场服务、差旅服务、服务国际化三方面，并处处体现其人文关怀。

在现场服务方面，香港会展中心举办活动前，会对有特殊需求的人士进行登记，并提供服务中心的电话。活动开始后，主（承）办方会主动联系并帮助他们到达与离开活动现场。活动现场也会事先做好安排，如拆除固定座椅与放置轮椅。为尊重残疾人的自立能力，在有残疾人士参加的活动中用斜坡代替台阶，在活动现场专门配置较矮的磁卡电话，便于轮椅人士的自我服务的需要。

在差旅服务方面，访客抵港后可于机场行李认领大堂所设的礼宾服务柜台进行登记，享用免费行李运送服务。在完成海关行李检查后，访客可把行李交由礼宾部服务大使代劳，将行李直接托运至展馆，并享有首小时免费寄存服务。同时，机场设有机场快线列车直达"博览馆站"。

在服务国际化方面，香港的高星级酒店比例较大，在 2012 年已达到 5.8％。在大中华区领先于上海与北京。同时，香港的英语普及率较高，访客国际化交流的语言障碍较低。

（二）德国：专业化高效率

德国是"世界第一展览大国"，多年来，一直占据会展业世界第一之位。德国展览历史悠久，在雄厚的展览历史底蕴与基础上，德国会展服务业一直走在世界的前列。服务意识强、专业化、高效率、服务配套完善是德国会展服务业的重要特点。

德国会展服务业服务意识领先，主动提供服务是其重要特点，也是让客商满意之处。在参展商筹撤展期间，展馆员工主动询问需求，并亲自解决服务问题。

同时，德国会展服务将专业化的，高科技手段融入其中。法兰克福会展中心专门开辟残疾人无障碍通道和开设专用停车场；停车场与展馆开通免费穿梭大巴。物流方面，会展中心成立了货运管理机构，并建设有一个占地80000平方米的现代化货运中心，专门处理展品的进出、搬运和堆存等业务。汉诺威展馆举行展会期间，直升机在城市上空盘旋，通过机载的摄像机把博览会周围几十公里内的车流情况，通过无线电传递给博览会的交通指挥中心，再经计算机处理，把各路车辆驶向博览会的最佳路线，用特定的超短波频率发射出去。正在驶向博览会的各种车辆，司机只要打开车内的收音机就可按指挥中调度的路线行驶顺利到达目的地。因此，各街头路口很少出现交通堵塞的现象。可见，利用高科技打造专业化会展服务已成为德国会展服务业的趋势与特色。

专业化与服务意识的共同作用下，德国会展服务业的效率得以大大提高。例如，法兰克福国际展览中心的来宾报到效率，其报到点是一人一专柜的设置，报到柜台电脑主机是一拖二的。当工作人员在对内的显示器上输入资料时，固定在外的显示器也提供给客商使用。触摸屏替换了鼠标。录入界面相当简洁。精彩还在于系统的双向同步录入，同一系统在两个显示器上显示不同的页面，不同数据项同步录入并汇集到下一道工序，大大提高了报到登记的效率。

完善的服务也是德国会展服务业的一大特点。法兰克福会展中心提供 34 种语言的报到服务，每个临聘员工要能简单地说两三门外语。中心内有一家有 543 间客房的高级酒店，附近还有多家国际性商务酒店，可提供超过 1500 间星级酒店客房。法兰克福展会有专门的住宿预定网站，客商可以根据自己的要求对住宿提供一些要求。

（三）拉斯维加斯：高端华丽气质

拉斯维加斯是美国的新兴会展之秀。从博彩业向会展业成功转型的拉斯维加斯，拥有世界一流水平的酒店。娱乐设施的配套与便捷性，大大提高了访客的服务满意度。与城市形象相配套，拉斯维加斯会展服务走的是高端与华丽路线。

例如，拉斯维加斯展览中心为访客绘制了非常直观的三维地图，以不同的颜色标出不同的展区。室内展厅中，北展厅为紫色、中央展厅为红色、南展厅为蓝色、展厅之间的过厅为黄色。室外展场分为金色、绿色、灰色、橙色等不同的展区。访客对照地图很容易便可找到自己的位置与目的地。其次，展区内大量设置计算机查询系统，大大降低了观众的采购成本。同时，展馆为观众安排有电动轮椅、拐杖的租赁。电动轮椅并非单纯为残疾人而备，而是从观众参展劳累的角度出发提供的贴心服务。展会还设有擦皮鞋区，给观众提供最好的擦皮鞋服务。

三、会展服务管理挑战

（一）政府对会展服务的宏观监管与扶持

政府对会展业的宏观监管和扶持，是会展业健康发展的保证。会展服务作为会展业的重要组成部分，同样需要政府进行统筹调控、规范引导以及管理协调。政府的宏观调控作用需体现在5个方面：

一是理论指导。目前，我国关于会展业的理论性偏重于理论层次分析，关于会展服务的内容以及会展服务实务性指导是少之甚少，而会展服务能为会展带来广泛的经济效益，其在会展研究中的分量应该不断提升，国外学术界关于会展的研究，很多都把关注点放在会展服务方面，如酒店、旅游、物流等，研究的重点在于如何挖潜会展所创造的经济价值，同时为会展服务管理提供理论性、标准化的指导。

二是市场监管。总体来说，会展服务中很多服务项目都属于门槛较低、起步较易的服务行业，如保洁、安保等。我国目前会展业发展势头强劲、表面经济价值可观的表象又吸引了大批生产力、生产资源的入注，一时间，会展服务各环节的供应商鱼龙混杂。国家及地方各级政府目前对这一行业的监管缺乏力度，只着眼于粗放式的审批和管制，缺乏引导性的合理监督和组织，导致行业内追逐低成本、高效益的恶性竞争，而这种市场不统一的表象则体现了背后多头管理的行政体制。长此以往，将不利于形成健康有序的会展服务发展环境。

三是公共服务配套。会展服务离不开城市公共服务的配套支持，展馆内的服务可由展馆方与相关服务提供商提供，但展馆外的公共服务则需要政府发挥其公共部门调度能力与服务提供能力。例如，展馆周边的交通疏导，需要政府部门与交警部门协商配合，采取有效的手段，降低公共服务问题解决的沟通成本，提高服务效率，解决交通压力。

四是人才储备。目前，我国的会展专业人才十分缺乏，尤其是会展项目策划、展台搭建、装饰和营销等领域的高素质人才。会展专业和实务的总体研究和开发力度严重不足，造成了虽有越来越多高校开设会展专业，但仍未与市场需求相匹配的局面。另外，管理者的意识也存在偏差。我国会展相关的服务企业大多数受短期经济利益的影响，只追求眼前经济效益，缺乏品牌意识和长远观念，缺乏对企业自身内涵的关注、积累和企业服务质量的提高。

五是建立有效机制。展会服务体系的建立，需要健康的成长机制，即"激励机制"和"淘汰机制"。一方面，应突出彰显优质展览构建会展服务体系后对展览的推动以及所获得的收益，在业内引领重视服务之风，起激励作用，另一方面，政府应引导运用市场的力量，制定完善的政策措施，通过对会展体系的评估和监督，使会展行业行为得到规范，使服务保障能逐步提高。

（二）展览主办机构及展馆品牌服务意识的培养

现阶段，我国很多展览主办单位构建服务体系的意识薄弱，很多展馆也停留在"重展览空间、轻会展服务"的认识阶段，在业内未形成服务意识的大环境，对展览主办机构及展馆品牌服务意识的培养产生了瓶颈。品牌服务意识的培养，一是需要有构建服务体系的意识，包括充分整理服务资源，健全和完善标准化和规范化的服务管理制度，积极开发人性化、个性化的增值服务空间等。二是坚持以顾客为中心的服务理念。通过客户关系管理提高企业满足客户个性化需求的能力，进而全面提升展览的核心竞争力，将服务顾客的理念全面渗入到服务设计、传递、宣传、质量管理等工作中。三是培养学习型团队成长策略。会展服务是以团队协作来完成的综合性服务产品，要使客户满意，必须结成一个有机协调的整体，用系统思维方式，建设知识共享与创新的机制，即建立学习型组织。包括建设整体团队学习系统、向业内优秀机构学习以寻求创新和改进服务的方向，构筑更强的竞争力、经验总结和提升为操作规范提供指导等。

（三）展馆对会展服务效率和成本的平衡管理

展馆作为会展服务体系的构建主体，是会展服务的主要提供者或集成者。作为服务提供方，展馆需达到"服务效率最佳"的目的，而从展馆经营的角度出发，展馆需达到"服务成本最优"的效果，两者间的平衡是展馆在会展服务管理方面面临的一大挑战，这其中包括四大方面的思考和探索，一是对服务外包程度的探索。将展馆服务项目进行外包，可减轻经营管理成本，但过分外包不但不能降低经营风险，还可能削弱展馆的核心竞争力，因此，是否外包、如何外包，服务供需双方如何共同推动"市场驱动"和"驱动市场"的营销战略，最终达到"双赢"目的，是展馆服务外包探索的关键所在。二是对服务体系建设的探索。其中，包括资源整理、服务设计、服务流程规范、服务质量控制等方面的研究和创新。三是对加强客户体验的探索。顾客满意是服务的最终目的，如果顾客体验效果不佳，那么，无论如何提高效率和节约成本都是徒劳，改善顾客体验并不意味服务成本的增加，事实上，顾客体验效果的提高所带来的潜在经济效益远远大于需增加的成本。如优质服务传递将使顾客更好理解和感受服务理念，客户中心的建立能将顾客需求数据转化为动力，并迅速识别影响服务因素，提升服务质量等。四是信息化应用的探索。包括服务宣传信息化、服务产品信息化、服务监管信息化、顾客管理信息化等方面的应用。

第二章　会展服务设计与规划

随着社会的发展，人们的消费预期不断提高，客户体验决定着企业品牌在消费者心中的地位。会展行业也同样如此，传统的地理与硬件优势正逐步减弱，会展服务在客户选择及其满意度中占据越来越重要的地位。会展是一种生产性服务业，是知识密集和为客户提供专门性服务的行业，以使用人力资本和知识资本作为主要投入。对于会展企业或项目而言，围绕展览业的商贸功能与信息交流功能，会展服务是生产性的直接产出，是实现展览本质功能的基本保障，是获取竞争优势的重要途径。在这种时代背景下，构建会展服务体系成为企业获取竞争优势的重要举措。

本章的主要内容为介绍如何设计与规划会展服务，是构建会展服务体系中不可或缺的环节。服务设计与规划，通过对市场需求的分析与判断，运用服务设计相关理论整合服务资源，对服务流程与管理进行科学规划，有助于提升企业品牌形象，提升顾客的服务满意度，提高服务效率从而降低成本。

本章思路遵循服务策略、服务设计、服务传递、服务能力规划进行。服务策略，是企业整体战略的实施，统领整个服务设计与规划的过程，具体内容将在本章第一节中介绍。服务设计，是在服务策略的指导下，对服务进行流程设计、工作设计、人员安排设计、服务系统规划、设施选址与布置。相关内容将在本章第二、三节详细介绍，包括服务流程设计与设备设施设计。服务传递，是服务设计的实施，探讨如何将服务有效传递至参展商与观众，建立服务传递系统，将在第四节做详细介绍。服务能力规划，服务的季节性与会展服务的时间空间集聚性，决定了会展服务能力规划的重要性。该部分主要解决两大问题，将在本章第五、六节进行详细说明，一是在合理的服务设计前提下，如何对服务需求进行预测；二是如何根据服务需求预测结果，对服务接待承载力进行科学规划。

总而言之，会展服务设计与规划的最终目的在于更好地满足顾客需求，使会展服务变得更加有用、可用、好用、有效、高效以及与众不同，从而加强会展企业或项目的竞争优势。

第一节　会展服务策略

随着服务业的发展，服务市场逐渐由卖方市场向买方市场转变，对于服务企业来说，如何准确把握顾客需求、提高顾客对服务的满意度是市场竞争的制胜法宝。在竞争日益激烈的今天，松散的服务管理已经不能适应市场需求，会展服务体系越发受到重视。作为会展运营的重要组成部分，会展服务体系必须在企业总体战略的指导下，从更高层次上研究顾客的消费心理和行为，结合自身的特点选择适当的发展策略，从而扩大会展企业或组织的竞争优势，提升会展企业的核心价值，最终促进企业总体战略目标的实现。

会展服务策略的核心问题在于如何通过协调顾客需求、竞争者产品及本企业产品这三者之间的关系，增强竞争能力与优势。因此，本节从环境分析、策略选择、策略实施入手，尝试为读者展示策略分析的思路与方法，指导会展服务的实践。

一、会展服务的竞争环境

外部环境分析是制定会展服务策略的第一步，为后续服务设计与规划提供重要基础与依据。会展企业在制定服务策略之前，应深入了解服务竞争环境及竞争法则，从而制定能体现其重要竞争特性的服务策略。

被誉为"竞争战略"之父的著名管理学家迈克尔·波特曾提出竞争分析的经典分析框架——波特五力模型。该模型专注于竞争环境的分析，以竞争者力、新加入者的威胁力、客户的议价能力、供货商的议价能力及替代品或服务的威胁力五种竞争力分析企业竞争环境，我们将根据该分析方法对会展服务市场的供给、需求环境进行简单讨论。

首先，会展服务市场总体进入障碍较少。会展服务项目主要以劳动密集型服务为主，准入门槛低，标准低，创新容易被复制，大多数服务供应商处于粗放型经营状态，如保洁服务、安保服务等。

其次，服务供应商讨价还价权利受多种因素影响。会展服务所涉类目众多，各类服务供应商讨价还价权利主要受三种因素影响：一是行业集中度。

行业集中度越高，市场占有率高的服务企业讨价还价的权利越高。二是服务产品标准化程度。标准化程度越低，服务的供应商的讨价还价权利就越大。三是服务转换成本。会展企业更换供应商时，受顾客服务习惯的影响，为维持客户满意度，可能要投入更多的成本，这增大了原服务供应商讨价还价的概率。顾客同样具有讨价还价的权利，但是由于顾客群体较为分散，群体集中度的影响因素并不大，主要影响顾客讨价还价心理的因素是展览效果，即展览效果越好，顾客对参展成本就越不敏感，讨价还价能力就越小。

再者，基础服务和配套服务的可替代程度不同。在第一章会展服务分类中我们按服务与展览的关系将服务分为基础服务和配套服务，其中基础服务指与展览有直接关系的服务，会直接影响会展活动的顺利开展，这些服务项目一般都由主（承）办方或展馆提供，可替代性较弱，而展览配套服务与展览的关系较间接，顾客可通过多种途径得到满足，甚至可能由于参会安排冲突而选择放弃服务需求，由此可见，配套服务的可替代程度较高。

除此波特五力分析法以外，会展服务的外部宏观环境扫描及分析还可应用PEST 模型、STEEP 模型、STEEPLE 模型（见表 2—1）。外部环境对服务体系的构建是机遇或限制，会展企业自身的优劣势的分析则可运用 SWOT 分析。

表 2—1　会展服务的外部宏观环境扫描和分析模型

模　型	内　容
PEST	Political factor（政治因素） Economical factor（经济因素） Sociocultural（社会因素） Technological factor（技术因素）
STEEP	Social factor（社会因素） Technological factor（技术因素） Economical factor（经济因素） Environmental factor（环境因素） Political factor（政治因素）
STEEPLE	Social factor（社会因素） Technological factor（技术因素） Economical factor（经济因素） Environmental factor（环境因素） Political factor（政治因素） Legal factor（法律因素） Ethical factor（道德因素）

二、会展服务策略选择

会展服务体系是一个综合的体系，它承载着统筹服务管理与提高参展商和观众满意度的使命。因此，策略必须具有面向未来、高屋建瓴的全局意识，同时也须具备具体可行的实际指导性，并贯穿于整个会展服务的始终。

参照竞争战略学的具体战略方法，我们可以将会展服务的策略归纳为以下三种。

（一）成本领先策略

成本领先是指会展企业通过标准化服务降低服务运营成本，并以低于同类型会展企业的服务价格提供服务，从而提高市场占有率，获得更多利润。该策略主要适用于客户需求较一致，个性化要求较低的服务，如保洁、安保服务等。成本领先策略基本思想产生于达到成本领先的相关因素中，保持竞争优势思想是成本领先策略的动因，节约思想是成本领先策略的动力，全员参与思想是成本领先策略的基础。对于会展企业而言，成本领先策略主要可通过以下方式实现。

一是通过服务标准化降低成本。服务标准化包括两方面：一方面是指服务产品标准化；另一方面是指服务管理标准化，包括质量目标化、方法规范化和流程程序化等。

二是减少服务中人的因素。对于劳动密集型服务，如保洁、安保服务等，由于该类服务需靠大量人力投入才能完成，因此首先要优化管理架构，在服务标准化基础上减少管理层次人员投入，其次要加强人力资源调配，如对展馆室内外保洁人员进行合理统筹，尽量减少交叉环节的人员投入。对于标准化的配套服务，如展馆小商品服务，可使用适量的自动售卖机代替人工营业点，从而降低人工成本。

三是加强服务传递系统建设。一是建立服务中枢，扩大服务覆盖，提高服务效率，以客服热线服务为例，如无统一的服务热线，客户投诉只能通过分设的服务点传递到相关服务部门，不但会降低服务效率，还可能出现服务重叠。二是多渠道实现服务传递，如线上线下结合。

（二）差异化策略

差异化策略是指会展企业通过提供高度差异化服务，使服务内容、服务形象与同类型会展有着明显的区别，进而获得竞争优势的策略。它主要针对个性化服务需求的顾客。对于会展企业来说，服务差异化策略有两方面的含义，一个是对传统服务项目的内容创新；另一个是服务延伸，结合客户需求创造更多个性化服务。会展服务差异化策略可通过以下方式实现。

一是服务有形化。服务在本质上具有无形性，为了增强客户对服务的认知，可通过服务延伸或服务宣传使服务有形化，如将印有展馆服务内容介绍的精美礼品赠送给顾客，加强客户对展馆服务的印象；将服务内容进行整合，制作精美的服务套餐等。

二是标准服务定制化。如餐饮服务增加个性化特征，包括高档餐厅休闲环境设计，食品定制等。

三是降低顾客感知风险。顾客由于对服务不熟悉，会产生强烈的购买风险感，因此，在提供服务时，应加强客户沟通，比如要求服务人员花更多的时间向客户介绍展馆水电租赁服务的内容，让客户了解服务程序和服务效果，建立信赖关系之后，顾客对价格的敏感程度也会有所下降。

四是重视服务人员培训。由于服务主要是由人员提供的，人员培训所带来的服务质量提升，是服务型企业的一大竞争优势。

五是控制服务质量。服务质量的稳定性对顾客期望影响非常大，高水准的服务质量管理是竞争对手难以模仿和复制的，属服务型企业的核心竞争力。关于服务质量管理的内容，我们将在第五章进行详细介绍。

（三）集中化策略

集中化策略的基本思想是通过深入了解顾客的具体需求，更好地为特定目标市场服务。与其他竞争策略不同的是，成本领先策略与差异化策略是要在全部顾客群体中实现其目标，集中化策略强调为某一特殊目标群体服务，它所开发推行的每一项方针都要考虑该中心目标，通过更好满足顾客需求或降低成本，在狭小的目标市场实现差异化。集中化策略在会展服务中的应用主要包括两种：一种是为重点目标群体创造更优质的服务，比如 VIP 观众服务，为最有价值的观众打造个性化尊贵服务；另一种是根据消费群体特点，采用低成本的方法为特定顾客群提供服务，如筹展期间为施工工人提供低价快餐服务等。

三、会展服务策略的实施

由于会展服务所涉服务内容较多，在现实操作中，会展企业不能只采用单一的竞争策略，而是要根据不同服务项目的特性进行选择，无论选择哪种策略都应该具备独特的价值诉求，即"准备服务于什么类型的客户？""满足这些客户什么样的需求？""寻求怎样的相应价格？"与此同时，会展服务体系中的各项服务策略必须相互匹配且彼此促进，在策略实施过程中应坚持创新和持续改进，以发挥策略的最大指导性效用。

会展服务策略的实施是一个分析、计划、组织和控制的管理过程，主要包括以下三大要素。

一是理念引导。策略的实施要从观念上加以落实。由于服务的无形性，服务策略的实施更加需要得到全体服务人员价值观的统一，这就是服务理念。与有形产品一样，服务产品同样强调服务要满足不同的消费者需求，但是对于享受服务的消费者来说，这些具体的服务没有规格可言，更多的是取决于消费者的心理，因此，会展服务理念应该是围绕顾客需求，以提高顾客忠诚的、与服务策略一致的、对会展服务人员具有指导性质的、通用的会展服务的价值观，具体可以用四大导向来概括，即"以顾客需求为导向""以顾客感知质量为导向""以服务策略为导向""以长期发展为导向"[1]，在制定会展服务理念时，应尽可能做到专业化、标准化、整体化、人性化。同时，总结服务理念也可使服务策略更好地在企业内传播与执行。

二是设计传递。服务设计与传递是服务策略的具体实施。在服务策略的指导下，会展企业应对服务项目进行设计，对服务过程所需的要素进行优化组合。优化服务流程，并设计相应的设施设备、工作人员配备，规划服务系统。同时，加强服务传递渠道管理，尽可能将服务完整、准确地传递给顾客，

---

① 张玉明：《会展服务管理》，中山大学出版社，2010年。

从而有效、迅速地达到服务策略的目的。

三是能力规划。会展企业服务能力规划是服务策略实施的重要保障。其目的在于应对会展服务的集聚性所导致的会展服务需求波动。通过对服务需求的变化趋势分析与判断，帮助会展企业或项目规划适应的服务能力。并依此实现服务资源与变化环境的匹配，将服务支出控制在最佳状态，最终实现顾客需求与服务能力的平衡管理。

案例：

中国对外贸易中心（集团）客户服务中心文化理念

愿景：有我们的地方就有世界一流的展览。

使命：我们以创造价值为己任，使四海宾朋在广交会感受中华民族的好客之道；以真诚之心、舒适环境和敏捷响应，打造一流会展平台；让员工与企业共同成长，为会展行业创造卓越服务标准。

价值观：顾客满意和忠诚是生存和发展之本。

我们倡导：尊重员工，认可员工个人价值，同时使每一个员工都将会展事业当成自己的事业；以顾客为关注焦点，随需而变，为顾客创造美好感受；专业化服务，建立标准化流程、实施规范化运作、持续创新；团队合作，营造能打硬仗、互相补台、无障碍沟通的团队氛围。

我们反对：推诿、浪费、低效率、满足现状、不关注整体利益。

阐释：

愿景：是客户服务中心追求的长远目标，体现了客户服务中心全体员工不懈努力的方向。一方面，客户服务中心要力争不断提升广交会展馆在业界的地位，使其成为每个展览机构向往办展的地方；另一方面，也要突出展馆的专业化服务水平，我们要努力做到：任何一个展览项目来到广交会展馆，我们都能依靠自身的专业服务，帮助其不断提升办展水平，成为世界一流的展览项目。

使命：客户服务中心总的使命就是"以创造价值为己任"，即通过自身的专业服务，为广交会和中心创造价值，为客户创造价值，为社会创造价值。

在这一总的使命下面，延伸出四项分类使命，分别面向四个主体：

——面向广交会：使四海宾朋在广交会感受中华民族的好客之道（通过优质服务，为广交会留住客户，打造广交会品牌）。

——面向客户（日常展览主办单位、参展商、观众）：以真诚之心、舒适环境和敏捷响应打造一流会展平台。

——面向员工：让员工与企业共同成长。

——面向社会：为会展行业创造卓越服务标准。

价值观：结合广交会的优良传统、中心（集团）的文化氛围以及客户服务中心的工作特点，提出了客户服务中心在实际工作中倡导的价值观念和反对的不良作风。

第二节　会展服务设计

1984 年，Shostack G. Lynn 在《哈佛商业评论》发表的论文中，首次将设计和服务两个词结合在一起。1991 年，Bill Holllins 夫妇在设计管理学著作《Total Design》中真正提出了服务设计的概念。国际设计研究协会曾将服务设计定义为："服务设计从客户的角度来设置服务，其目的是确保服务界面；从用户的角度来讲，包括有用、可用以及好用；从服务提供者来讲，包括有效、高效以及与众不同。"简单而言，服务设计就是将设计的理念融入服务的规划与流程中，从而提高服务质量，改善消费者的使用体验[①]。从根本上说，服务设计是一项研究"人"的需求的设计，其关键在于"用户为先，追踪体验流程，涉及所有接触点，致力于打造完美的体验"。

结合会展的主要特点，我们可以将会展服务设计解释为以满足顾客需求为目标，通过服务设计整合顾客的感官体验、情感体验、思考体验、行动体验、关联体验等多种体验方式，从而提高顾客满意度和忠诚度[②]。会展服务设计与传统的产品设计不同，需要关注更多接触点，如展位设计、产品展示

---

① 罗仕鉴、朱上上：《服务设计》，机械工业出版社，2011 年。
② 俞华、朱立文：《会展学原理》，机械工业出版社，2005 年。

设计、服务从业人员的服装、行为、言语设计等，涉及许许多多的环节和因素。罗仕鉴在其所著的《服务设计》一书中归纳了服务设计的5个要素：价值、人、对象、过程及环境。我们将这5个要素导入会展服务设计进行分析，其关系如图2—1所示。

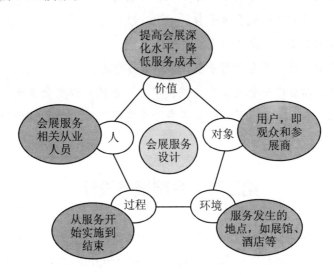

图 2—1　会展设计的相关要素

　　提高服务水平，降低服务成本，实现顾客和服务企业价值增值是会展服务设计需要考虑的最高层次因素，不同的服务将会创造不同的价值，好的服务设计，通常将服务提供者与顾客的需求很好地结合起来，为双方创造更好的价值。会展服务设计的最终对象是参展商及观众，通过展馆及主办方传递，其满意度提高意味着会展服务水平的提升，故顾客满意始终是会展服务设计的终极目标。人是服务设计中最重要的部分，只有通过人，服务才是"活"的，会展服务活动中，相关从业人员的技术及应变能力等为客户满意度的提高起了重要的作用。由于会展服务的季节性强，展会现场多雇用临时工，这就预示着员工培训的重要性。会展服务设计的另外两个要素是过程和环境，过程指服务的传递过程，而环境则指用户体验或感受服务的场所。

　　会展服务设计的内容十分丰富，包括流程设计、工作设计、人员安排设计、服务系统规划、设施选址与布置①。本节我们将重点介绍展览流程设计、工作设计、人员安排设计，下一节将对展馆土建及设备系统进行阐述。

一、会展服务流程设计

会展服务流程设计，是指为提高服务效率与效益，会展企业针对企业或项目资源与服务能力的整合优化所进行的设计。流程设计是会展服务设计的重要环节，它关系到会展服务体系的运作效率、成本和质量，直接影响会展企业竞争力。会展服务流程设计从服务提供系统的总体出发，确定服务提供的基本方法和服务生产的特征，为服务流程各要素的具体的、细节性的设计规定基本方向和总体思路。② 会展服务流程设计的关注点在于以人为中心，遵循高效、连贯、快速、可持续发展原则，以顾客满意为核心，全面提升服务效能，最终实现全流程价值增加的目标。

会展服务设计流程包括两大方面的内容，首先，需根据会展服务的特点确定服务流程设计方法，其次，对服务系统进行总体设计规划和描述。

值得一提的是，服务特点需按照服务的复杂程度、服务过程涉及的客体以及顾客参与程度进行综合分析。参考詹姆斯在《服务管理》中的分类方法，服务复杂程度是指服务的差异性程度，分为低差异性和高差异性；服务过程涉及的客体包括客户、信息和有形的物品，如餐饮服务的过程客体是客户、网上注册服务的过程客体是信息、展品运输服务的过程客体是有形的物品；顾客参与程度可分为无接触、间接接触以及直接接触三种。我们将以部分会展服务为例进行综合分析，详见表2—2。

（一）设计方法③

参照服务设计的一般方法以及会展服务的特点，会展服务流程设计可使用生产线法、顾客自助法以及顾客接触法等方法实现。由于会展服务具有多样性，由多种服务集合而成，会展服务流程设计方法需根据具体项目而定。

---

① 刘月、罗仕：《服务管理理论研究进展》，《管理论坛》，2004年第16卷第4期。
② 张玉明：《会展服务管理》，中山大学出版社，2010年。
③ 詹母斯·A. 菲茨西蒙斯：《服务管理——运作、战略和信息技术》，机械工业出版社，2006年。

表 2—2　会展服务特点综合分析

顾客参与程度	低差异性（标准服务）			高差异性（定制服务）		
	物品处理	信息处理	客户处理	物品处理	信息处理	客户处理
顾客无接触	《参展指南》制作	会展信息处理	—	展品运输	网络服务答疑	
顾客间接接触	标准展位搭建	网上注册		特装展位搭建	—	电话投诉处理
顾客直接接触	自助服务	小商品自动售卖机	电子展览信息现场查询			休闲娱乐
	人工服务	—	参展信息整理	证件服务	现场展具租赁	现场服务信息咨询	餐饮服务、会议接待服务

1. 生产线法

生产线法是制造业最常采用的产品设计方法。采用这种管理方法的制造企业除了保证产品质量的稳定外，还可获得成本领先优势。麦当劳、肯德基等快餐公司是将生产线方式应用到服务业的典范，如薯条加工过程中预制、半加工、冷冻、切条、包装等都进行了细节规划和要求设计；门店服务人员任务设计涉及薯条半成品放置位置、使用器皿等，使用特制漏勺以确保售货数量和质量，既不弄脏薯条，也保证服务人员手面清洁等。

在会展服务设计应用中，生产线法适用于低差异性的服务，如保洁服务。这类服务虽不能为顾客提供过多人性化的服务内容，但是通过生产线法设计，可以规范服务内容和流程、提升服务形象及服务效率，促进服务质量稳定可靠。

生产线设计方法就是运用系统化、标准化原则，将不确定的服务系统改造为标准化和稳定的服务系统。它强调连贯性与标准化，按展会的不同发展阶段，针对具体的服务项目进行策划与设计，制定每一道工序的服务标准，以标准化降低服务质量的波动。

下面一些特征是生产线法成功的关键。

（1）限制服务人员的自主权。安全是展位搭建的重要考虑因素。展位搭建线上的工人都必须按审核通过的图纸和工具材料完成搭建。如果工人拥有过多的自主权，可根据自身创意搭建展位，安全性将无法得到保证。因此，对于标准化服务而言，明确进行流程控制，限制人员在工作过程中的自主权利，是确保服务质量的关键所在。

（2）劳动分工。生产线方式建议将总的工作分为一组简单的工作，不同的企业提供不同的服务，这种工作分类使得员工可以发展专门化的劳动技能，降低对劳动力的要求与培训的成本。例如，保洁服务可通过展厅保洁，展位保洁，垃圾清理等工序的细化，分配不同的人员专门负责，达到每个工序的效率最大化。

（3）服务标准化。服务标准化就是将每个服务环节变成事先设定好的常规工作，使整个过程的可控性更强，有利于稳定服务质量。比如，筹展期展厅保洁，规定了从天花、墙壁、玻璃幕墙、门窗、墙脚、地面、地毯从上至下的步骤操作，不但可以确保服务内容不遗漏，还可促进服务效率的提升。

2. 顾客自助法

顾客在会展服务中扮演着非常重要的角色，对于顾客参与程度比较高的服务项目，经过适当的策划，顾客可以成为服务的合作生产者。同时顾客参与也可提高服务的个性化程度，这种顾客参与服务生产的方法，即是顾客自助法，它的目的是增加顾客参与程度，使顾客在服务设施或者少量人工服务甚至无人工服务的帮忙下，可以按照服务流程进行自助服务。例如，自助餐服务可为顾客提供自动选择食品种类的权利，自助查询服务可对顾客需求进行快速反应。自助服务过程中，无服务工作人员配备，但顾客的大部分需求能够得到满足，同时还可享受到一定程度的个性化服务。

并非所有的会展服务项目都适合使用顾客自助法，服务提供者选择顾客自助法之前，应注重考虑 4 个方面的内容：一是服务项目是否需要高度差异化；二是采用自助服务方式是否有助于提高服务效率；三是服务提供者及顾客对服务的控制程度；四是可能面临的服务风险的大小。

顾客自助法要求服务流程设计突出顾客愿意进行自我服务的内容，该设计方法有三个关键点，分别是减少人工服务内容、提高服务效率、提升服务个性化程度。具体设计原则包括以下几个方面。

（1）加大服务设备投入以减少人工投入。人工成本的不断增加使自助服务更具效益优势，技术的不断进步也为自助服务创造了更广阔的空间，比如自助查询系统、自动售卖机、自动柜员机的应用，不但可以减少顾客的人工服务需求，还可提高服务速度与效率。

（2）服务设计合理。服务内容和环节顺序要符合顾客的日常消费或行为习惯，即可用性。如今不少展馆引入自助查询服务，其中的系统设计决定了自助服务的成本。用户友好度低的人机交互设计，是顾客自助使用的一大障碍，不仅不能减低人力成本，还降低了顾客满意度。

（3）服务指引明确。由于自助服务需要顾客自行完成部分甚至全部的服务内容，因此必须有足够的信息告诉顾客"如何操作"，同时，在顾客出现疑问或服务障碍时，应及时给予指引和帮助，避免顾客产生被忽视甚至服务缺乏的感觉。

3. 顾客接触法

在会展服务的实际应用中，大部分服务项目都需要服务提供者与顾客发生接触，顾客在服务活动中的时间与服务总时间的比例即为顾客接触程度。按顾客接触程度高低，会展服务可分为顾客直接参与的服务，即高度顾客接触服务，如餐饮、商务、金融、酒店、旅游等顾客亲身参与并体验的服务，以及顾客间接参与的服务，即低度顾客接触服务，如物流、设计装搭、广告宣传等非亲身参与，需要第三方传递的服务。为了更好地鼓励顾客参与服务，并提供和组织有效的后台服务，可以将服务体系中高度顾客接触和低度顾客接触的服务区分开，甚至可以将具体服务项目的高度顾客接触部分与低度顾客接触部分进行区别，并分别对这两个部分进行设计，这就是顾客接触法设计的关键。

将服务系统分成高度接触与低度接触之后，每一个领域都可以单独设计以达到服务改进的目的。需要注意的是，由于高度接触的活动的服务需求量和任务是不确定的，因此要求服务人员具有较高的人际沟通技能。同时还要注意的是，同一服务项目的低度接触部分可以与高度顾客接触部分在实体上完全分离，不过，其中仍有沟通的需要，比如标摊搭建服务，服务提供者在接受了服务申请后，可直接安排服务人员按生产线法进行作业，但搭建过程中应保持与顾客的联系，了解顾客关于的展位布局要求并适当调整灯具或展板等配置的位置。

（二）设计工具

会展服务设计的关键部分就是对服务进行设计和描述，为了清晰直观地描叙服务产品从输入到输出的转换过程，必须借助服务设计的图形工具。通常来说，会展服务流程设计的工具有两种：一种是服务流程图，即根据作业步骤对服务进行描绘的图形，从会展企业的角度对服务系统进行描述，可与生产线法、顾客自助法结合应用；另一种是服务蓝图，即将顾客行为、前后台服务人员行为和服务支持过程进行描绘的图形，主要是从顾客的角度对服务系统进行描述，多与顾客接触法结合应用[1]。

1. 会展服务流程图

会展服务流程图是描述服务步骤的有效工具，它的优点在于直观、清晰地描述了服务链或者服务项目的全过程，并能体现出决策点以及等待环节，有利于服务企业的判断和决策。会展服务流程图采用一般流程图的描绘方法，其中，服务活动用方框表示；一个步骤到另一个步骤用箭头连接；等待状态或缓冲区用倒三角形表示；决策点用菱形表示。下面我们将用图例说明生产线设计法在会展服务设计中的应用。

---

[1]　张玉明：《会展服务管理》，中山大学出版社，2010年。

（1）单个服务项目的服务流程图设计，如图2—2所示。

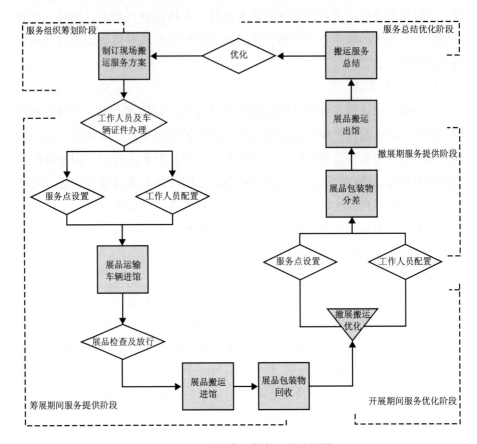

图2—2 现场搬运服务工作流程图

（2）整个展览过程的服务流程图设计，如图 2—3 所示。

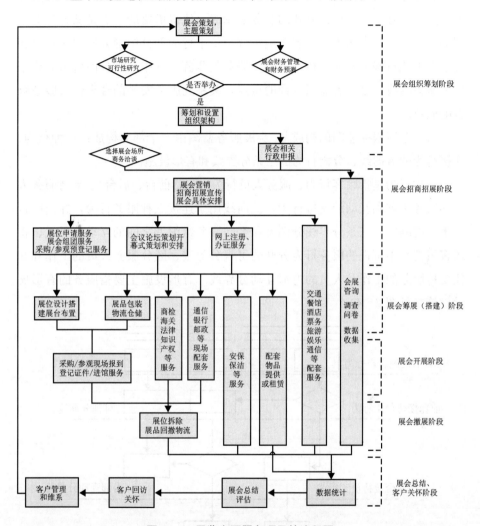

图 2—3　展览主要服务项目的流程图

2. 会展服务蓝图设计

服务蓝图也是会展服务流程设计的标准工具之一，是详细描绘服务系统的地图，它囊括了服务过程中的所有重要工序，形成完善的服务过程。通过服务蓝图的制定，有助于企业侦察服务盲点与服务缺陷，达到服务系统优化的效果。

服务蓝图与其他流程图最为显著的区别是包括了顾客及其看待服务过程的观点。实际上，在设计有效的服务蓝图时，值得借鉴的一点是从顾客对过程的观点出发，逆向工作导入实施系统。每个行为部分中的方框图表示出相应水平上执行服务的人员执行或经历服务的步骤。其中，区分前台与后台服务的服务红线，是会展蓝图设计的重点，关系到服务安排的合理性与服务顾客的满意度。

（1）会展服务蓝图的构成[①]。会展服务蓝图由 4 个部分构成：三种行为、连接行为的流向线、分割行为的三条分界线和有形设施。

三种行为是指顾客行为、服务人员行为（包括前台、后台）、支持服务人员的服务步骤和互动的支持行为。流向线用于连接三种服务行为，并指明行为步骤的顺序。三条分界线分别是顾客与服务组织者之间的互动分界线、将顾客可视与不可视的服务行为分开的可视分界线、区分服务人员的工作和其他支持服务的工作及人员的内部互动分界线。有形设施主要指服务的有形展示设施（见图 2—4）。

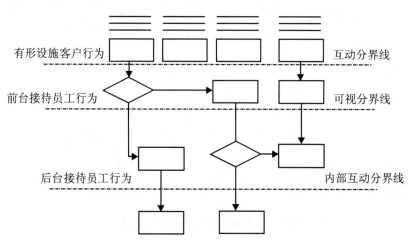

图 2—4　会展服务蓝图的构成

① 张玉明：《会展服务管理》，中山大学出版社，2010 年。

（2）单个服务项目的服务蓝图设计，如图 2-5 所示。

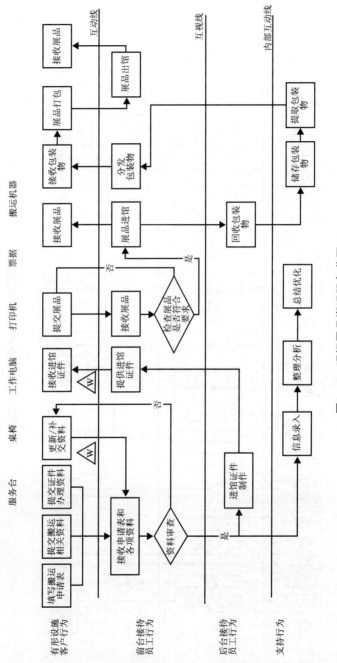

图2-5　现场展品搬运服务蓝图

（3）整个展览过程的服务蓝图设计，如图2-6所示。

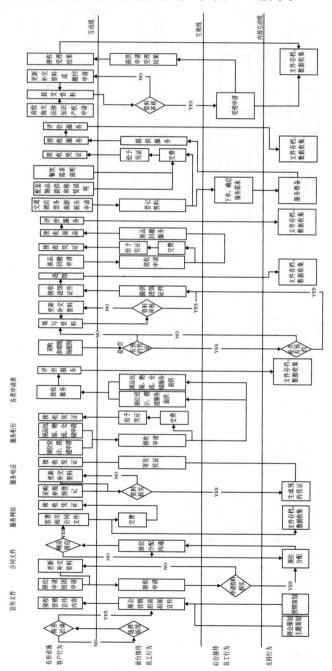

图2-6 展览全过程的服务蓝图

二、工作设计与人员安排

在服务流程设计后，会展企业需根据各个流程进行进一步细化，做出工作设计与人员安排。工作设计是根据企业目标与服务策略，对工作内容、工作职能、工作关系的界定与设计，是服务流程设计的进一步细化，属于直接为服务执行服务。而人员安排则在工作设计的基础上，根据工作内容与工作量进行合理的人员安排。人员安排中有两个关键点：工作人员数量与工作人员能力，对服务效率与服务质量均有很大的影响，两方面与服务流程相匹配才能发挥人力资源的最大效用。

第三节　会展服务设备设施设计

会展服务设备设施，主要是指展馆用于支持服务活动的设备设施，是会展服务质量的决定因素与限制因素。一方面，设备设施决定了会展服务的容量，决定着展馆可承接的展览的规模、类型以及客流承载量。比如，建于海平面上的展馆，可能会因为地面承重条件不够而无法举办大型机械工业展，展馆餐饮区的大小，决定了展馆在同一时间内可为多少参展商与观众提供餐饮服务。服务设备设施也决定着会展服务流程的设计。多独立式展馆，如上海新国际展览馆，服务点设置需要独立布点，为每个独立展馆提供服务。而联合式展馆，如广交会展馆的服务设置则可分享服务，一个服务点同时服务几个展馆。另一方面，服务设施设备一旦建成，改建成本会相当高，展馆服务由此受到限制。若设施设备设置不合理，服务则会陷入被动，只能应具体情况使服务配套于设施设备。因此，会展服务设施设备设计对构建良好的会展服务环境影响深远。

设备设施设计的目的有二，一是构建与完善展馆功能，实现展馆的实用性与易用性；二是为会展服务的开展以及顾客体验营造良好的服务环境，从而提高会展服务的水平，增强顾客的服务体验。

会展服务设备设施可简要划分为两大部分：土建设施部分和设备系统部分。其中，土建设施包括展厅和配套设施部分，设备系统则涉及供配电、空调、给排水等基础服务设备。

一、会展建筑设计

从建设学角度上看，展馆建筑综合体又称会展建筑，它是指以展览空间为核心空间，会议空间作为相对独立的组成部分，并结合其他辅助功能空间（包括办公、餐饮、休憩等）的大型展览建筑综合体。根据不同的环境和市场需求，其各部分功能空间在配置和比例上有所不同。但从城市的角度看，它们在所处区域的经济发展和城市建设中扮演着日益重要的角色，极大地发挥了会议展览活动的经济功能。[①]

2000 多年前，古罗马建筑师马尔库斯·维特鲁威·波利奥（Marcus Vit-ruvius Pollio）指出建筑设计的三项基本原则及评价标准：实用、坚固和美观，这也是迄今为止最为大众所普遍接受的建筑衡量标准。随着经济、社会、技术等不断发展，建筑设计也引入了环保节能概念和要求。因此，大型会展建筑遵循实用、坚固、美观、节能四大原则。

1. 实用原则

会展建筑在设计初期，应遵循实用原则，主要包括充分考虑城市规划、产业布局、交通环境、建筑周边配套设施情况，注重建筑内部无障碍设计以及实用高效等。实用原则将为展馆运营带来长远利益，如可减少改建改造工程，从而节约成本。

以德国慕尼黑新国际展览中心的设计为例，该展馆设计指导方针的重要内容就是要求展馆所在地的周边交通基础配套设施发达便捷，展馆具备举办大型高档展览能力且方便客人到达参观。

2. 坚固原则

展馆设计遵循坚固原则，提高安全系数，为运营提供有力保障。另外，展馆建筑坚固、持久实用，能降低展馆维修保养支出，使建筑及设备在使用周期或生命周期内发挥最大效益。

坚固原则主要包括三方面的要求：一是会展建筑的选址需经科学论证，

---

① 陈剑飞、梅洪元：《会展建筑》，中国建筑工业出版社，2008 年，第 1 页。

充分考虑当地的地震活动历史情况、历年降水情况、极端天气发生情况、温湿度情况等；二是建筑平面布局和结构选型应经济合理、安全适用，满足可持续发展的需要，并可随会展业的发展不断做出适应性调整；三是在设计中应严格执行国家、行业和地方的相关规范、标准，确保整体建筑的坚固安全。

3. 美观原则

会展建筑设计美观原则的主要目的是为顾客创造愉悦的参观体验。美观原则要求会展建筑的整体设计不但要与城市以及周边的环境协调，还要突出展馆本身的特点和理念。

比如，中国博览会会展综合体的设计方案突破了以往展览建筑单元行列式布局方式，采用优美而具有吉祥寓意的"四叶草"原型，形成更具标志和视觉冲击力的集中式构图，创造出具有高效运营效率的新型会展模式，充分体现出功能性、标志性、经济性和科技性的设计原则和造型理念[①]。

中国进出口商品交易会展馆的设计理念来自珠江——广州的母亲河。展馆的建筑设计主题为"飘"，象征珠江暖风微微吹过大地，使展馆这个高科技和现代文化的载体飘然落在广州珠江的南岸。"飘"的主题，赋予了静态建筑"飘"的形式美感，暗示了商品科技的动态发展与流变，从而使建筑具有了"非建筑"的多重含义，为珠江边的建筑赋予了一个恰如其分的新的地域性语言[②]。

4. 节能原则

无论是从保护人类生存环境的角度，还是展馆经营与可持续发展角度出发，当代会展建筑都应将节约能源、保持资源可持续利用作为发展的基本宗旨。当代会展建筑形式创作中关于"节能优先"理念的表现方式包括以下4种。

一是遴选节能材料：通过选用具有采光节能或保温节能特性的材料来建造会展建筑的围护界面，不仅能达到节能目标，还可发挥出这些材料别具一格的美学特性，为会展建筑增添独特的形式美感。

二是采用特殊的造型：将独特的建筑造型与空气物理学的原理巧妙相结合，从而使会展建筑能够利用自然风来节约能源，并展现出特有的形式美。

---

① 华东建筑设计研究院有限公司、清华大学建筑设计研究院有限公司：《中国博览会会展综合体（北块）方案设计》，2012年。

② 《建筑创作》杂志社：《广州国际会展中心（一期）》，天津大学出版社，2008年。

三是精致的细部构造：当代会展建筑还借助与建筑节能紧密相关的细部构造设计，来展现建筑形式精致化、细腻化的特色[1]。

四是应用新型节能设备：会展建筑巨型化体量、大进深空间和高密度人流的特征，决定了它主要依赖于空调系统调节室内物理环境。如果单纯使用空调系统为场馆供冷、供热，必然会产生惊人的能源消耗，以深圳会展中心为例，仅2001年总电费约为750万元人民币，其中空调耗电支出高达350万元之多[2]。为此，应建立科学、合理的能源节约策略，以高度的节能意识来改善能源消耗方式，充分、合理地应用各种新型节能技术、节能设备来提高能源的综合利用水平，有效降低各项能耗支出，确保人们可以舒适、健康地参与各项会展活动。比如，利用外围护界面节能设计、立面与空间形式的节能设计、建筑平面布局上的节能设计、室外环境景观的节能设计等措施改善室内热环境；充分利用太阳能、地热能、风能等能源，并通过人工智能技术、多样化设备运行模式等措施实现节能。

二、会展设施设计

会展服务设施不但会影响顾客的服务感受，还会影响展览服务工作的开展。因此，会展服务设计必须从设施设计开始，具备规模、美学、布局等方面的设计内涵。

会展综合体由展厅、配套商业中心、办公及会议中心等部分组成，与之相呼应，设施设计可划分为展览区域和功能区设计。总体而言，灵活的空间组合和功能转换是世界级会展中心设施设计的发展趋势，具体包括"可合并，可分割""最大连续空间""最小使用空间""功能通用"等特征，旨在通过模数化的构造奠定空间组合的基础，达到最大的空间灵活性。

（一）展览区设计

据调研，目前中国展览场馆的竞争力和利用率普遍偏低，过分追求特殊

---

① 周振宇：《当代会展建筑发展趋势暨我国会展建筑发展探索》，中国建筑工业出版社，2008年，第189—191页。

② 陈兆平：《中国国际高新技术成果交易会展览中心会馆的楼宇自控系统的五年回顾》，《智能建筑电气技术》，2003年第5期。

造型，强调外表美观，使用不强，表现在有效面积低下、层高不够、承重设计不足、柱式结构影响展示效果，导致供非所求，无承办专业化高档次特定展会，客观上限制了会展业的内涵增长、规模扩张和质量提升[①]。该现状凸显了我国展馆设施设计方面的不足。事实上，展馆的最大功能就是展示功能，展厅设计应紧紧围绕展览市场以及顾客的需求，具体可体现在以下方面：

（1）平面形状及空间选择：无论采用集中式或行列式布局，单个展厅的平面形状应规则方整，体现展厅的均好性和分隔的良好性，便于使用和运营。

（2）展厅面积：最合适的单个展厅面积为 1 万平方米左右，处于人眼的正常视觉范围内，观众不容易迷失方向。[②]

（3）展厅层数：在占地面积不变的情况下，建设多层展厅能带来更多的建筑面积和展览面积，但相对于单层式而言，多层式展厅具有较多弊端，如：交通组织复杂，需额外增加大量客货运电梯以及车辆通道；防火疏散设计难度加大，各类安全疏散通道和疏散楼梯所组成的交通面积显著上升；低层展览空间需要更多立柱支撑整个建筑体；楼面承重能力下降；高层展厅所需的大量设备管线较难安装，以致无法配备齐全的支撑设备等。综上，展厅应以单层式或双层式模式为宜，其中单层式展厅最适合于会展活动的举办，双层式展厅次之，多层展厅将逐渐淡出会展市场。实践验证，主办方、参展商、观众更青睐楼层低，通行便利的展厅，以广交会展馆为例，三区展馆中销售情况最好的是与地面平行楼层的展厅以及人车通行较方便的展厅，2012 年广交会展馆 C 区 4 楼展厅的使用天数仅为同展区一楼（地面）展厅的 6%。展厅建设应该综合考虑交通、市场需求等因素，只有提高展厅周转率，才能提升展馆运营的整体效益。

（4）展厅高度：展厅空间不仅应有足够的面积，还需结合展品和展示设计的发展趋势，在空间高度上为高尺寸展品及特装展位的展示创造条件。考虑到展位着火时可能危及屋顶结构，一般展台的搭建高度不允许超过 8 米，现代化的展厅空间，其净高基础上都能达到 10 米以上。拱形屋盖结构展厅应

---

① 张敏：《中外会展业动态评估年度报告（2012）》，社会科学文献出版社，2013 年。
② 郑建瑜：《会展场馆管理》，旅游教育出版社，2007 年。

更加注重展厅最低处净高，使之不得少于 8 米，为展厅屋顶建筑构件和设备管道安装及维修预留更大空间。

（5）柱网结构：无柱网大空间是当代会展建筑设计技术创新的重要体现，无柱网不仅能提升展厅的美观度，还能提供更灵活自由的展示空间。不过无柱网设计对整个会展建筑的结构体系设计要求较高，并且将增加展馆的建设成本。

（6）地面承重：一般而言，展厅室内承重必须达 5 吨/平方米或以上，室外展场的地面承重标准应更高，从长远考虑，大型工业、工程及机械类展览已成为我国会展市场需求量最大的展览[1]，展馆在设计时应重视室内外的地面承重条件。展厅能否承接大型工业/工程/机械等对地面承重要求较高的展览，必须考虑展厅地面承重因素。一般大型工业/工程/机械等只能在首层展厅或室外展场举行。

（7）出入口设计：在满足相关建筑设计规范的同时，应综合考虑车辆、展材、货物、人员的通行以及建筑节能等要素。德国大多数会展建筑的展厅货运出入口分布密度都达到了每百平方米展厅面积配备 0.3 米长货运出口的标准[2]；如果结合人群安全疏散要求，可在货运出入口基础上再增加一定量疏散逃生出口，使每万平方米展厅的总疏散宽度达到 32.5 米。[3]

（8）照明设计：一般展厅照明照度要求要达到 200Lx，高级展厅照明照度要达到 300Lx。除展览的筹展、开展、撤展期间照明需求，展厅还有安防消防巡检、设备设施巡检、保洁等其他需求。因此，必须选择合适的灯具，设计合理的照明控制系统，为展厅提供不同照度的照明模式，确保能适应展厅不同时段要求。

（9）暖通空调设计：根据所在地历年气候情况选用合适设备及设计方案，综合解决区间内人体需要的温度、相对湿度、空气流动速度、空气净洁度问题；设计时应考虑展厅的大空间因素及展厅玻璃幕墙建筑特性，既要保证系统能随时进行调整，也要考虑空调机组的余量。

---

① 张敏：《中外会展业动态评估年度报告（2012）》，社会科学文献出版社，2013 年。
② 许懋彦等：《德国大型会展中心建筑设计专题考察》，《建筑师》，2004 年第 3 期。
③ 周振宇：《当代会展建筑发展趋势暨我国会展建筑发展探索》，中国建筑工业出版社，2008 年。

（10）展示给排水、供电、供气、网络设计：展位配套设施按国际惯例设计，经过强电、弱电、信息、通信、给水、排水、压缩空气等经低下管沟到达展位，展厅设计地面的线槽时，应综合考虑通过隐藏于展厅地面平面以下的线槽、地坑电箱等提供展示用给排水、供电、供气、网络等，一方面可以减少水路、电路、网线等临时使用对展厅整体展示的影响，另一方面，展厅布局便利的展示用的水、电、气、网络接入点，将提高展厅对不同展览的适应性。

（11）音响广播设计（公共/应急广播系统）：除一般音响广播要求外，展馆的音响广播系统必须具有管理集中、分区灵活、切换便捷等特点，主要指系统应采用集中控制和权限管理，并对广播终端进行实时监控，确保信息合法合理；广播区域应该根据防火和使用功能划分，确保任何时候都能对独立范围进行广播；广播系统应具有自动或人工播报功能，并能随时进行切换，确保应急广播及时有效。

（12）吊顶展示设计：空中吊顶在现代化的展台设计中发挥着极为重要的作用，它是参展商进行高空立体布展的重要凭借手段，因此，吊顶应成为展厅设计的主要考虑因素。

（13）展厅的周边设计：展厅周边应设置独立的货物流线，确保货物直接经由展厅货运出入口进出展厅，实现人车分流。此外，还须保证展览区、会议区、办公区等主要功能区之间拥有完备的交通路线和交通设施（如廊道和楼电梯），从而在展厅内外建立井然有序的环境秩序，使各功能区的活动均能正常开展。

（二）功能区设计

功能区是会展服务的重要平台，会展综合体的功能区应以顾客需求为导向，充分满足展览、会议和其他各种活动所需要的服务，其设计要点主要有以下 5 个方面：

（1）布局合理，比例合话，聚散有序。应合理规划不同功能区的空间布局，提高空间利用率，避免闲置浪费。

（2）简洁高效，标志清晰，交通便利。应设计明确、清晰、高效的标识，在增进客户体检的同时可弥补空间设计的不足。

（3）围绕顾客，硬件完善，响应及时。功能区的设计应围绕展览、会议的需求，在空间设置上，应确保会展活动所需要的辅助性服务能及时得到响应，并辅以完善的硬件设施确保服务高效、便捷、可持续。

（4）持续发展，适宜环境，动静结合。功能区须与展览区域、会议活动区域有较好的分隔，以便独立控制噪声水平、空气质量以及环境舒适度。如果基建设施难以满足分隔空间需求时，可采用绿色植物或其他环保材料进行临时分隔，降低服务环境的外部影响。

（5）适应需求，调整功能，注重秩序。功能区设计应根据顾客需求的变化进行及时调整，在增加新功能区时应着重考虑新旧功能区的秩序维护。如广交会为满足世界各地不同宗教信仰人士的需求，于2006年开始为信奉伊斯兰教的客商设立独立的祈祷室，该区域独立于展览、会议及其他服务功能区，既方便到达又不干扰会展活动和服务工作的秩序，很好地体现了功能区调整的原则。

三、会展设备系统设计

设备系统的设计涉及供配电、给排水、照明、采暖通风、空气调节、通信电路、安防监控、消防喷淋、网络系统、煤气管网等内容，必须具备四项设计原则及九项设计内容，具体如下。

（一）设计原则

一是安全原则。应根据设计任务书、项目行政批复意见、环评报告等资料进行设计，设计方案应符合国家和地方现行的规范、规定、标准。展馆投入运营后，应确保设备设施系统在日常运行、维护、保养等方面的安全。

二是节能原则。节能环保是衡量设施设备先进性的重要标准。设备系统设计应根据建筑物用途、使用要求、材料设备特性、维护管理、能耗等因素，采用具有更好节能效果的设备系统及管理措施，比如，在实行峰谷电价政策的地区，展馆可考虑采用空调蓄冷设备及相关技术，降低能耗成本。

三是成熟技术优先原则。展馆应尽量采用成熟的技术和设备，避免一味追求最先进、全进口的技术和设备，这样既可避免面临技术垄断、知识产权费用过高的问题，还可规避一些不确定的技术和设备风险。与此同时，成熟的技术和设备的服务供应较有保障，更有利于技术储备和设备管理。

四是综合日后维护成本原则。设备系统的"全寿命过程"是由计划、设计到安装、使用前后相互关联的运作过程。在设计之初，不仅要研究设备投资的经济合理性，还要重视使用的经济合理性，这在客观上要求设计者全面掌握建筑设备的性质、性能、各项技术指标，以及它们在建筑使用中的重要性，并结合不同的使用目的加以分析、综合，以提高运营过程的整体的经济性。

（二）设计内容

（1）展示用地面管线坑槽（供配电、通信、供水、供气等）。展厅展示用的地面管线坑槽是现代化展厅的必要设施，它将为附近展位提供电力、通信、供水、供气等。地面管线坑槽的排序走向可呈平行布置，分隔距离应根据标摊的位置进行均衡设计，可选择3米或6米作为标准间距。

（2）空调系统。除了通过最高人流量预计所需的制冷量之外，空调系统设计时还必须考虑展厅的玻璃幕墙、出入口、展示照明及机器产生的热量等因素，适当增大系统调节空气的能力。此外，可通过合理设计实现空调分区及节能管理，如展厅区域可采用全空气系统，低速送风系统，采用合理的回气流组织方式；会议区空调应注意空气处理、新风量以及现场空调控制面板设计；办公区的空调一般只在工作日使用，且区域范围相对较小，空调系统应与展厅、会议区独立开来；配套商业区因涉及对外租赁，可考虑提供独立计费功能，满足独立经营需求。

（3）电梯系统。会展服务的集聚性要求会展建筑设计中使用多种方法实现人、车、货迅速分流，电梯是会展建筑中非常重要的通行载体，其中，客运电梯的设计应注重"代步"作用，实现均衡分布，为顾客创造轻松、舒适的参展、参观条件；货运电梯的设计则应重视其对展览撤换展的促进作用，尤其对于双层或多层展厅来说，货运电梯设计应尽量确保每个展厅具有独立的货物流线。

（4）照明系统。现代化展馆可运用新型技术设备实现照明节能，如香港亚洲国际博览中心应用DeltaBAS楼宇自控系统对照明设备进行智能化监控，根据不同的展览状态采取不同亮度的照明，卓有成效地节约了用电能耗[1]，

---

[1] 周振宇：《当代会展建筑发展趋势暨我国会展建筑发展探索》，中国建筑工业出版社，2008年。

其他可用的照明节能措施还包括：使用高效率的光源和节能灯具、选用红外或声音感应控制的灯光设施、采用一般照明加局部照明的科学采光方式、合理设计照明控制系统以便对灯光设施加以分区控制、运用照明空调一体化的空调式灯具来实现能量的综合利用、加强照明设施的维护管理等。

（5）给排水系统。给排水系统包括生活用水、消防用水、绿化喷灌用水、设备（空调）用水、展示用给排水等。给排水系统设计必须对与市政接驳的集水井、管道进行信息监控及收集分析，展览期间，尤其是雨天时，加强巡查，确保给排水系统的正常。展厅展示用给排水系统应设置足够的给水口、排水口。

（6）通信系统。通信系统包括有线固话、无线固话、ADSL专用线路等子系统。展馆通信系统应具有高效性和便捷性，并提供覆盖全馆的通信服务，促进顾客的沟通无障碍体验。

（7）智能化系统。智能建筑是集现代科学技术之大成的产物，国家标准《智能建筑设计标准》（GB/T 50314—2000）对智能建筑定义为"以建筑为平台，兼备建筑自动化设备 BA、办公自动化 OA 及通信网络系统 CA，集结构、系统、服务、管理及它们之间的最优化组合，向人们提供一个安全、高效、舒适、便利的建筑环境"。智能化系统设计应实现对弱电子系统进行统一的监测、控制和管理；实现跨子系统的联动，提高控制流程自动化；提供开放的数据结构，共享信息资源；提高工作效率，降低运行成本。

（8）安防消防系统。会展综合体具有功能多样、人员密集等特点，其防火设计最大的目的是火灾发生时快速安全疏散人员，因此人员流线和疏散流线需有机结合，确保多方向疏散的可能。同时，可采用自然排烟和蓄烟控制系统确保安全疏散所需时间。所有区域均可采用自动喷水灭火系统，确保在火灾初期将火势控制住，防止火势蔓延到其他区域。

根据功能布局和使用需求，展厅和非展厅类区域（如办公区、会议区及配套商业中心）应采用不同的消防设计策略，除展厅需作消防专项论证外，其他区域可按照现行规范进行设计。

闭路电视监控系统是为监控中心提供实时视频图像的一套最直接的安防系统。它是安全防范系统的核心组成部分，系统可采用以视频矩阵为核心的体系架构，不设分控中心，实现安防集中管理。

（9）会展电子商务信息化。会展电子商务信息化就是展会利用电子商务技术，通过信息资源的深入开发和广泛利用，不断提高展会经营、管理、决策的效率和水平，进而提高会展经济效益和企业竞争力的过程。信息化的应用贯穿会展的全过程。例如，无线网络的设置可以提升展会的专业化、信息化服务水准，增加对展会的动态价值信息、阶段价值信息的评估、数字信息加工的理性趋势分析；电子商务统计系统可以非常准确地对各种数据进行统计，提供饼状图、线形图、柱状图等多种直观图形方式给观众查询当日项目的成交金额、数量，并将这些分析数据进行分类等。

第四节　会展服务传递

在第一章中，我们介绍了会展服务主客体的多样性，这对服务的组织提出了很大的挑战，关键就在于服务的传递过程。如果仅仅将会展服务传递理解为工序和步骤的体现则是具有局限性的。一般认为，作为服务组织的内核，服务传递是指服务组织如何将服务从组织的后台传递至前台并提供给顾客的综合系统，其内涵是服务组织的运作和管理过程。

从会展服务体系的角度出发，会展服务传递应该是一个大的概念，其服务不仅是会展组织者的服务，还是会展服务体系中的服务；其资源不仅是会展内部的资源，还应该包含外部资源的调配。据此，会展服务传递是指在各项会展服务流程的基础上，通过外部资源调配、内部资源整合，将各项服务由组织后台传递至前台并提供给顾客的过程。

一、会展服务接触要素

在本章第二节会展服务流程设计中，我们曾经提到服务接触的概念，由于会展服务接触是服务传递过程的关键点，因此在本节中，我们将从服务接触的类型、服务接触的要素着手，开始对会展服务传递进行探讨。

（一）服务接触的类型

会展服务接触的类型可按接触程度和接触方式划分，其中按接触程度可分为无接触、低接触（间接接触）、高接触（直接接触）；按照接触方式可分为远程间接服务接触、远程直接服务接触以及面对面服务接触。

远程间接服务接触是指不发生在人与人之间的服务接触，包括邮寄接触和网络接触等。比如，广交会承办单位中国对外贸易中心（集团）每届广交会前通过邮寄或者电邮的方式向部分客商寄发邀请函，还通过信息化手段，向参展商提供网络自助申报展位等服务，这些都属于远程间接服务接触。在远程间接服务接触中，顾客不能直接感受到后台的流程，他们更关心的是呈现在面前的操作平台是否便利、界面是否友好，因此，对于服务提供者，应关注这类服务的技术过程和技术系统的质量。

远程直接服务接触是指顾客与服务提供者之间等媒介，实时交互而产生的接触，包含电话接触和网络实时接触。根据业务的主动性质，远程直接服务的内容还可以分为被动式的咨询服务和主动式的营销服务。比如，广交会于第 108 届开始向客商提供统一的电话资讯平台——广交会客户联络中心，用以提供一站式的服务、业务咨询和受理。同时，该平台还提供网上客服，在服务时间内实时解答顾客的疑问。在远程直接服务接触中，顾客依托信息手段，与工作人员通过"不见面"的形式直接沟通，因此，除了感受信息条件外，客商还会通过沟通产生对工作人员的感受，因此，服务人员的服务态度、专业知识、口头表达、沟通技巧等，都是服务的关键。

面对面服务接触是指顾客与会展服务工作人员之间的直接接触，如展览现场服务咨询、现场注册服务等。这三种会展服务接触方式中，面对面服务接触涉及的因素虽然不一定是最多的，却是最复杂和最难以把握的，其原因在于顾客与会展服务工作人员直接接触的过程中，受人为干涉和影响的情况非常明显，服务过程难以标准化。

（二）服务接触要素

根据 Bateson 关于服务接触的三元模型理论，我们可将会展服务接触要素归纳为：顾客、服务人员及服务提供者。这三个要素在会展服务传递中扮演各自的角色，并相互影响。

服务提供者及服务人员在服务传递中具有关键作用。首先，他们是会展服务的生产者，决定着会展服务质量的优劣；其次，他们是会展服务的传递者，决定着流程设计的合理性以及每个工作环节的完成效果；再者，他们是会展服务的营销者，决定着服务品牌的树立和传播效果。

由于服务具有生产与消费的同步性，因此顾客在服务传递中的角色同样不能被忽略。从某种意义上说，顾客同样是会展服务的生产者，他们对服务生产的帮助程度取决于会展服务提供者在设计会展服务传递系统时，提供给他们的参与及引导的程度。比如，参展商通过电话向呼叫中心咨询展位信息时，如果服务人员能积极、简明地引导参展商提出服务需求，那么，服务人员就能减少数据收集和分析的时间，参展商也能收获更好的咨询效果。其次，顾客是会展服务质量和满意的贡献者。客户满意度与顾客本身也有一定的关系，主要体现在如果顾客在申请会展服务时能积极、有序地参与，将无形中提高会展服务传递系统的效率。比如，如果客商能依照会展组织者的安排进行排队办证，而非随心所欲地插队，那么顾客感受到的就是有序的办证服务，从而提高该项服务满意度。此外，顾客还是会展服务的干扰者。许多会展服务无法排除多名顾客同时在场的状况，此时顾客的任何行为都可能影响会展服务的提供，并干扰到其他顾客对会展服务质量的感知。

由于会展服务接触三个要素所扮演的角色和追求的目标不同，他们之间往往存在矛盾冲突。会展服务提供者通常会以利润最大化或成本最优为前提，努力促进会展服务传递的效率，在这个过程中，他们会使用规定限制服务人员的自主权，这可能导致服务缺乏个性化从而降低客户满意度。会展服务人员则希望在服务过程中拥有更多自主权，以减少其在满足顾客需求中的压力。而顾客则希望拥有对服务接触的控制机会，并从中获得更多利益。

综上所述，会展服务接触三要素的任何一方如果试图掌控服务接触，将可能导致整个会展服务传递的失败，他们只有通过协同合作，才能创造出更多的利益。

二、会展服务传递的主要内容

（一）按服务接触程度进行服务设计

在前面两节我们已经对服务的软、硬件设计进行了介绍，服务传递的关键就是根据接触程度划分服务区域，并采取不同的方式进行服务传递，在制订服务传递方案时可采用服务蓝图工具。在低接触区域，顾客不会直接出现在服务过程中，不会对服务产生直接影响，因此该区域的服务项目或服务环节可尽量采用标准化、流程化的服务生产方法，从而提高服务效率。比如，标摊搭建服务可制定标准化流程，并要求搭建人员严格按流程规定完成工作任务。在高度接触区域，要让顾客感受到个性化服务，在设施选址上要接近目标顾客，设施布局要考虑顾客的生理和心理需求及期望，并尽可能把顾客包括在服务生产过程中，即对服务过程的设计应考虑到各个环节对顾客的直接影响以及顾客服务体验的需求，适当设计顾客参与。比如，休闲餐饮点应尽量靠近展览区域，并可设置自动订餐器及餐具配料供应区等，引导顾客参与到餐饮服务环节中。

让顾客参与到服务过程中是培养忠诚顾客的一种途径。在科技和信息发达的今天，顾客很容易就可以找到价格、品质和功能等方面相似的服务，而顾客辨认服务差异不仅是看服务内容，更注重服务体验的差异。例如，美国迪士尼公司从游客那里了解到主题公园清洁度是影响游客满意度的一个重要因素，同时他们还发现，如果游客看到员工捡起其他游客扔下的垃圾，就会自觉地把垃圾投入垃圾箱里；如果垃圾箱放在显眼的地方，而且与游客相距不远，大部分游客是愿意把垃圾投入垃圾箱的。根据这些情况，该公司决定在公园内每隔25～27步距离安放一个垃圾箱，并要求所有员工只要看到地上有垃圾就主动捡起来。这种邀请顾客参与服务意识的传递同样必须贯穿于高接触区域服务的始终。

（二）会展服务传递渠道的选择

会展服务传递渠道是会展服务传递系统中的重要组成部分，它是指将会展服务传递过程中的中间环节联结起来的通道。根据会展服务提供方式的不同，会展服务传递渠道可以分为三种：直接服务渠道、中间商服务渠道以及电子服务渠道。

（1）直接服务渠道。是指由会展主（承）办方直接提供给顾客的服务的渠道，如参展商邀请服务、现场注册服务等。该服务渠道有助于提高服务质量的一致性，便于评估客户的需求和期望，并可适当降低渠道成本，但是，由于该服务渠道要求服务人员与顾客进行面对面的服务接触，对服务人员素质要求较高，因此，如选择这种服务渠道，就必须增强服务人员培训，促进服务人员与顾客的紧密合作，同时，必须对整个服务过程进行严密监控以确保服务质量。与其他服务渠道相比，该渠道的培训成本及服务控制成本将相对较高。

（2）中间商服务渠道。会展服务项目中有大部分属于劳动密集型服务，会展主（承）办不可能投入过多的精力去承担该部分非核心的服务工作，因此，他们往往会选择可靠、有效的专业服务商承接该部分会展服务，如物流服务、展位搭建服务、餐饮服务、住宿服务，等等。中间商服务渠道可能存在的问题主要源于会展主（承）办方与服务承包商在企业目标和服务实施方面的冲突，比如服务承包商可能会因为过分逐利而减少服务投入，因而违背会展主（承）办方对顾客的承诺。会展主（承）办方控制该类服务渠道主要有三种方法：一是通过合同约定严格控制中间商行为，确保服务质量不下降；二是高度参与中间商的服务过程，如帮助中间商建立服务流程；三是建立战略合作伙伴关系，通过目标结盟促进服务工作的提升。

（3）信息化服务渠道。信息化服务渠道以互联网技术和通信技术为基础，顾客凭借自助终端或电话、网络等通信手段，不必亲自到现场并可咨询问题、办理业务，选择这类渠道的服务包括业务咨询、网上注册、网络办证等。该种服务渠道克服了会展服务不可分割的局限性，可大幅提高会展服务项目的服务效率，还可减少人为干涉，使服务质量比较统一。但是该服务渠道对技术环境的要求比较高，并需要服务提供者对技术环境随时进行跟踪维护。

（三）服务传递失误补救

影响服务传递质量的因素错综复杂，服务的特性使得再优秀的会展服务提供者也不可避免出现服务传递失误，服务传递失误主要可概括为三种：一是服务提供者对顾客服务期望的理解差异，这类差异往往是由于服务提供者缺乏必要知识，没有对顾客需求进行深入调研，最后将导致服务设计不能满足顾客需求；二是设计的服务质量标准与服务人员实际提供的服务质量标准之间的差异，这主要是由于服务设计不合理或服务人员本身素质不合格所致；三是实际的服务质量与宣传的服务质量之间的差异。减少服务传递失误最有效的办法是建立完整的服务质量管理系统，这方面的内容我们将在第五章进行详细介绍。

当服务传递产生失误时，服务提供者应及时进行服务传递补救。服务传递补救的实质就是在服务传递失误后，服务提供者为提高客户满意度，减少顾客流失而采取的提升服务传递质量的措施，主要包括三方面：执行速度、经济补偿、服务态度。其中，执行速度是指服务提供者对服务传递失误的反应速度，迅速反应是服务传递补救的关键，不但可以减弱顾客的不满情绪，在某种情况下还能提升客户满意度。经济补偿是指由服务提供者根据服务传递失误情况为顾客提供的经济方面的补偿，如再次提供无质量问题的服务、用其他服务项目替换或退还一定额度的服务费用。服务态度是服务人员处理服务传递失误的态度，在服务补救中起着至关重要的作用。

第五节　会展服务能力规划与管理

服务能力是指服务系统提供服务的能力，通常被定义为该服务系统的最大产出率。该定义借用了制造业生产能力的定义方式，制造业可以用产品数量明确地衡量一个生产系统的生产能力，但是对于服务业来说，由于服务具有无形性和差异性，如何衡量服务的产出，是一个较大的难题。借鉴服务能力的定义，会展服务能力可定义为服务系统向顾客提供服务的能力。

会展服务能力受服务设备设施、人员素质、资源调配、流程设计等因素的影响，这些因素在短期内难以因应顾客需求做出及时改变。以餐饮服务为例，如展馆所设置的餐饮区只能同时供 400 位顾客就餐，那么即使服务提供者再努力增加饭菜供应，也难以满足 400 位以上的顾客同时就餐。因此，事前对服务能力做出相应的规划非常有必要。

服务供给与服务需求是服务能力规划中的两个重要概念。如何处理服务供给与服务需求之间的矛盾，是服务能力管理的核心议题。服务供给的提升将导致服务成本的增加，比如，增设现场注册服务的服务柜台，必须相应增加服务人员及设备，服务的成本也将随之上升。而服务需求的过剩，则会导致顾客等待时间增加，损害顾客体验，甚至导致顾客流失。因此，在服务需求与服务能力之间找到最优的平衡点，是服务能力规划的核心议题。对于会展服务，其特点决定了需求弹性比一般服务大，且波动频繁。因此，如何平衡会展服务的供需关系，使服务总成本达到最优状态，是会展服务所面临的挑战（见图2—7）。

服务供需关系存在4种状态：一是需求过剩，将导致顾客满意度下降或顾客流失；二是需求超过最佳能力，虽未能导致顾客流失，但将出现排队等待服务状态；三是服务能力过剩，将导致资源巨大浪费，并可能使整体服务效率下降；四是需求与最佳服务能力平衡。最佳服务能力并非追求服务供给最高峰值，而是在需求和供给之间取得最佳平衡点，这将是服务供需关系的最好状态，既不会造成资源过多浪费，也可以将顾客的负面影响因素减到最少。

通过服务能力规划，会展企业可以做到在满足顾客需求的同时使服务系统达到最佳经济状态。

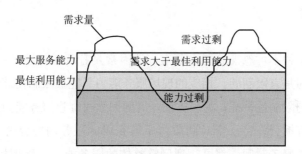

图2—7　服务需求与服务能力关系图

一、会展服务能力规划的步骤

（一）明确规划目的

会展服务能力规划的直接目标是解决会展服务能力与顾客服务需求之间的矛盾关系，其最终目的是在控制总成本的前提下，提高顾客对服务的满意度，进而增强竞争力。

（二）服务需求预测

会展服务需求预测是对会展服务客体的需求欲望和动机进行分析，并结合展览的实际情况以及其他服务影响因素，对未来一段时间内的服务需求情况进行预测的过程，主要目的是为主（承）办方、展馆的服务计划、资源配置以及运营决策提供依据。它是会展服务能力规划的基础，对服务规划起到决定性作用。

服务需求预测的具体方法将在第六节作详细介绍。

（三）分析能力（限制）要素

对于服务型企业而言，服务能力要素有别于制造业，主要由人力资源、时间、顾客参与、设施、设备和工具 5 个部分构成。

1. 人力资源

无论是高接触型服务，抑或低接触型服务，人力资源都是服务的关键要素，服务人员的素质、技术、技巧、知识等将对整体服务能力产生较大影响。以现场注册服务为例，服务人员的专业性越强，服务能力越强，单位时间服务的顾客数量就越多，所对应的服务设施如服务柜台便可适当减少，从而降低服务总成本。

2. 时间

时间是一种不可忽视的能力要素，该因素具有双面特性：一方面，由于会展举办时间是有限制的，相应的现场服务能力只能被限制在该时间范围内，这就是时间的限制性特征；另一方面，时间因素可促进服务能力提升，比如，通过服务内容拆分，将一个时间段内所需完成的服务内容分解为两个环节，或者相对延长服务时间，都可达到调整整体的服务能力。以现场注册服务为例，为缓解注册高峰的服务压力，可将服务拆分为资料填写和证件办理两个环节，并通过网络、自助终端提前提供注册服务，变相延长服务时限，从而提升服务能力。

3. 顾客参与

如前文所述，顾客在会展服务中扮演着非常重要的角色，顾客在会展服务中的参与程度将影响会展服务能力的规划。比如，展览主（承）办方可为顾客提供自助注册服务，顾客只需通过自助终端或者网络自助登记信息、支付相关费用、打印凭证即可进馆，但顾客是否愿意接受自助服务、是否信任自助支付方式，能否使用自助终端和网络，都将直接影响会展服务能力的规划。

4. 设施

会展服务设施是会展服务提供的基础，它渗透于会展服务的全过程，包括网络设施、服务柜台、仓库、餐饮区、停车场、交通干道等重要内容，对会展服务能力有直接影响。比如，展馆服务柜台只能设置 10 个，那么在同一时间点现场将无法同时为 10 位以上的顾客提供服务。因此，在设施设计前，需要对活动类型、顾客需求、需求量进行预测与判断，遵循实用性原则进行相关设计，为后续服务规划打下良好基础。

5. 设备和工具

设备和工具是指服务过程中用于处理人、物或信息的物质设备，如服务终端、电脑、打印机、网络线路、收银机等。对服务设备的考量是会展服务能力规划的必要环节。一方面，设备与工具是服务提供的载体；另一方面，设备和工具将对会展服务效率产生影响，如在服务过程中充分实现信息化应用，服务速度将得到迅速提升。

（四）制定管理策略

服务能力规划可分为供应管理与需求管理两大模块。会展企业可采取相应的管理策略应对服务能力要素的限制。

1. 服务供应能力管理策略

服务供应能力管理策略的思路是通过多方调整、提高会展服务的供应能力，以便更好地满足服务需求，它对服务供应能力灵活性的要求较高。会展活动具有集聚性特征，且服务需求弹性大，波动频繁，服务需求经常集中在某个较短的时间段，且可能出现瞬间回落。因此，对于服务供应能力的调整，应采取灵活多变的措施，雇请临时工作人员就是改变能力适应需求的典型做法之一。此外，还可采取自助终端服务，利用科技手段拓展会展服务的供应能力。总的来说，当服务需求较高时，可采取增加时间、劳动、设施设备、交叉培训员工、雇用兼职员工、要求员工超时工作、租用或分享设施设备等 5 种措施；当需求较低时，可采用保护创新、安排休假、安排培训、解雇员工等措施释放服务能力过剩部分（见图 2-8）。

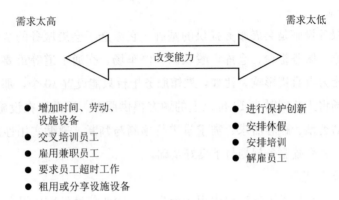

图 2—8　调整服务供应能力的具体措施

2. 服务需求管理策略

服务需求管理策略是通过各种手段，促使顾客的服务需求在时间或空间上得到分解，从而减轻服务能力的压力。在时间上，通过价格手段将高峰期的服务需求引导到非高峰期；在空间上，可进行空间引导与分隔，降低人流拥堵情况，或引导顾客使用网络自助系统，减少现场服务压力等。

会展服务需求管理策略包括：划分需求、价格诱因、促进非高峰需求、开发互补性服务、安排停工、顾客等待、预先告知、使用预定系统、放任自流等。对于不同的会展服务需求管理策略，可采取以下的应变措施，见表 2—3。

表 2—3　会展服务需求管理策略对应的应变措施

策　略	部分应变措施
价格引导	提前申报价格优惠
服务拆分	将登记和换证拆分，鼓励提前登记
自助系统	网上自助登记、网上自助申请服务，现场只需凭凭证获取服务即可
预先告知	提前告知客商，让他们错峰到馆
顾客等待	等待过程进行安抚，提供椅子，提供井然有序的排队环境
开发互补性或协助性服务	在办理证件排队过程中，提供一边排队一边填写登记表的服务，使排队过程也能产生效益
促进非高峰需求	提供价格优惠

不同策略下的具体措施可分为两大类：当需求过高时，可采取使用标记通告繁忙日期与时间、在非高峰时期刺激顾客需求、关注忠诚顾客或"常客"、服务价格不打折等措施缓解需求压力；当需求较低时，可采取在当前细分市场使用广告增加业务、调整服务提供以吸引新的细分市场、打折或提供优惠价格、改变运营时间、将服务及时传达给顾客等措施刺激服务需求（见图2—9）。

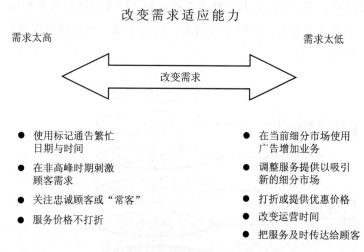

图2—9　调整服务需求的具体措施

二、排队理论简介

排队理论是服务运营管理的重要内容之一，是服务能力规划的重要应用理论基础。排队理论用于解决日常生活中存在的大量有形和无形的排队或拥挤现象的问题，如购票排队、电话占线、取款排队，等等。目前，排队理论被广泛应用于各种服务系统，如银行、超市、医院、通信系统、交通系统、生产管理等。对需要应对大规模人流物流聚集的会展服务，引入排队理论有重要指导意义。

排队系统由三大部分组成，分别为输入过程、排队规则以及服务机构。最简单的排队系统可以用以下的图形加以表示。顾客到达后，进入队列排队，等候服务机构提供服务，获得服务后离开（见图2—10）。

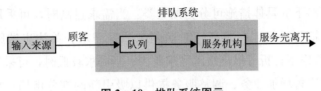

图2-10 排队系统图示

（一）输入过程

在排队理论中，输入过程主要考察顾客到达服务系统的规律及相关情况。它一般包含了4个方面：到达分布情况、到达方式、到达规模以及顾客的耐心程度（见图2-11）。

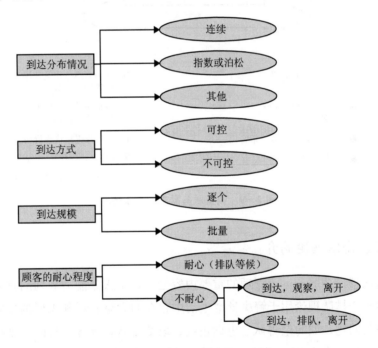

图2-11 排队系统的输入过程

（1）到达分布情况。顾客到达服务系统的情况可以从相邻两个顾客到达时间的间隔情况进行分析，顾客到达情况主要有连续性到达及随机到达两种状态，在现实情况中，顾客到达主要呈现随机状态。为了准确地对随机状态下的顾客到达情况进行统计，我们可使用指数分布以及泊松分布两种统计方法，其中指数分布主要用于统计连续概率分布，可用来表示独立随机事件发生的时间间隔，如旅客进机场的时间间隔；而泊松分布则用于统计离散概率分布，尤其适合描述单位时间内随机事件发生的次数；如某一服务设施在一定时间内接收到的服务请求的次数。

（2）到达方式。顾客到达服务系统的方式有可控和不可控两种方式，可控是指服务提供方可以通过价格诱因、提前告知等方式引导顾客到达服务系统的时间，但某些顾客到达服务系统是无法控制的，如由于突发事件引发需要的服务等。

（3）到达规模。指顾客逐个到达服务系统，抑或成群结队，即批量到达。

（4）顾客的耐心程度。耐心的顾客是指在接受服务之前，一直在等待的顾客（即使其存在抱怨或者不耐烦的举动），不耐心的顾客则有可能通过观察、甚至稍微排队后离开。

（二）排队规则

排队规则是指服务提供者制定的，顾客需要遵守的服务政策，同时也是服务提供者处理多顾客等待时的原则和规矩。一般而言，排队规则可分为静态和动态两种。静态的排队规则指的是先到者先服务，即使顾客的紧急情况不同、身份不同，但服务提供者均以一条规则对待。相反，动态排队规则则灵活自主，服务提供者会根据排队的状况和顾客特征进行优先级区分。例如，基于现场排队人数进行调整，分流一部分顾客到其他业务柜台，或基于顾客的忠诚度，设置 VIP 绿色通道。

（三）服务机构

服务机构可以是一个或多个服务台。多个服务台可以是平行排列的，也可以是串联排列的（见图 2—12）。

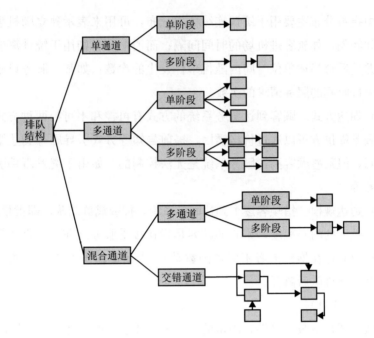

图 2—12　排队结构图

三、排队理论在会展服务能力规划上的应用

1. 确定展客商报到分布方式

图 2—13 为某会展的展客商报到情况，根据该历史数据情况，展客商报到分布方式大致服务泊松分布。

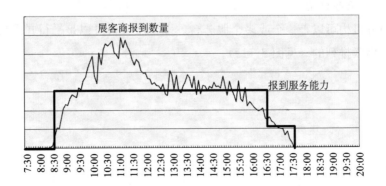

图 2—13　展客商报到情况

2. 确定展客商到达方式

展客商到达方式基本不可控。但由于会展的性质，在开馆时段会有一个高峰，一般集中在展馆开馆前后一小时。

3. 确定展客商到达规模

到达规模以逐个为主。

4. 确定展客商排队耐心程度

相对比较耐心，一般会尽可能排队等候。

5. 设计展客商排队规则

对于会展服务来说，一般比较适合采用先到达先服务（FCFS）的排队规则，排队结构采用"单通道多阶段"结构，如图 2—14 所示。

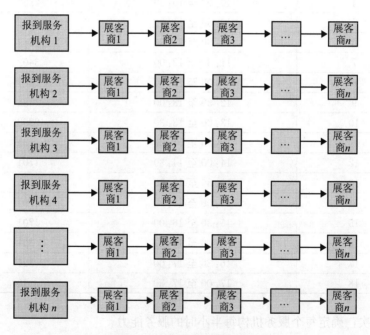

图 2—14 展客商排队规则

6. 设计报到服务机构

确定了排队规则后，主办单位（或展馆服务方）应该根据对应的服务能力设计服务机构。以上述的报到需求为例。

不管展客商报到前，是提前通过网络预先登记资料凭证办理报到服务，抑或现场登记资料后办理报到服务，登记资料的服务可提供表单让展客商自助解决，因此重点讨论报到服务的能力设计。

首先，预测展客商对报到服务的需求。

根据上述的图表，大致可得到下列的服务需求表（见表2-4）。

表2-4 展客商注册服务需求表

序号	时　点	报到需求人数
1	8：30至9：00	482
2	9：00至9：30	2034
3	9：30至10：00	2101
4	10：00至10：30	2835
5	10：30至11：00	2552
6	11：00至11：30	3289
7	11：30至12：00	3402
8	12：00至12：30	2268
9	12：30至13：00	1588
10	13：00至13：30	2268
11	13：30至14：00	1985
12	14：00至14：30	1701
13	14：30至15：00	1701
14	15：00至15：30	1701
15	15：30至16：00	1701
16	16：00至16：30	891
17	16：30至17：00	321
18	17：00至17：30	10

其次，确定每个服务机构每半小时的服务能力。

确定每半小时的服务能力，可以通过现场观察（高峰期）、历史数据推导等方式获得，这里假设每个服务机构每半小时的服务能力是60人，即0.5分钟/人。

据此，建议可通过几个原则设置服务机构。

（1）服务时间内完成所有客商服务。服务窗口投入数量，决定了每半个小时的服务能力，比如，在 8：30～9：00 的时候，投入 9 个服务机构数，则服务能力为 $9 \times 60 = 540$ 人，可以提供全面服务（无须有展客商等待），但如只投入 8 个，则等待展客商数量为 2 人（$482 - 480 = 2$）。当时间段内的客商全部服务完时，时间末等待展客商数则为零，否则剩余人数即为下个时间段的等待人数。

依此类推，我们可以通过调节每个时间段的服务窗口数，计算出每个时间末的等待展客商数量，只要确保在最后的时间末，如 17：30，所有申请服务的展客商均能被很好地服务即可。

（2）投入机构数应尽可能平缓。由于涉及成本问题，机构数的成本取决于服务机构的租金和峰值数量。比方说，在同样的服务需求下，可以将窗口数量设置为"少—多—少"的模式，同样可以在服务时间内完成所有服务的。但是，这种设置方法要求会展企业租用 40 个服务窗口，导致了成本的增加。

显然，平缓式的服务机构（见图 2—15）在成本上可能更加合理。

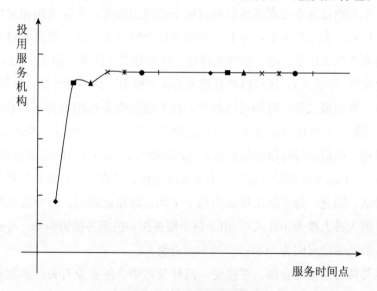

图 2—15 平缓式服务机构

（3）服务成本合理。为了说明该问题，我们将成本简化，假设服务柜台的成本只包含了人员费用和柜台服务，相应的成本单价见表 2—5。

表 2—5　成本单价

费用项目	单价（元/人·天）	说明
人工	100	
服务窗口	300	含柜台、电脑、打印机等相关资产的租用价格

结合投入的机构数，可以得出总体成本：

人工成本＝100×32×2（每个柜台以投入2个人计算）＝6400（元/天）。

服务窗口成本＝300 * 32＝9600（元/天）。

总体成本＝6400＋9600＝16000（元/天）。

说明：

①总体成本是否合理，与每个会展企业的成本策略、对待展客商服务效率等方面有关。比如，倾向于成本压缩的企业，可能会牺牲服务效率来减少成本。

②本示例仅为不考虑其他影响因素下的理想情况，实际运用相对要复杂得多。比如，人工成本上，并不一定需要每个窗口2个人，而是通过考虑人员利用率等相关因素，经过统筹安排后，压缩到某个比例（如1∶1.2，即30个柜台配置36个人），还可以结合投入的人工成本，按小时计算，等等。

（4）客商最长等待时间可以接受。在上述的服务机构设置下，13∶30至14∶00之间，等待展客商是最多的，达到5362人，由于此时共提供了32个服务机构，则最长等待服务周期数为5362/32＝167.56（可以简单地理解为，此时有32个服务机构提供服务，由于排队原则，展客商会自发选择最少人的队伍排队，因此，每个队伍排队会趋于平均，即在此时刻，每个服务机构需要服务的人数大概为168人）。由于每个服务机构的服务能力为0.5分钟/人，因此，最长等待时间为168×0.5＝84（分钟）。

该等待时间是否合理、可接受，同样与每个会展企业有关。当发现等待时间过长，可能会导致展客商满意度下降，甚至造成展客商流失的情况时，会展企业需要进行调整。比如，在图2—16的服务机构设置下，通过同样的算法可知，客商最长等待时长仅需要37.66分钟。

表 2-6　展客商等待时长

序号	时　点			报到服务需求展客商数		完成服务，进馆展客商数		等待的展客商数（时间末）	服务中的窗口数（时间末）
				需求数	累计	完成数	累计		
1	8：30	至	9：00	482	482	482	482	0	9
2	9：00	至	9：30	2034	2516	1800	2282	234	30
3	9：30	至	10：00	2101	4617	1800	4082	535	30
4	10：00	至	10：30	2835	7452	1920	6002	1450	32
5	10：30	至	11：00	2552	10004	1920	7922	2082	32
6	11：00	至	11：30	3289	13293	1920	9842	3451	32
7	11：30	至	12：00	3402	16695	1920	11762	4933	32
8	12：00	至	12：30	2268	18963	1920	13682	5281	32
9	12：30	至	13：00	1588	20551	1920	15602	4949	32
10	13：00	至	13：30	2268	22819	1920	17522	5297	32
11	13：30	至	14：00	1985	24804	1920	19442	5362	32
12	14：00	至	14：30	1701	26505	1920	21362	5143	32
13	14：30	至	15：00	1701	28206	1920	23282	4924	32
14	15：00	至	15：30	1701	29907	1920	25202	4705	32
15	15：30	至	16：00	1701	31608	1920	27122	4486	32
16	16：00	至	16：30	891	32499	1920	29042	3457	32
17	16：30	至	17：00	321	32820	1920	30962	1858	32
18	17：00	至	17：30	10	32830	1920	32882	0	32

注：等待展客商数量（时间末）的计算方式：

初始等待展客商数（即 9 点时刻）＝该时段需求数－该时段完成数。如该数值为正，则标记该数值，如该数值为负，则标记为"0"。

其余等待展客商数＝该时段需求数＋上一时段等待展客商数（时间末）－该时段完成数。同样，如该数值为正，则标记该数值，如该数值为负，则标记为"0"。

7. 确定报到排队模型

根据 6 的分析，可以确定报到排队模型，图 2-16、图 2-17 分别显示了服务机构设置情况和服务情况。

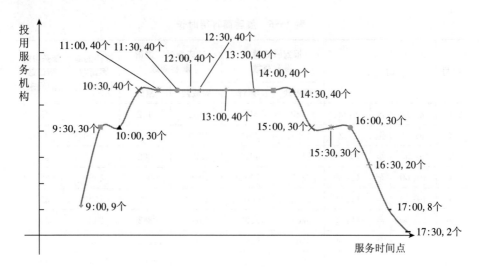

图 2—16　各时段投用的服务机构数量

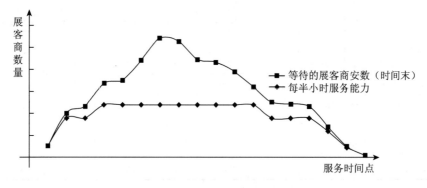

图 2—17　服务能力和等待服务图

8. 持续优化

由于服务能力受到影响的因素较多、展客商的需求随时可能产生变化，因此，需要根据实际情况持续优化。比如，通过价格诱因使得展客商，特别是客商，错峰进馆，此时的服务机构数可以进一步降低；又如通过网络等形式提高了效率，可能是展客商自助报到，也可能是提高了报到效率，从 0.5 分钟/人提高到 0.3 分钟/人，那么同样单位服务机构的服务能力获得提升，在展客商需求不变的前提下，可以相应减少服务机构数量。

第六节　会展服务需求预测

会展服务需求预测主要针对特定的会展服务项目展开，主要预测服务项目潜在的消费数量、消费内容、消费档次、消费时间及消费预算等。以餐饮服务为例，餐饮服务需求预测的内容包括就餐人数、菜式需求情况（包括不同档次的菜式需求情况以及不同菜式的需求量）、就餐时间分布情况、人均消费情况等。

由于会展服务具有集聚性、复杂性、差异性和综合性，会展服务需求也具有区别于一般服务的独特性，会展服务需求预测具有一定的难度。

首先，会展服务预测的资料收集难度较大。由于服务项目的需求预测内容较多，需要的数据量也相应增加，且部分资料无法用数值描叙，也难以用文字准确表达，为了尽量减少数据误差，在资料收集之前，应根据预测方法对收集过程进行规范。

其次，会展服务需求富有弹性，波动频繁，预测难度也相应增加。现场会展服务项目的周期较短，需求受展览时间、客商行为习惯、公司决策等因素的影响明显，以证件服务为例，客商办证需求在不同的展览时段波动频繁，尤其在开幕当天办证数量多次呈现较高峰值。

最后，会展服务需求预测方法的选择具有一定难度。会展业作为新兴行业，并未建立完善的测算体系，在会展服务应用方面更是如此。会展常用的需求预测方法有数十种之多，每种方法都有自身的特点、用途和适用范围。因此，除了选择得当的预测方法外，为了提高预测准确度，有时须同时采用多种方法进行预测，以便相互检验和补充。

对展馆而言，服务需求预测结果将应用于不同的展览，由于不同展览的情况各异，服务需求会因展览题材、展览规模、展览专业化程度等因素而产生变化，这也增大了展馆运营中关于服务需求预测的难度。

一、会展服务需求的影响要素

会展服务需求主要受服务产品、与会人员以及周边环境等三大方面的因素影响。

（一）服务产品因素

一是服务的内容和质量。会展服务的内容、质量以及服务环境会直接影响与会人员的服务需求，尤其对配套服务来说，这种影响更加强烈。比如，舒适的餐厅环境和丰富可口的菜式将吸引更多顾客前往，反之亦然。

二是服务产品价格。与普通商品一样，价格是消费者需求购买心理中最敏感的因素，会展服务产品价格的高低将直接影响与会人员的服务需求意愿以及需求数量。

三是服务营销效果。如果服务提供者能及时向与会人员传递服务信息，并通过品牌宣传树立与会人员对服务的好感，将会增强与会人员的服务需求。

（二）与会人员因素

首先与会人员的参会预算会影响其需求。无论是以个人名义还是代表公司参加展览，与会成本都是参展商和观众不能不考虑的重要因素。一般来说，参展商的与会成本包括展位费用、展位搭建（拆卸）费用、物流费用以及人员费用等，人员费用又包含餐饮、机票、酒店住宿、商务旅游等费用，到国外参展的参展商还需考虑签证费用。对于观众来说，主要是参会费用，包括证件办理、吃、住、行等方面。当与会成本与预算发生较大偏差时，参展商及观众可能取消部分服务需求、降低所需服务的档次，甚至可能决定不参会。

其次是与会人员偏好。偏好是一种情感倾向，是人们心理特征与价值观的内在体现，又集中反映了人们的行为特征。消费者行为学家 L.G. 希夫曼和 L.L. 卡纽克曾在其消费者决策模型中强调了消费者心理对行为决策的影响，认为人的行为与其动机、期望和认知程度直接相关。在会展服务中，与会人员的偏好同样会影响他们对服务的需求。比如，受教育程度较高的参展商普遍对服务设置、效率等方面的要求较高。了解与会人员的个人偏好，能帮助服务提供者更好地了解顾客需求，这也是展览主（承）办方与顾客保持紧密关系的重要环节。

（三）周边环境因素

周边环境因素主要指举办展览的展馆周边的环境因素，包括公共服务设施条件、周边地区的服务供给情况以及所在地同期举办的展览情况等。由于展览配套服务的可替代性较高，展馆周边地区的服务条件越优越，对展馆内的服务需求的影响就越大，比如展馆周边如果有价廉物美的餐厅，部分观众可能会选择离开展馆前往就餐。与此同时，所在地同期举办的同题材展览也有可能分流与会人员数量，从而降低服务需求。

二、会展服务需求预测方法

需求预测大致可分为两类：基于管理决策的定性预测和基于数学模型的定量预测，每种方法都有自己的特点、用途和适用范围，在具体应用中要选择得当。在条件允许的情况下，尽可能综合采用多种方法进行预测，以便提高预测的准确度。

（一）定性分析法

定性分析法是一种较为主观的预测方法，主要是利用个人的经验、知识、分析判断能力对材料进行综合分析，从而得出判断和预测。主要应用于缺乏历史资料、影响因素较复杂或主要影响因素无法定量的服务项目。目前，定性分析法主要有德尔菲法、专家意见法、交互影响分析法、历史类推法、小组共识法、市场调研法等。下面我们将重点介绍德尔菲法、历史类推法和市场调研法。

1. 德尔菲法

德尔菲法由 Rand 公司于 20 世纪 40 年代提出，本质上是一种反馈匿名函询法。其大致流程是：在对所要预测的问题征得专家的意见之后，进行整理、归纳、统计，再匿名反馈给各专家，再次征求意见，再集中，再反馈，直至得到一致的意见。该方法主要是由调查者拟定调查表，按照既定程序，以函件的方式分别向专家组成员进行征询；而专家组成员又以匿名的方式（函件）提交意见。经过几次反复征询和反馈，专家组成员的意见逐步趋于集中，最后获得具有很高准确率的集体判断结果。

该方法一般用于长期预测，需要聚集大量具有专业知识的专家，同时要使专家们的意见逐渐趋于一致，成本相对较高。在会展应用方面，德尔菲法多用于预测新开发的服务项目需求。

2. 历史类推法

历史类推法也叫历史类比法。它是假定一种新服务的成长方式与另一种可获得可靠数据的服务类似，并以此预测新服务的市场渗透力或生命周期。该方法用于推测同题材或类似题材展览的服务需求。比如，展馆可根据往年举办的家具展的服务需求数据，预测出即将举办的新的家具展或相似题材展览的服务需求情况。

3. 市场调研法

市场调研法是指运用科学的方法，有目的、有计划地收集、整理、分析有关供给和需求的各种信息和资料的方法。它在市场预测和经营决策过程中占有相当重要的地位。在会展服务需求预测方面，市场调研法主要用于了解顾客对现有会展服务的看法、对拟推出的服务项目的看法、顾客个人对会展服务的偏好程度、顾客行为习惯、顾客的结构和收入等。

（二）定量分析法

定量分析法是指依据历史数据或统计资料，运用数学或者数理统计的方式进行分析预测的方法。定量分析方法一般需要大量的统计资料和先进的计算手段，这里主要介绍因果分析法和时间序列预测法。

1. 因果分析法

因果分析法的假定数据遵从于过去某种不变的模式，所需预测的信息和其他因素之间存在稳定的关系，该方法的基础是因果关系，即一种事情会导致另一种事情的发生，我们可以简单地用雨具销售作为例子说明。当雨天较长时，我们会认为雨具的销售量将相应上升，因此，雨天时长与雨具销售量存在因果关系。具备因果关系后，一件事情就有可能成为另一件事情的动因，因此可以作为预测的依据。会展服务需求同样存在多种因果关系。比方说，会展举办期间与会人数较多，人员滞留的时间将相对增加，这将增加观众在展馆内就餐的机会，因此，人员的滞留时长可作为餐饮服务需求预测的依据。

因果分析法在市场预测中常用的方法有两种：回归分析法和经济计量法。其中，回归分析法是最基本、最常用的分析方法，它是在掌握大量观察数据的基础上，利用数理统计方法建立因变量与自变量之间的回归关系函数表达式，来描述它们之间数量上的平均变化关系，预测的主要步骤包括：相关关系分析、模型中的参数计算、建立回归预测模型、利用预测模型进行预测、预测值置信度检验。[1]

---

① 张玉明：《会展服务管理》，中山大学出版社，2010年。

2. 时间序列预测法

时间序列预测法是指将拟预测指标的历史数据按时间先后顺序排列形成的所谓的时间序列，然后根据所构成的时间序列的变化规律来推断未来的变化情况。其步骤包括：收集与整理拟预测指标的历史数据；对这些数据进行检查鉴别，排成数列；分析时间数列，从中寻找时间数列随时间变化的规律，得出一定的模式；以此模式去预测该指标将来的情况。

这种预测方法简单、容易操作，但准确度相对较差，且难以向外延伸或外推预测。具体的预测方法包括：简单移动平均法、加权移动平均法以及简单指数平滑法、趋势修正指数平滑法，具体适用范围见表2—7。

表2—7　时间序列预测法的适用范围

预测方法	历史数据的数量	数据形态	预测范围
简单移动平均法	6～12个月，通常每周至少取一个观察值	数据是静态的（即没有趋势或季节性）	短期到中期
加权移动平均法以及简单指数平滑法	需要5～10个观察值	数据是静态的（即没有趋势或季节性）	短期
趋势修正指数平滑法	需要5～10个观察值	静态或趋势	短期

三、服务需求预测的步骤

总的来说，会展服务需求预测包括6个步骤，即明确需求预测目标、界定预测范围和数据收集对象、收集数据、寻找合适的预测方法、预测分析和修正、编写预测报告。具体如下：

（一）明确需求预测目标

明确需求预测目标是开展预测的第一步。所谓目标，是指预测的具体对象的项目和指标。预测目标不同，需要的资料、采取的预测方法则有所区别。收集资料、预测进程和范围都需根据目标而定。确定预测目标后，还需分析预测的时间性和准确性要求，从而确保预测结果可信、有效。

（二）界定预测范围和数据收集对象

一旦明确了需求预测目标，相应的预测范围和数据收集对象也可随之确定。表2—8以部分展览现场服务项目为例，列出数据收集的范围及对象。

表2-8 数据收集的范围和对象

数据收集项目	数据收集主体/情况		
	展商	客商	历史数据
保洁服务			√
安保服务			√
参展商报到服务	√		√
餐饮服务	√	√	√
登记入场服务	√		√
会展咨询服务	√		√
旅游服务	√	√	√
配套物品提供或租赁服务	√		√
票务服务	√		√
商检服务	√	√	√
通信网络服务	√	√	√
网上办证服务	√		√
网上注册服务	√	√	√
展具租赁服务	√		√
展品仓储服务	√		√
展品运输服务	√		√
展台设计服务	√		√
展位搭建、拆除服务	√		√
住宿服务	√	√	√

（三）收集数据

预测能否成功以及结果是否相对准确，与收集的数据息息相关。一般来说，根据收集时间的不同，数据和资料可以分为历史数据、现场调研数据两大类。前者主要是指以往的展览数据或相似题材的展览数据，如顾客数量、结构，登记入场时间，就餐时间地点，等等。后者主要通过调研收集现阶段顾客的需求信息。调研方法有多种，一般包括访谈法、问卷调查法、网上调查、电话调查等方法。问卷调查法又可以采用不同的方式发放问卷。在会展服务项目调研中，针对主办方和承办方，可选用面访法；针对参展商和观众，可选用问卷调研、电话及网上调研的形式。会展项目一般都拥有相对稳定的参展商和观众群体，因此可充分利用展览官方网站进行数据收集，比如在客户填写网上资料时对其进行随机网上问卷调查，或者利用客户联络中心、客户热线等联络渠道进行电话调查。

（四）寻找合适的预测方法

在分析判断的过程中，要考虑采用何种预测方法进行预测。预测有很多方法，选用哪种方法要根据预测的目的和掌握的资料来决定。各种预测方法有不同的特点，适用于不同的情况。一般而言，掌握的资料少、时间紧，预测的准确程度要求低，可选用定性预测方法。掌握的资料丰富、时间充裕，可选用定量预测方法。在预测过程中应尽可能地选用几种不同的预测方法，以便互相比较，验证其结果。

（五）预测分析和修正

分析判断是对调查搜集的资料进行综合分析，并通过判断、推理，使感性认识上升为理性认识，从事物的现象深入到事物的本质，从而预计会展服务的发展变化趋势。在分析评判的基础上，通常还要根据最新信息对原预测结果进行评估和修正。预测结果不可能做到百分之百准确，最理想的预测应该是在预测误差允许的范围内，使预测结果尽可能接近实际，与此同时，还必须通过保持预测模型的柔性来减少损失。

（六）编写预测报告

预测报告应该概括预测研究的主要活动过程，包括预测目标、预测对象及有关因素的分析结论、主要资料和数据，预测方法的选择和模型的建立，以及对预测结论的评估、分析和修正，等等。

案例：

第 111 届广交会采购商/观众办证服务模拟测算

1. 明确需求预测目标

对采购商办证服务需求预测，为提升广交会办证服务水平提供依据和指导。

2. 界定预测范围和数据收集对象

假定每位采购商只办理一次有效证件，以每届春交会采购商到会数据为办证服务需求预测的数据依据。

数据收集年限为：1992 年至 2011 年，共 20 年。

数据来源：广交会官方网站。

3. 收集数据

根据广交会官方网站数据，1992年至2011年春交会采购商数据见表2—9。

表2—9 广交会春交会历年采购商数量（1992—2011年）

年　份	春交会采购商数	年　份	春交会采购商数
1992	48677	2002	120576
1993	38316	2003	140000
1994	49882	2004	159717
1995	52350	2005	195464
1996	50851	2006	190011
1997	60326	2007	206749
1998	64868	2008	192013
1999	79526	2009	165436
2000	98005	2010	203996
2001	111886	2011	207103

4. 寻找合适的预测方法

广交会已经举办了100多届，历史数据齐全。绘制散点图，数据特征基本符合线性回归模型，可采用定量分析法中的线性回归模型。

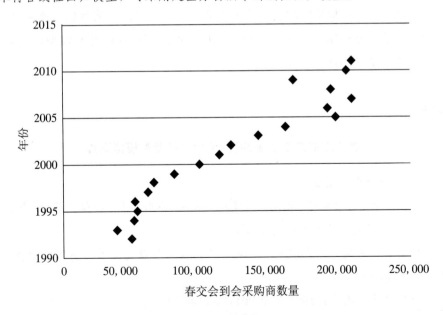

图2—18 散点图

5. 预测分析和修正

线性回归方程：

$$Y = a + bx$$

根据最小二乘法，a、b 的值分别为

$$\begin{cases} a = \dfrac{\sum Y_i}{n} - b\dfrac{\sum X_i}{n} \\[3mm] b = \dfrac{n\sum X_i Y_i - \sum X_i \sum Y_i}{n\sum X_i^2 - (\sum X_i)^2} \end{cases}$$

6. 确定相关数据

最小二乘法运算过程见表 2—10。

表 2—10 最小二乘法运算过程

x	y	xy	x^2	y^2
1	48677	48677	1	2369450329
2	38316	76632	4	1468115856
3	49882	149646	9	2488213924
4	52350	209400	16	2740522500
5	50851	254255	25	2585824201
6	60326	361956	36	3639226276
7	64868	454076	49	4207857424
8	79526	636208	64	6324384676
9	98005	882045	81	9604980025
10	111886	1118860	100	12518476996
11	120576	1326336	121	14538571776
12	23128	277536	144	534904384
13	159717	2076321	169	25509520089
14	195464	2736496	196	38206175296
15	190011	2850165	225	36104180121
16	206749	3307984	256	42745149001
17	192013	3264221	289	36868992169
18	165436	2977848	324	27369070096
19	203996	3875924	361	41614368016
20	207103	4142060	400	42891652609

据此可得：

x 平均值：10.5

y 平均值：115944

xy 之和：31026646

x^2 和：2870

进而确定：

a：10495.48421

b：10042.71579

因此，其预测公式应为

$Y(n) = 10495 + 10043x(n)$

（$R^2 = 0.920344$，Adjusted $R^2 = 0.9159$）

根据上述的分析得出的预测模式，可推导出：

2012 年春交会的人数：$Y(21) = 221393$。

注：

（1）目前已有很多软件可进行线性回归，如 SAS、SPSS、Eviews。使用软件可大大加快预测的效率。由于本文需要向读者呈现清晰的思路，故在此展示出详细的运算步骤。

（2）由于与会人数随着经济环境、营销等因素的变化而有所改变，因此，还可考虑加入其他变量，进行多元回归分析，使数据接近现实。同时，还需要根据实际与会人数，不断修正分析模型。

通过上述案例，我们可预测第 111 届广交会采购商人数约 221393 万人，即采购商办证服务需求约 22 万人次。为验证这一结果，我们又查阅了广交会官方网站资料，第 111 届广交会的实际采购商人数约 21 万人，与预测数据存在一定的误差，误差率约 5%，属正常范围，也就是说，该预测过程及结果可信、有效，可进一步对模型进行修正以降低误差率。

第三章　会展服务项目

集聚性是会展服务的重要特征之一，在本章将再次得到体现与强调。会展业短时间内聚集大量人流、物流、信息流，在这一空间转移过程中产生了巨大的服务需求，多种类型服务在时间与空间上形成集聚。从参展商与观众注册开始，到达会展举办地，再到展会结束回到客源地，这一过程所涉及的服务部门很多，包括主办方、承办方、场馆、注册服务、金融服务、交通服务、住宿业服务、餐饮服务等多种服务；在展品运送、现场展示、展品回运这一过程中，需要物流、报关、质检、展示设计、展位搭建等服务的配套；展览会期间，基于展客商的行业信息交流目的，产生了会议服务、商务服务、广告服务，甚至娱乐休闲服务的需求。这些服务来自各个服务细分领域，涵盖了大量生产性与消费性服务，由于展览会的举办产生集聚效应，是会展服务体系的重要体现。

前两章从宏观的角度对会展服务的概念、规划与管理进行了详细的解释，旨在培养读者的会展服务全局观与运筹帷幄的能力，属于抽象的层面。而本章则将会展服务落到实处，通过详述每项会展服务提供的原则、内容、方法、发展趋势等，旨在让读者对会展服务形成具体的感观，培养实践操作能力，落到具体的层面。

第一节　组织服务

大型会展的成功举办需要精心组织和策划。会展的组织策划过程是一个综合而又复杂的过程，它涉及众多行业和部门。在组织策划会展的过程中，展览主（承）办方需承担多方面的工作，其中报批申请、策划宣传、招展招商是三个必经的步骤。从严格意义上说，这三个步骤属于展览策划和运营的内容，但随着会展服务外延的不断扩展，这部分内容也被归属于由主（承）

办方为展客商提供的展览前期的组织服务,本节我们将对这三项内容进行详细的介绍。

一、报批申请

(一)展览管理体制[①]

报批申请是指展览主(承)办单位根据法律法规,将计划举办的展览项目提交给相关管理部门进行审查和批准的过程,在申请获得批准后,展览将得到相关管理部门发放的许可文件,即展览批文。

与国际上其他展览经济发达的国家实行登记制管理体制不同,我国实行展览审批管理体制。目前,我国还没有统一的展览管理法规,不同展览类别所对应的管理部门不同,相关管理部门对会展管理的范围、标准以及报批的程序、要求也有所区别,主要审批管理部门包括中国贸促会、商务部、科技部以及地方政府等。

(1)国内展管理体制。国内展在我国会展业发展过程中出现最早,曾先后由外经贸部、内贸部、国内贸易局、国家经贸委等负责管理,其中贸促会系统基本游离于该管理体系之外,贸促会系统举办的国内展由贸促会自己审批。2012年11月,国务院颁布取消"全国性非涉外经济贸易展览会(即国内展)"的行政许可项目决定,由审批制改为登记制,国内展也仍可由登记部门实施管理和引导。在此之后,各原有展览会、交易会审批权的部委也都相继发文取消了相关审批管理。

(2)境内国际展[②]管理体制。以国务院部门或在省级人民政府名义主办的国际展、博览会等,须报国务院批准;国务院部门所属单位主办的、境外机构主办的对外经济技术展览会、省级外经贸主管部门主办的和多省联合主办的对外经济贸易棋坛会和出口商品交易会,报商务部批准;凡以科研、技术交流、研讨为内容的展览会,由科技部负责审批;贸促会系统举办的对外经济技术展览会,由贸促会审批并报商务部备案;对外经济技术展览会凡涉及台

---

① 上海标准化研究院:《展览业标准化综论》,中国标准出版社,2011年。
② 国际展:境外参展商不低于全部参展商的10%,或境外观众不低于全部观众的5%的展览会。

湾地区厂商或机构参展的，应报商务部审批，报国务院台湾事务办公室备案。

（3）出国办展管理体制。在出国举办经济贸易展览会方面，最初由国务院统一负责审批办展计划，从 20 世纪 90 年代开始审批权收归外经贸部；自 2001 年起，由原外经贸部负责出国办展的宏观管理和办展资格的审核，各地区、各单位举办出国展览一律由贸促会审批；2006 年贸促会、商务部修订了出国展审批管理办法，贸促会负责协调、监督、检查组展单位实施经批准的项目，制止企业和其他组织未经批准开展出国办展活动，商务部则负责对出国办展进行宏观管理和监督检查。

（二）办理批文的要求及程序以广东省为例①

（1）国内展：凡属冠以"中国""全国"字样的全国性展览须报国家行业主管部门审核批准；凡属于省市地区性的展览须报经所在省、市的行业主管部门审核批准。

（2）国际展：对于展览面积在 1000 平方米以上的对外经济技术展览会，可按以下程序办理报批手续（见表 3—1）。

表 3—1　各种类型展览的审批部门

展览类型	审批部门
以广东省、广州市、深圳市政府名义主办的国际展、博览会等	由省政府上报国务院审批
广东省对外贸易经济合作厅主办或广东省和广州市联合主办的涉及台湾地区厂商或机构参展的对外经济技术展览会	由广东省对外贸易经济合作厅或广州市外经贸委上报商务部审批
广东省贸促会主办或广州市贸促会主办的对外经济技术展览会	由广东省贸促会或广州市贸促会上报中国国际贸易促进委员会审批
广东省科学技术厅或广州市科委主办的以科研、技术交流研讨、高新技术及其产品为内容的展览会	由广东省科学技术厅或广州市科委上报国家科学技术部审批
其他展览主办方在广东境内主办的对外经济技术展览	报广东省对外贸易经济合作厅审批并报商务部备案

---

① 上海标准化研究院：《展览业标准化综论》，中国标准出版社，2011 年。

	续　表
展览类型	审批部门
境外（含港澳地区）展览企业主办来华展，可在中国境内以外商独资的形式设立公司或与中国境内以合资、合作形式设立外商投资会议展览公司，该公司在中国境内主办对外经济技术展览	按国家规定办理批文
外地主办机构来粤自办对外经济贸易展览	须经广东省对外贸易经济合作厅同意
外省主办机构来粤自办对外科学交流展览	须经广东省科学技术厅同意

资料来源：上海标准化研究院《展览业标准化综论》

（三）报批申请文件

申报举办展览的组展单位应当具备法人资格、能够独立承担民事责任；具有与展销规模相适应的资金、场地和设施；具有相应的管理机构、人员、措施和制度。申请办理商品展销会登记手续时，一般要求提交下列文件：

（1）证明举办单位具备法人资格的有效证件。

（2）举办商品展销会的申请书，内容包括：展销会名称，起止日期、地点、参展商品列别、举办单位银行账号、举办单位会务负责人员名单，商品展销会筹备办公室地址、联系电话等。

（3）商品展销会场地使用证明。

（4）商品展销会组织实施方案。

（5）其他需要提交的文件。依照国家有关规定需要经政府或者有关部门批准方可举办的商品展销会，如消防报批（消防局）、公安报批（公安局）等。

二、策划宣传

会展宣传推广是围绕会展基本目标指定的、有目的、有计划举行的一系列促进招展、招商和建立会展形象的宣传推广活动，是会展策划和营销工作中的一个重要环节。会展宣传推广的方式主要包括内部通告、新闻报道、广告、直接发函、销售促进和人员促销等。一般来说，不同的宣传方式有不同的效果，在开展宣传推广的过程中，媒体要选择恰当，宣传规模要根据招展工作的实际需要和办展机构的财力、人力而定。宣传推广的时间要根据招展进度计划表提前安排。否则，会影响招展和各项筹备工作的顺利进行，为加强宣传力度和效果，宣传推广工作有策略、有步骤、有选择地开展以提高工作效率。

（一）会展宣传推广的特点

（1）整体性。会展宣传推广服务于整个会展，是一种整体的宣传推广工作，不能因为要实现会展的某项目标，而忽视其他任务。

（2）阶段性。会展宣传推广工作中的 5 个方面是随着展览会筹备工作的进行和会展的实际需要而分步骤和分阶段逐步实现的。所以，展览会宣传计划的阶段性很强，阶段性目标和任务应十分清晰而明确。

（3）计划性。会展宣传推广需要全面统筹展览会筹备工作中的各个环节，应加强计划性，给展览会筹备工作以强有力的全方位支持。

（4）本质上是一种对服务的宣传。展览会宣传推广是在宣传和推广展览会的各种服务。

（二）会展宣传推广策略

会展宣传推广肩负着促进会展招展，促进会展招商，建立会展的良好形象，创造会展竞争优势，协助业务代表和代理们顺利开展工作，指导内部员工如何对待客户等多项事关会展成功与否的重任。会展主办机构应根据会展的定位、题材以及机构的经济实力来制订展览会的宣传推广计划，而且在组织实施的不同阶段应该选择相应的媒体和突出不同的重点与主题。不管会展主题有多么好，组织水平有多么高，作为会展的组织者必须采取相应的媒体和形式把会展推广出去，让大家知道和了解，甚至熟知。

（1）显露型宣传推广：这种策略适合会展初期，通过简洁的信息迅速提高知名度。以迅速提高会展的知名度为主要目的，宣传推广的重点是会展的名称、举办时间和举办地点等简单明了、便于记忆的会展信息。这种宣传推广多在会展创立初期实施，或在会展已经有了一定的名气之后作为对客户进行定期"提醒"之用。

（2）认知型宣传推广：重点是增加受众对会展的深入认识、特点和优势。使受众全面深入了解会展，增加受众对会展的认知度，宣传推广的重点是会展的特点、优势等较为详细内容。多在行业对所在会展已经有了一些初步了解之后，会展作进一步的招展和招商时实施。

（3）促销型宣传推广：短期、重点在于效应和轰动。为了在短期内推动会展展位的销售或招揽更多的观众到会参观，宣传推广的重点是参展商和观众所关心的主要问题。多在会展招展和招商时使用。

（4）竞争型宣传推广：针锋相对，与竞争对手展开竞争或进行防御，宣传推广的重点是采取与竞争对手针锋相对的措施。多在所在会展受到竞争对手的威胁，或者所在会展意欲与其他会展展开竞争时使用。

（5）形象型宣传推广：形象认同、沟通、忠诚度、信任。扩大会展的社会影响，建立会展的良好形象，不单纯追求短期销售量的增长，宣传推广的重点是追求目标受众对所在会展定位及形象的认同，积极与他们进行信息和情感的沟通，增加他们对会展的忠诚度和信任。适用于在会展筹备期的任何阶段实施。

（三）会展宣传推广策划的步骤

由于需要宣传推广的内容较多，在进行会展宣传推广策划时，必须全面系统地制订策划方案，以满足会展筹备工作的需要。通常，会展宣传推广策划包括以下 6 个步骤：

1. 确定目标

确定目标就是要明确通过会展宣传推广策划所希望达到的目标，如招展、招商或树立会展品牌形象等。只有搞清楚宣传推广策划的目标和任务以后，会展宣传推广策划的实施才有意义；否则，会展的宣传推广工作就会无的放矢。需要注意的是，会展的宣传推广目标具有一定的阶段性，而在会展筹备的不同阶段其主要任务也有所差别。例如，在会展筹备前期宣传推广策划的目标偏重于招展，而后期则偏重于招商。

2. 进行宣传推广资金的预算

在确定宣传推广的目标之后，需要确定为了达到该目标所需要的资金预算。在实际操作中，会展宣传推广预算可以先按宣传推广渠道的不同来分别制定，然后再将各渠道的预算汇总成会展宣传推广的总预算。从国际普遍做法来看，会展活动举办方一般会将会展预期收入的 10％～20％拿出来作为会展宣传的资金投入。

3. 策划宣传推广的信息

宣传推广信息策划的目的在于确定会展的宣传推广需要向外界传递怎样的信息，如会展的理念、优势、特点及 VI 形象等。不管会展向外界宣传推广的是怎样的信息，都必须保证信息的真实可靠。此外，会展宣传推广的信息要具有自己的特色，不能与别的同类会展雷同，这样才不会被其他类似的信息所淹没。

4. 策划宣传推广的资料

现在的会展几乎没有不印发宣传推广材料的。可见，行之有效的会展宣传推广活动，需要通过精心策划的宣传推广资料制造宣传攻势。随着同业竞争的日益激烈和会展规格的不断提升，各参会厂商在宣传推广材料的印制上煞费苦心。宣传推广资料的素材主要包括专题报道、展前预览、新产品报道、参观指南、展期新闻、会展回顾等。

5. 策划宣传推广的渠道

为提高宣传推广的效果，在进行策划时需要考虑拓宽宣传推广渠道，通过电视、报纸、户外广告、网络、数据业务平台等各种渠道，及时地发布真实和丰富的会展信息。

6. 评估宣传推广的效果

对宣传推广效果的评估，归纳起来有两种标准，即量化标准和反馈标准。量化标准就是通过统计的方法，对宣传推广资料的发放、宣传的场次及受众的人次等用数字反映出来；而反馈标准是指通过收集宣传推广对象的反馈信息，采取综合评估的方法来验证宣传推广的实际效果。

（四）会展宣传推广渠道

1. 媒介宣传

专业媒体：与会展题材有关的行业专业报纸、杂志、会展目录、会展会刊等。针对性强，富有专业性，直接面向会展的目标参展商和目标观众，是会展首选的宣传推广媒介。

大众媒体：包括电视、广播、各种报刊、户外媒体、网站等，这些传媒普及性强，社会接触面广，既面对目标参展商与专业观众，也面向会展的普通观众。

大众媒体实效性强，覆盖面广，具有一定的新闻性和可信度，因此是会展其他宣传推广方式的有效补充。

2. 公关宣传

公关宣传是会展组织者通过策划和实施一些能够引起公众注意的公共关系事件达到宣传和推广目标的营销方法。一是扩大展览的影响，吸引更多的参展商参加展出；二是建立关系，与参展商建立发展关系。

形式：开幕式、新闻发布会、公益赞助、拜会等。

公关宣传是会展常用的一种宣传方式，也是会展与新闻界加强联系的有效途径，如果宣传得当，新闻发布会是一种成本低而效率高的会展宣传推广手段。

3. 人员宣传

人员宣传是一种人际交流，是一种直接的宣传方式，展出者通过与目标观众实际联络，告知展出情况邀请其参观展览。

形式：主要有发函、打电话、传真、拜访等，相对其他工作人员推广工作的成本较低。发函有直接发函、信函（礼品、贵宾卡）等方式，直接联系有电话和直接拜访等方式。

4. 同类会展

国内外同类会展是会展目标客户最集中的地方，在这些会展上进行宣传推广，会收到良好的效果。

三、参展商招商及观众邀请

（一）制订招展方案

招展方案就是对展览会招展工作的总体规划和全面部署，其内容涉及展览会招展工作的各个方面，其主要内容如下：展览会涉及产业介绍、展区和展位划分、招展价格、招展函的编制与发送、招展分工、招展代理、招展宣传推广、展位营销办法、招展预算、招展总体进度安排。

（二）招展进度管理

招展方案制订好之后，为保证招展工作顺利展开，要对招展进度进行控制管理。招展进度管理是招展工作的总体时间规划以及各个阶段工作要达到的目标及考核标准，是对展览会招展工作的总体控制和监督的动态管理，便于工作人员及时对照检查，发现问题，及时纠正，确保招展工作的顺利进行，从而保证展览会的成功举办。

（三）招展宣传

在激烈的市场竞争中，展位能否被全部租用以及观众的多少直接影响到现代商业性展览会的收益，因此，根据目标参展商数据库内大多数企业的具体情况进行有针对性的招展宣传推广，是展览会营销工作的重头戏，是顺利展出至关重要的因素。

（四）确定收集目标参展商、观众信息的渠道

目标参展商的有关信息可以通过以下各种方法来收集：通过行业企业名录收集；通过商会和行业协会收集；通过政府主管部门收集；通过专业报刊收集；通过同类会展收集；通过外国驻华机构收集；通过专业网站收集；通过电话黄页收集。

（五）建立目标参展商数据库

目标参展商数据库是以后招展工作中目标客户的重要来源，建立好目标参展商数据库，对以后的招展工作有很大的帮助。目标观众是会展招商主要的客户范围，会展招商是在了解上述观众所在行业、观众的基本数量、需求特征和分布状况的前提下进行的。一般来说，会展的目标观众的范围比其目标参展商的范围要广，涉及的行业要多。要想目标参展商、观众数据库能对以后的招展工作有所帮助，我们在建立这个数据库时就必须遵循以下基本原则。

一是数据真实可靠。在建立数据库时，我们不仅要尽量使数据库的数据量足够多，而且还要尽量使各条数据所包含的基本信息真实、准确和完整，只有这样的数据库才更实用。我们在建立数据库之前，要对数据进行甄别，去伪存真，将不完整的信息补充完整，将重复的信息去掉，数据库要有一定的数据量，这是对目标参展商数据库最基本的要求。我们将有关一家目标参展商的所有信息称为一条数据，一个目标参展商数据库所包含的数据量要尽量多，这样，我们在以后招展时才会有取之不竭的目标客户来源，否则，在以后招展时就可能会出现目标客户来源枯竭的现象，这将对招展非常不利。

二是分类科学合理。对数据库各条数据进行科学和符合招展分类要求的分类十分重要，因为以后的数据检索和招展工作可能就是按照这些分类来进行的，如果分类不当，数据检索的结果一定也不好，检索不好就会影响到招

展工作的顺利进行。

三是可以及时修改。随着以后招展工作的推进，我们可能会对数据库的信息进行各种必要的删减增补，或者进行局部的分类调整等。如剔除一些已经倒闭破产的企业的信息、增加一些新成立的企业的信息、完善一些原来暂时无法完善的信息，等等。类似这样对数据的一些修改要十分方便，并且不会危害数据库其他数据的安全。

四是便于查找和检索。首先，数据库建立起来以后，由于招展工作的需要，我们会在不同的时间对数据库所包含的信息进行多方检索和查找。例如，查找某一地区的所有目标参展商的数量以及每一个企业的具体信息，查找生产某一类产品的所有目标参展商的数量以及每一个企业的具体信息等。如果数据库不支持这样的检索，到应用时就会一筹莫展。其次，选择合适的软件。数据库的建立是借助于计算机和网络技术来实现的，数据库采用什么样的软件来编制，对于数据库使用的便利性和安全性有较大的影响。有些计算机数据库软件在处理小的数据库时很有效，但处理大的数据库时就会出问题，如速度很慢、容易出错、检索困难等，我们要根据数据量的大小，在充分考虑速度、安全性、便利性和容量以及成本等的基础上，选择合适的软件来编制数据库应用程序。再次，确定数据库基本字段。数据库的每一条信息最后一般是以表格的形式出现的，所谓基本字段，就是该表格中基本不变的项目，如"企业名称"就是一个字段，在这个字段下，我们可以填进具体名称，"地址""电话""传真"等也可以作为字段。数据库基本字段是对数据分类的具体执行，它决定着数据检索的便利性如何。如果字段设置不合理，数据库在使用时就会出现这样或那样的问题。考虑到数据库修改的需要，在设置字段时，可以设置一些自定义字段，让办展机构自己按照实际需要设置字段，这样能增加数据库的实用性和灵活性。最后，输入目标参展商信息。

（六）观众邀请

1. 制订与实施观众邀请工作的计划

观众邀请工作的计划包括资料收集与整理的时间安排、不同形式邀请广告或函件的设计安排、发送邀请的时间、经费预算等内容。观众邀请工作一般需要与展览会展位销售工作同步，专业性展览会尤其如此。专业性展览会收集和整理专业观众的信息资料，工作量较大，需要较长时间，一般应配备人员专门负责。其中，信息录入电脑工作还须另行配备人手。根据展览会的性质，在明确观众定位和邀请形式后，便可进行邀请广告或函件的设计工作。

发送邀请的时间因展览会性质不同而有所区别。普通观众参观的展览会，一般在展览会开幕前 30 天之内发送邀请，或通过媒体发布展览会信息，或针对特定人群发送门票。媒体发布展览会信息的频次，向特定人群发送门票的规模，既要根据需要，也要考虑成本的负担。

专业观众参观的展览会，一般在展览会开幕前 50～60 天之内展开邀请工作。除通过媒体发布展览会信息外，向专业观众邮寄的邀请函集中于展览会开幕前 20 天左右时间发出，一般每隔一周发一次，需要发送两至三次。每次邮寄邀请函的内容应有所不同，如第一次可以是请柬式邀请函，第二次可以是告知展览会配套活动具体日程邀请函，第三次可以是附有展位平面图的邀请函。

采用电子邮件方式邀请专业观众，一般需要安排三次以上的发送。其每次邀请内容与邮寄邀请内容相似。在邀请函的设计上应注意体现电子邮件的特点。电子邮件邀请函的主题一定要明确，以免被互联网的过滤软件误判为垃圾邮件。

采用手机短信方式邀请专业观众，多安排在展览会开幕前一周和展览会期间发送。一般需要安排三次以上的发送。手机短信邀请的内容应简明，一般控制在 70 个字左右。每次短信邀请的内容应有所侧重，邀请语言多为提示性质，旨在提醒专业观众及时参观展览会。

展览会组织机构采用电子邮件或手机短信方式邀请专业观众，应通过互联网建立或电信网络建立群发的平台。

2. 观众分类

观众可分为专业观众和普通观众，其中专业观众是指从事会展上所展示的某类展品或服务的设计、开发、生产、销售或者服务的专业人士以及该产品的用户。也可分为有效观众和无效观众，有效观众是指到会参观的专业观众以及参展商所期望的其他观众，这是具有一定质量的观众，对会展来说不可或缺。会展要努力使有效观众在到会观众的总量中保持一定的比例，一般不能低于 30％。无效观众能够增加会展人气，活跃会展气氛、扩大参展商的广告效应和知名度。

3. 目标观众可以转变为参展商

会展目标观众的身份不是一成不变的，它还是会展潜在参展商的一个重要来源。有些人在这一届会展可能是会展的观众，但下一届可能就是会展的参展商，当会展越办越好时，这种转变就特别明显。因此，目标观众数据库既是会展招商时目标观众的重要来源，也是会展招展时目标参展商的潜在来源。在建立目标观众数据库时，我们要充分考虑到这种转变，不要将目标观众数据库和目标参展商数据库截然分开，而要让它们两者之间保持某种联系，以便我们对它加以充分利用。

（七）专业观众邀请

（1）媒体发布展览会信息。邀请专业观众的媒体，主要是与展览会题材相关的专业媒体，即行业性或专业性的杂志、报纸或网站。目前，通过网站发布信息的展览会，呈明显上升趋势。通过媒体邀请专业观众的优点是：信息容量较大，信息存留时间长，可对展览会进行深度宣传，展览会信息和媒体信息可产生互动作用。在操作上，对选择的媒体及其发布内容、形式和时间等方面，均需早作策划，包括用展位和媒体互换广告的洽商。

（2）电话邀请。电话邀请是最有效的形式。因可通过语言沟通，知道对方是否前来参观；即便对方不愿意来，也可了解原因。

（3）邮寄邀请函。邮寄信函邀请专业观众，仍然是多数展览会采取的方式。其需要展览会组织机构掌握较为丰富的专业观众信息资源。其优点是较为正式和礼貌，令收信人印象深刻，但邮寄信函的费用较高。

（4）互联网、手机发送邀请函，邀请短信。通过互联网发函和发送手机短信邀请专业观众，正在被越来越多的展览会所青睐。其同样需要展览会组织机构掌握较为丰富的专业观众信息资源。其优点是特别适合中青年观众，具有及时提醒作用，有利于加深印象。

（5）通过参展客商邀请他们的用户。电话、邮寄信函、手机短信是主要途径。

（八）专业观众的信息收集

展览会专业观众的信息资料，包括姓名、所在单位（公司）、所任职务、办公地址、联系方式（电话、传真、手机、电子邮箱等）等内容。

收集专业观众的信息资料，一般有以下两条途径：

（1）借助各种公开或非公开的信息资源载体，收集所需要的专业观众资料。公开的信息资源载体主要有电话黄页、工商黄页、互联网名录、展览会会刊名录等。非公开的信息资源载体又分为两类：一类是自用信息的资源拥有者，如邮政部门拥有的报刊发行名录，会议主办者拥有的与会者名录；一类是专业从事信息服务的经营机构，如信息咨询公司。

（2）通过展览会收集专业观众资料。主要是在展览期间对观众进行登记，而后对登记的资料进行整理，形成规范的专业观众信息资料。展览会现场收集的专业观众资料，主要是观众的名片或观众填写的登记表。

以上两条途径，可以结合使用。初次举办的展览会，主要通过第一种途径收集专业观众的信息资料。而每年定点定期举办的展览会，主要通过第二种途径收集专业观众的信息资料。专业观众信息的质量关键在于能否具体到个人。换言之，只有单位（公司）的资料，而无法获得专业观众个人的资料，将会大大降低邀请专业观众工作的有效性。

（九）展览会专业观众信息资料的积存

展览会应建立由电脑管理的数据库，对收集到的专业观众信息资料，进行筛选、录入、核实、整理等工作，以便专业观众邀请工作。具体如下。

（1）筛选资料：即审查已经收集到的专业观众信息资料，以专业是否对口为主要标准，筛除不合标准的资料。

（2）录入资料：即将符合标准的专业观众信息资料录入电脑。录入通常采用表格形式。

（3）核实资料：即对录入电脑的信息资料所提供的电话进行查询，以核实专业观众资料的真实性，并通过查询尽可能地完善信息资料。

（4）整理资料：即对已经核实的资料进行分类。一般按专业观众所在地区或所在行业进行分类，以利于分析专业观众的构成，评估专业观众邀请工作的绩效。

按专业观众的所在地区分类，大致有两种情况：国际性或全国性展览会的专业观众，通常又分为境内外和国内各省（自治区、直辖市）；地方性展览会的专业观众，分至省以下各市（州）。

按专业观众的所在行业分类，需要根据展览会的题材划分行业。如机床与工具展览会专业观众的行业分类，通常分为通用设备制造、专用设备制造、机械零部件、机械加工材料、机械工业服务和机床与工具销售代理等行业。大型规模的机床与工具展览会，还会在以上基础上进一步细分行业。如对专用设备制造行业的专业观众，还会细分为汽车制造、船舶制造、化工设备制造、电力设备制造等行业。

（十）展览会普通观众的邀请方式

邀请普通观众参观展览会，主要是通过传媒发布展览会的信息，从而达到告知普通观众的目的。除报纸、电台、电视台、网站等大众媒体外，通过展览会所在城市的其他媒体发布广告，如公共汽车车体、楼宇电视、户外路牌、建筑物户外广告牌等，也是告知普通观众的方式。还有通过发送展览会门票的方式传播信息的。邀请普通观众的信息，主要是告知展览会的展品范围及特点、展览地点和时间等内容。发布信息的时间一般安排在展览会开幕前一周之内，甚至包括展出期间。一般而言，广告投入较多、发布信息较密集、广告和新闻宣传互相配合较好的展览会，对观众影响较大，邀请效果较好。

由于展览会的题材不同，所针对的观众各不相同，选择发布信息的媒体和方式也不相同。如主要针对中老年人和妇女观众的日常生活消费品展览会，一般选择都市类报纸（如展览会在上海，会选择《新民晚报》；在北京，会选择《北京晚报》、《新京报》）或广播电台；如主要针对中产阶层人士和中青年人群中的白领人士的精致生活消费品展览会，可选择有影响的门户网站，还可依托一些相关的俱乐部或联谊会等团体发送门票；如主要针对高消费人群的高端生活用品、奢侈用品展览会，在选择与其定位相匹配媒体发布信息的同时，还需要积累观众个人的信息资料，以便采取邮寄专函或发送手机短信、网络邮件的方式邀请。

每年定期举办的展览会，需及时评估上届展览会邀请观众的效果，如认为存在问题，则应在新一届展览会发布信息时进行调整。

第二节　展位搭建服务

展位搭建服务是非常重要的会展基础服务，它是展览实现展示功能的基础，也是展览对外的"名片"。广义的展位搭建服务是指为举办展览在展馆进行的临时性搭建，它的内容非常广泛，凡是涉及临时搭建的服务，都可以纳入展位搭建服务中，比如标准展位搭建、特装展位搭建、展览环境布置、展具租赁等内容。

一、展位搭建服务概述

展位通常分为光地、标准展位、特装展位三种类型。光地，顾名思义就是不进行搭建的留空场地。狭义的展位搭建包括标准展位搭建和特装展位搭建两类，其中标准展位是指由主办方按统一样式和尺寸，采用统一材料搭建的展位，标准展位配置具有相同的基本配置，尺寸一般为9平方米、12平方米和15平方米。目前，很多展馆都要求展览主办方使用展馆自身的专业展览工程公司或经展馆安全和质量认证合格的指定展览工程公司负责展览的标准摊位搭建。特装展位是指标准展位以外的展位，它不仅在外观上可按照参展商的要求进行个性化设计，在声、光、水、电等手段的运用上也更具有自主性，更便于实现其有别于其他展位的、可更好地传递设计理念的效果。特装展位一般由参展商自行雇请展览设计及工程公司进行设计和搭建，展览主办方一般只提供光地给参展商，不提供展位所需的水、电、展具等设备设施。

一般情况下，展览都会设置主场承建商，以统筹组织展位搭建服务及其他相关服务，使主办方有更多时间和精力专注于其他展览事务。主场承建商是指承接现场展位搭建服务或展位配置服务，以及展览环境布置等内容的服务单位。展览主办方可以使用展馆指定的工程公司承接包括标准展位搭建在内的一切展位搭建服务，或另外雇请服务单位负责除标准展位以外的展位配置以及展览环境布置等服务。主场承建商承担责任及管理职能主要包括以下8个方面：

（1）设立专门组织架构（包括负责人、组员等），对展位搭建服务进行有效的组织、监督、管理。

(2) 配合主办方、展馆及参展商做好展览现场服务的协调和管理工作。

(3) 对特装展位搭建的工程图纸进行审核，确保展位工程符合相关要求。

(4) 为主办方提供标准展位及展览环境布置、搭建及维护服务。

(5) 协助主办方及展馆向展位提供水、电、气等设备的配送、维护及相关管理服务。

(6) 协助主办方及展馆进行展位搭建施工监管、协调工作。

(7) 提供展具租赁等展位搭建服务的补充服务项目。

(8) 协助主办方及展馆开展其他现场服务管理工作。

展位搭建服务的主要内容见表 3—2。

表 3—2　展位搭建服务的主要内容

时间段	负责单位	主要流程及内容
展前	主办方	制订展位搭建服务管理方案
		选择主场承建商
		与主场承建商签署合同
	主场承建商	标准展位及展览环境设计
	主办方或主场承建商	收集参展商的展位需求（选择标准展位或光地的选择、水、电等设备需求）
		审图
	主场承建商	标准展位及展览环境布置、搭建及维护服务
		展具租赁服务
		水、电、气等设备的配送、维护服务
		协助其他现场服务事项（如加班管理、紧急事件处理等）
展中	主场承建商	现场展位搭建服务维护
展后	主场承建商	展位拆卸
	主办方或主场承建商	交场验收

为了使读者更好地了解展位搭建服务中重要分项的开展情况，我们将在下文详细介绍审图、展位设计、展位搭建、展览环境布置等内容。

二、审图

审图指在展览进场搭建前对展位布局图或特装、简装图纸进行审核。审图工作一般由主办方（主场承建商）、展馆方、政府消防部门三方进行。主办方（主场承建商）收集整理好图纸后进行初审，然后交由展馆方进行复审，再由政府消防部门进行专审。

（一）审核内容

展位布局图主要是审核展位布局是否符合消防通道的要求、展位搭建布局是否与展馆的线路、采光、空调通风、限高等硬件设施设备相冲突。对特装、简装的图纸审核主要是审核展位的结构和线路是否安全、展位的搭建是否符合展馆的承重、限高、是否使用违规或污染性材料等。

（二）审图报送材料

审图通常需报送设计图纸（包括立面图、平面图）和用电图纸。

用电图纸通常需标明详尽的配电系统图和准确的配电平面图，配电系统图需注明用电性质、总功率、总开关和各级保护开关的额定电流值和电压等级（220V/380V），注明所采用电线型号和敷设方式。配电平面图需注明展位的总配电箱位置、灯具等用电器的种类、功率和安装位置。对于二层特装和室外特装，展馆方会出台严格的安全要求。例如，要求二层特装展位手扶梯护栏不得低于1.5米，栏杆扶手应做成弧形面以防止物品从栏杆滑落，室外特装展位屋顶去水坡度不得小于3%，用电设备有防雨、防浸、防风等措施及防漏电装置。

三、展位设计

（一）展位设计

1. 标准展位设计

个别参展商为了突出展示效果，会对标准展位进行简单装饰或改变，该类简装也需进入审图程序，同时由于对标准展位的改变，出于对展具的保护和解决清场的压力，展馆方通常会收取清场押金，待展位检查无损或装饰品清理完后进行退还。有些参展团体为了统一参展标识和风格，也会对标摊的楣板文字进行统一装饰，以进行团体区别，如国际展览中国家展团，会对所有的展位统一根据国家特色来进行设计。

2. 特装展位设计

通常委托专业的特装单位设计，并由专业的施工人员制作。出于专业和安全的考虑，展览协会或展馆方通常会对特装单位进行资质认证，具有专业认证资格的特装单位才有资格进场施工，同时实行安全事故一票否决的办法，以保证特装展位的安全。

（二）标准

好的展示设计，通常会遵循以下设计标准：

1. 完整性标准

整合而统一，是展示艺术的首要标准。形态统一、色彩统一、工艺统一、格调统一。总之，好的设计在艺术形式的秩序方面，都是十分明确的。

2. 创造性标准

任何艺术活动的目的都在于创造。创造是 21 世纪的主要特征。展示设计的创造性主要表现在创意的新颖和艺术形象的独创性。

这个独特的形象给人以冲击、给人以震撼、给人以刺激，令人过目不忘，发挥最有效的市场作为，实现最有效的形象传播。这种创造涉及形式的定位、空间的想象、材料的选择、构造的奇特、色彩的处理、方式的新颖等。

3. 时代性标准

时代性标准也可称为观念性标准。时代的观念浸润着展示艺术设计的每一个细胞。在当代，展示设计应体现如下几种观点：新的综合观念、人本观念、时空观念、生态观念、系统观念、信息观念、高科技观念等。具体来讲，应注意下面 5 个方面的创新：

（1）空间环境的开放性，通透流动性、可塑性和有机性。给人以自由，给人以亲切，让人可感、可知、可以自由进出入，参观和交流。

（2）实现展品信息的经典性原则。严格落实少而精的要求。

（3）实现固有色的"交互混响"的统合色彩效果，重视对无色彩系列的运用。

（4）尽量采用新产品、新材料、新构造、新技术和新工艺。积极运用现代光电传输技术、现代屏幕映像技术、现代人工智能技术等高技现实的成果。

（5）重视对软体材料的自由曲线、自由曲面的运用，追求展示环境的有机化效果。

4. 行业性标准

行业性标准也可称为功能性标准。主要是讲形式和内容的统一性问题。

冶金业的展台设计与日化业的展台设计不可能是一样的。

5. 文化性标准

设计要有凸显的风格和品位，其中地域和民族性的文化传统应当有自然而然的表现。体现出历史继承下发展的有根的特征。

6. 环境性标准

环境性标准包含着两层意思。其一是任何一个美的客观存在都是在特定环境中实现的，好的设计必然是在充分研究"街坊四邻"、四周环境后的产物，必须与环境在形式上达到"相得益彰"；其次是任何一个好的设计都不会造成环境污染，都得符合"可持续发展"基本国策的要求。

总之，好的展示设计应当是坚持了内容与形式的统一、整体与局部的统一、科学与艺术的统一、继承与创新的统一的设计。

四、展位搭建

（一）展位画线

在展览搭建进场前，主办方（主场承建商）会对租用的展览场地进行画线，即划出标准展位区域、留空场地部分、特装展位位置及占用面积大小。如在室外展场，还会有帐篷搭建、帐篷内的空调、给排水等配置工作。

（二）标准展位搭建

标准展位由主办方（主场承建商）进行搭建，也可委托专业的搭建公司进行操作（包工、包料、包工包料各种灵活方式）。随着装搭材料的日新月异，标准展位也出现了异形标摊、豪华标摊等。

（三）特装展位搭建

特装展位由专业的装修施工单位进行搭建。出于安全因素的考虑，所有的展馆都会对特装展位的安全施工有严格要求。例如，现场不得使用明火和现场电焊、禁止使用500W以上大功率灯具等，对于二层特装展位和室外特装也分别出台具体的安全要求。

（四）展位搭建的注意事项

（1）展位搭建是展览开幕前期的工作，无论标摊搭建或特装施工，都必须合理安排施工时间，避免时间过紧导致开幕前工程无法完工。

（2）开幕前，展馆方会对所有的展位进行安全大检查和展区用电负荷调整，对不合格项提出整改意见，特装施工单位在展位施工完成后应派人驻会对展位进行维护。

（3）有关展台的规定。高度限制：展览会对展架及展品都有限制规定，尤其对双层展台、楼梯、展台顶部向外延伸的结构等限制更严，限高往往不是禁止超高，如果办理有关手续并达到技术标准，有可能获准超高建展台、布置展品。开面限制：很多展览会禁止全封闭展台，如果展台封闭，展览会就失去展示作用，参观者就会有抱怨，但是展出者需要封闭办公室、谈判室、仓库等，因此，协调的办法一般是规定一定比例的面积朝外敞开。这个比例一般是 70％，允许 30％以下的面积封闭。

（4）有关展览用具的规定。展架展具材料的限制：在很多国家，展览会规定必须使用经防火处理的材料，限制使用塑料，限制危险化学品。电器的规定：绝大部分国家的展览会对电器都有严格的规定，所用电器的技术指标必须符合当地规定和要求。

（5）有关人流的规定。走道限制：主要是对走道宽度的规定和限制，为保证人流的畅通，展览会规定走道宽度，禁止展出者的展台、道具、作品占用走道；电视、零售商品往往造成堵塞，因此也有相应的要求，比如电视不得面向走道，柜台必须离走道一定距离等。

（6）有关消防的规定。消防环境的规定：如果是大面积的展台，必须按展馆面积和预计的观众人数按比例设紧急通道或出口并设标志。消防器材的规定：必须配备消防器材。人员的规定：有些展览会要求展台指定消防负责人，并要求全体展台人员知道消防规定和紧急出口等。

（7）有关展品的规定和限制。主要是对异常展品包括超高、超重展品的规定。只要采取适当措施一般都可以解决。比如，限高，只要展馆高度足够，就可以与展馆商量解决；超重展品可以使用地托，分散单位负荷。比较常见、难解决的问题是展馆卸货大门的尺寸，这是自然限制。超高超重展品一般需要先于其他展出者的展品进馆。如果遇有任何难以解决的问题，要尽早与展览会组织者或展馆所有者商量。这类展品对展览会通常有宣传价值，因此，组织者会愿意积极协助。有些展览会考虑安全，会限制操作机器。

(8) 有关环境的规定。音量限制：背景音乐由展览会组织者安排，展出者的声像设备的音量必须控制在不影响周围展出者的范围内。色彩限制：若展览会组织者想取得协调效果，往往会提出色彩要求。要求展出者使用某种基本色调或标题色调。展览会还可能会提出标题字体、大小，这方面的规定大多比较宽松。展出者只要遵守规定，并不干扰周围展台（比如噪声太大），展出者一般可以任意设计展台形状、摆置展品、使用颜色。

(9) 有关劳工的规定。很多国家（尤其是发达国家）规定，展场劳工必须是工会注册工人。不允许展出者自己动手。比如在美国纽约，如果展出者拿起锤子想钉根钉子，当地工人就会夺下锤子阻止你干活。美国人剥夺你的"劳动权"，听起来很荒唐，但是却是事实，还必须遵守。

(10) 有关手续的规定。展览会大多要求展出者将设计送审，并要求展出者施工前办理手续。

(11) 展馆方应倡导绿色环保的特装潮流，从政策上鼓励特装展位尽量采用可拆装式展示道具，从而减轻展馆方特装板材的清运压力。展馆方通常会以收取费用的方式处理废弃特装板清理问题。

五、展具租赁

展具是指用于展示用的展览道具。其中包括展示家具类，如展柜、桌椅、展板、地毯等；设施设备类，如配电箱、灯具、插座、展位用水等；花木类，如绿植、鲜花；其他物品如服装展的衣架、模特，音响展的电视、音响设备等。展具租赁服务可由主场承建商或展馆方提供。

为避免现场工作量压力太大的情况，主场承建商或展馆方通常会利用差价的形式鼓励参展商提前申报展位上的拆改配置和租赁，即提前申报价格相对较低，现场申报价格提高。同时为方便参展商现场申报方便，主场承建商或展馆方一般会设立统一的现场服务点对参展商的服务需求进行统一受理。

租赁的展具，主场承建商或展馆方通常会出具押金单据。参展商撤展前应将展具归还并收回押金，租赁的展具不允许被夹带出展馆。对于撤场时自带的展具和展品，可由主办方或主场承建商以放行条的形式予以放行。

六、会展的环境布置

一场展览的总体布局设计通常由主办方根据展览的大小与展览展馆方协商来确定。主要包括开幕式的地点及搭建方式、横额、导向布局、观众办证点和报到点、安检位置、休闲椅的布放、整体保洁、绿化、垃圾及特装板材清运等。

进行会展环境的布置时，应注意以下几点。

一是以人为本。展馆的环境布置，是为了创造一个舒适、温暖的洽谈成交环境，在各种环境布置，应充分体现以人为本，方便客商，从各种细节布置使客商体会宾至如归的感觉。例如，设立专门的吸烟处、休闲区、清真餐饮区等都体现了以人为本的服务理念。

二是自然环保。在会展环境布置上，除了利用绿植花木进行布置外，各种布置在不破坏展馆原有的建筑基础上，也应使用环保材料，从而避免一场会展后遍地垃圾的现象。例如，设立专门的证件回收箱，在餐饭区配置大型垃圾桶等。

三是安全性。会展的环境布置，除了方便客商外，也应贯彻安全性。例如，在空飘气体的选择上应使用氦气等安全气体，并在雷雨大风天气回收。再比如，室外导向牌应考虑防风加固，等等。

四是传统与现代相结合。会展的环境布置，除了使用传统的手段外，还可以与现代科技手段相结合。例如，LED显示屏播放的温馨提示、电子化导向、自助网络查询等。

五是协调统一。会展的环境布置，除尽可能利用展馆空间外，还必须各种环境布置有机结合，以会展主题为中心，各种环境布置手段协调统一。例如，休闲椅的摆放位置选择、花木的点缀技艺等。

六是艺术性。会展的环境布置，并不是各种要素胡乱搭配，而是要遵循一定的美学原则，在创造一个温馨环境的前提下，不仅要紧扣会展主题，还要使客商在参会看到周围的整体环境时有一种艺术享受。

第三节　物　流　服　务

会展物流是物流行业的分支，它是为满足会展的需求，在参展商所在地与会展地之间，对展会活动中所需的展览物品进行物流操作的一系列活动和控制的过程，主要包括展品的装箱、国际国内运输、报关报检、仓储、配送、装卸、搬运、回运及相关信息处理等程序。

一、会展物流服务的特点

会展物流与一般物流不同，它是发生在短期内、同时与众多参展企业发生关联的物流活动，具有独特性。

（一）物流环节的复杂性

会展期间的物流组织与管理工作是一项极其复杂的系统工程。会展物流涉及的运输方式多种多样，往往在一次展览中需要用到的运输工具包括车辆、船舶、飞机、火车等，在仓储、装卸搬运和布展的过程中还可能运用到叉车、升降机等多种装卸设备。企业参展的目的之一就是展示新产品，因此一家参展企业发往展览地的展品一般都是不同品种、不同型号、不同质量、不同性质的样品。企业都是力求在最小的展览面积上展出更多品种的样品，而不会是大批量的同种类产品。因此，同一个参展商的展品名目众多，而不同的展品对仓储、包装、装箱、运输等环节具有不同的要求。另外，如果是国际性会展，展品可能来自或发往各个国家，每个国家对展品的报关要求都不尽相同，因而造成物流环节操作复杂。

（二）时间要求的高效性

展览、会议等日程往往事前已经确定，在没有遇到非常事件的情况下，展览、会议一般不会改期举行。因此，这对展品的如期顺利到达提出了严格的要求，所有的展品都必须及时准确地送达到指定地点。过早运输，参展商需要付出高昂的仓储费，太晚则会耽误展览、会议的举行。时间要求的高效性不仅体现在对展品到达时间的控制上，还表现在信息传递的高效性。在会展物流的组织与管理过程中，物流信息管理是一项非常重要的内容，会展组织者应会同各参展商的有关人员必须不断对各种物流信息进行实时监控，并根据反馈信息及时调整物流过程中的具体行动措施。

（三）运输过程的安全性

会展物流不仅要确保所运送物品及时到达，而且还要保证物品安全、稳定地到达。安全性之所以重要，一方面是因为展览现场的配件很少，维修保养的技术人员也不多，一旦损坏很难修复，影响展览的正常进行，另一方面也是因为有的展品还需要参加巡回展，如果损坏就会影响下一个目的地的展出。

（四）组织管理的专业性

会展业本身的特点决定了其各项组织管理工作必须具有较高的专业化水平才能突出个性、保证质量，尤其在会展物流方面，对专业化的要求更高。为了做好这项工作，必须拥有具备物资管理专业技能的人才、通畅的物流渠道、有效的物资配送手段和功能齐全的物资转运与仓储中心作为支撑。因此，专业化程度相对较高是会展活动物流体系的一个非常显著的特征。

二、会展物流服务流程

根据时间划分，会展物流可以分为展前、展中、展后三个阶段。

一是展前。展前物流工作是最为繁复的，包括展品进口报关报检、装箱、国际国内运输、搬运卸载等过程，要求在于准确、及时、标准。展品必须在展览开始前如期进入展馆布置，因此所有的展品必须丝毫不差地到达，并且按照展览设计的标准要求，准确到位。

二是展中。展中物流工作包括：展品的仓储管理、配送等，要求在于即时。展览过程中的展品补充或配送，需要及时性，否则会对展览效果产生不良影响，造成参展商满意度的下降。

三是展后。会展结束之后的物流活动统称为展后物流，包括：展品装箱、回运及废弃品物流等活动。货物的回运指参展后展品仍然回到原来的地方去，这样的物流一般在展前就已做好计划，除非展品在参展后就被顾客买走。展品的回运大致也是遵循展品进馆的流程。展后物流的要求在于：环保、安全。展览结束之后，展品必须完好准确地返回给参展商，因此保证展品的安全是至关重要的。同时，强调环保是对展后物流十分重要的要求，在做好展品物流工作的同时，对废弃物的物流也必须按照绿色环保的要求准确完成。

三、会展物流服务内容

根据会展物流的要求和特点，主要由以下几个服务模块组成：

（一）报关报检

如果是国际展览会，很多展品从国外进口，入境之前必须经过报关、商检等环节。根据海关要求，制作清关单证，在报关清单中列明展会名称、参展单位、展品的件数、单件货物的名称（中英文）、商品编码、体积（尺寸）、毛重、净重、单价和总价。海关对于展品的进出口报关，检验检疫局对动植物检疫有特殊的要求。例如，展览品属海关同意的暂时进口货物，进口时免领进口许可证，免交进口关税和其他税费；展览品应自进境之日起6个月内复运出境以及其他如配额、熏蒸证书等要求。

（二）展品装箱

根据货物的特性设计装箱图（此项工作主要针对大型的展会）和特殊展品的包装和加固方案，方案中应考虑便于布展和节约空间等因素。如果自己没有包装和装箱能力的，要及时寻找合作伙伴完成该项任务。接货前了解货物情况，场地情况，提前做好机力、人力、通行证等一系列准备工作；根据展品具体情况接货，做好交接手续，对包装箱不符合运输要求的，不能发运；张贴统一唛头，同时唛头内容填写完整，在装箱前核对清单，检查是否单货相符，进行展品装箱；如果是大型的展品，装箱时必须进行认真加固，保证展品在运输过程中的安全。

（三）国际国内运输

展品运输必须保证时间的准确，务必在展期开始前到达展馆。物流服务商将客户展品进行装箱包装，然后通过各种运输方式，运送到参展展馆。如果是国际性的展览会，多式联运几乎成为必不可少的一环，各种不同形式的运输方式结合在一起，共同完成货物从参展商所在地到异国的展馆。各种运输方式的优劣点如下：空运方式快捷安全，但是成本较高，较适用于价值高、体积小、时间紧的展品；海运价格低廉，不过速度较慢，出现意外情况的可能性也相对较高；铁路运输一般采用集装箱运输，省却很多转运的麻烦，但费用比较高昂，周期比较长，对前期工作的准备造成了很大的压力。需要指出的是，由于许多展品具有特殊的规格和设计，因此普通的运输工具很难满足其特殊需求，因此一定的专用设备是保证展品有效运达展览地的重要保障。

（四）展品装卸、搬运

展品装卸、搬运包括展前及展后物流的装载、搬运。在展览筹撤期，展品装卸和搬运需要由熟悉现场的有经验的搬运工使用合适的设备来完成。现场的搬运工作人员应为非常规、大尺寸的物品的运输装卸准备好相应的特殊设备，并且避免展品外观受损，破坏展品。展品装卸和搬运必须高效、安全、环保。

（五）展品仓储

对于普通展品，参展商每次参展前，可直接将展品发往展样品仓寄存。到达展馆后，凭发货单据提取展品。对于进口展品，参展商需要提交完整的清单，有完备的报关报检手续，才可进入海关监管仓存放。具体收费标准，可参考仓库收费指南。

（六）展品回运

展览结束时，展品需原路运回参展商所在发货地。除广交会进口展区指定官方承运商之外，参展商可自由选择第三方物流商或展馆推荐的大会承运商，所有参与回运的物流商必须严格遵守展馆运输服务指南。

四、会展物流服务组织模式

（一）分散物流模式

分散物流模式是各参展商各自寻物流服务商来完成全部会展物流工作。在分散物流模式下，各参展商首先将展品信息通知会展组织者，会展组织者再与展馆方协商确定展品的进馆时间，会展组织者将展品的进馆时间通知参展商，各参展商委托各自的物流服务商开展相关物流活动将展品运输至展馆。由此可见，在这种模式下，信息的流动发生在会展组织者、展馆方以及众多的参展商和他们各自的物流服务商之间，信息链相对较多较长。如果出现问题需要在会展组织者、展馆方以及众多的参展商和物流服务商之间进行沟通，容易出现协调困难。另外，在分散物流模式下，由于各参展商各自选择物流服务供应商，而对于单个参展商而言，其展品物流量较少，因此难以形成规模效应，单位物流成本较高。

（二）集中物流模式

集中物流模式是指由会展主办方指定本次会展唯一的物流服务商，由它来完成全部会展物流工作。在集中物流模式下，各参展商将展品信息通知会展主办方，会展主办方、物流服务商、展馆方初步商定每个展品的进馆时间，会展主办方将展品进馆时间及物流服务商信息通知参展商，由参展商和物流服务商通过协商来完成相应的物流活动。在这种模式下，信息链相对较少较短，如果出现问题，容易沟通。其次，由于整个会展的所有物流活动集中在唯一的物流供应商，利于实现会展物流体系的整体优化，达到规模效应，降低物流成本。最后，整个会展物流活动统一在唯一的物流服务供应商内部，大大减少矛盾冲突，增强协调性。作为会展指定的物流供应商，其规模一般较大、网络分布广、服务水平高，能够为参展商和会展组织者提供优质的物流服务。

（三）主场承运商模式

主场承运商模式是会展主办方指定一家或多家物流服务商，由它来统一负责展馆内部的物流工作，所有展馆外围的物流服务完全市场化运作，由参展商自行选择。主场承运商作为会展物流枢纽：对内，面向展览主办方和展馆方；对外，面向其他物流服务商。在会展物流的组织模式中，分散物流模式缺乏有序组织，效率低；集中物流模式虽然可以克服分散模式中的弊端，有助于降低成本和提高服务水平，但这种模式对指定的会展物流服务商的要求太高，容易带来垄断的负面影响。而主场承运商模式则综合了两者的优点，既可以整合多个物流服务商的物流能力，又有主场承运商作为统一的管理接口，便于总体协调和优化，是目前较为流行的一种解决方案。

五、会展物流服务未来展望

随着物联网技术的成熟，物联网在不久的将来将运用于会展物流服务。射频识别（RFID）、红外感应器、全球定位系统、激光扫描器、气体感应器等信息传感设备，将物品与互联网连接，进行信息交换与通信是物联网的基本形态。物联网与会展物流服务的融合，首先在于 RFID 技术可实现展品信息采集自动化和全程动态监控，能加快展品出入库速度和盘点速度，为快速准确地查找展品提供极大便利。此举可以大大降低会展物流的压力，满足会展物流高效性的要求。其次，可实现仓储管理的信息化和智能化，有效降低人工出错率和仓储成本，RFID和无线传感网等技术可有效监控展品运输状态，同时监控展品安全，有效降低展品丢失概率，安全性得以更有效的保障。另外，温度、湿度传感器可对展品进行实时监控，满足某些展品的特殊储藏要求。物联网技术的运用，将大大提升会展物流效率，引领会展物流迈向新时代，具有跨时代的意义。

第四节　安保服务

展会安保服务，是依照国家法律、法规，为了维护展会治安秩序和公共安全，保护与会客商生命和财产安全，而提供的安全防范服务及相关服务的行为。2007年颁布的国务院令第505号《大型群众性活动安全管理条例》是目前指导展会安全工作的主要法规，它明确规定：主办方为展会的安全责任人，须履行安全责任，保证展会的安全顺利举行；展馆方应为活动提供符合国家安全标准和规定的场所及相关安全设备、设施，并保证完好有效；公安机关履行安全许可、监督检查的监管职能，并担负打击犯罪、处置突发事件的职责。展会安保服务是展会现场服务的重要组成部分，贯穿于展会全过程，是展会成功举办的必要条件。

一、安保服务的主体和客体

安保服务的主体，即展会安保服务的提供者。主办方作为展会安全责任人，应是展会安保服务的组织者和实施主体。但在实施过程中，主办方一般通过购买服务的形式，与展馆方或引进专业安保公司，共同负责展会安保工作，在这种形式下，主办方、展馆方及保安公司是安保服务的共同主体。安保服务的客体，即展会安保服务的受体，主要为参加展会的参展商、观众、嘉宾、观众等。

主办方为了满足展会安保服务的需要，往往会以向展馆方、保安公司、票证公司等购买服务的形式来弥补自身在某些服务项目上人员、技术、设备的不足。在这一关系链中，展馆方、保安公司、票证公司等与主办方分别作为部分服务项目的提供者和购买（需求）者，双方也存在相应的主、客体关系。

展馆方一般设有安保部门，他们除了需要保证场所及设备符合安全标准和熟悉展馆建筑布局外，还了解当地治安形势和安保要求，与当地公安机关、保安公司有业务往来。因此，在展馆安保服务实施过程中，几乎所有展馆都是全程参与，有的甚至承担了主办方的部分责任和职能。

二、安保服务的组织方式

展会安保服务主要有以下三种方式：

一是由主办方和展馆方共同为与会客商提供安保服务，即主办方通过支付一定的费用，请展馆方提供人员、设备等来共同完成展会安保服务。例如，上海新国际展览馆和上海世博展览馆均配备一定规模的安保团队，展馆方基本可以独立满足主办方在安保服务方面的基本需求。当然，其安保团队也是采用外包的形式从专业公司引进以减少人工成本，但在展会安保业务方面，由展馆方管理和组织实施。

二是由主办方、展馆方、保安公司共同提供安保服务。当展馆方的人员、设备等不能满足展会安保服务需求时，主办方还需要雇请保安公司参与展会安保服务。例如，在广州举办的一般商业展，在公安机关的指导下，成立由辖区派出所、主办方、展馆方、保安公司共同组成的临时安保机构，负责组织实施展会期间的安保服务。

三是少数地方政府主办的展会由当地公安机关牵头组织安保服务。例如，由国家商务部和广东省政府共同主办的中国进出口商品交易会（简称广交会）和国家商务部、科技部等部委与深圳市政府共同主办的中国国际高新技术成果交易会（简称高交会），其组委会下设的安保机构分别由广州市公安局和深圳市公安局牵头组成并负责落实安保措施和提供安保服务。

不管以何种组织方式来为展会提供安保服务，主办方都应有效地组合各服务提供单位，成立大会安保机构，统筹、协调并组织实施展会期间的整体安保服务。

三、安保服务策略

安保服务策略是指为满足展会和与会人员对安全防范方面的服务需求，落实安全责任，对安保服务的主体、服务方式和手段进行合理整合与运用的安排。具体包括以下几个方面。

（一）完善的安保协议

安保协议包括主办方在签订场地租赁合同时与展馆方关于安全责任的界定，安保服务内容的划分等方面的约定；主办方与保安公司签订的购买安保服务的合同；主办方与票证公司等签订的有关购买安保服务方面的合同。完善的、符合法律规定的合同，是明晰各方安保服务内容和责任，保障安保服务内容落实的有效约束方式。

（二）按要求提前完成治安报批

治安报批是举办展会前的必需流程，也是公安机关了解展会和展会安保特点的途径，便于公安机关有效指导展会安保工作，提供保障。根据《大型群众性活动安全管理条例》，承办者在展会举办前 20 日向展馆属地公安机关提出安全许可申请。各地审批具体条件及流程或有差异，主办方应提前做好沟通或请展馆方予以协助。

（三）制订安保方案

凡事预则立，不预则废，好的安保方案既是指导展会安保服务并保证服务效果的基础，也是主办方落实展会安全责任的重要保障措施。

（四）合理配置安保人员，并做好培训

展会安保服务每项措施都是通过安保人员完成的，因此配置合理的安保人员，并做好培训，是保证展会安保服务效果和质量的前提条件。然而，配置过多的安保人员无疑会增加主办方的成本，安保人员不够则会造成服务措施落实不到位，影响服务质量，甚至带来安全隐患。因此，主办方需要根据展会的题材、人流特点，与展馆方和公安机关做好充分沟通，科学合理地配置安保人员。

（五）安全第一，预防为主，群防群治

大多事故都是可以通过预防的方法来防止其发生。展会中存在安全隐患也是可以通过检查、整改来排除的。主办方可以充分调动和发挥各单位力量，进行互助性自防自治，拓宽安保服务功能的参与面。例如，有些展会，展位装修面积大，主办方召集所有特装施工单位召开安全生产会议，邀请安监、消防部门现场指导、培训，提高施工单位安全服务的能力；有的展会主办方甚至通过与参展商签订展位安全防范约定，发挥各单位的自防、自查、自纠、自治功能。

四、安保服务内容

展会举办期间，安保服务的内容主要包括以下几个方面：为与会客商提供安全的场地和展览环境及有序的展会秩序、在展会期间提供安防防范方面的具体措施和服务行为。具体包括：场地安全、消防安全、施工安全、证件和安检服务、展会秩序维护、展会防盗、寻人寻物及失物招领以及突发事件的应对等。表3-3详细阐述具体安保服务的内容描述、实施主体和服务措施。

表3-3　安保服务的内容

服务项目	内容描述	服务措施		
		主办方	展馆方	公安机关
场地安全	保证展会场地及相关安全设备、设施，符合国家安全标准和规定的场所，并完好有效	在组展、安排展位时，展厅内要预留足够的疏散通道	保证设备设施完好有效，展前对设备进行检查	如要举办重大活动，公安机关要对现场进行防爆检查，消除隐患后封闭
消防安全	落实消防安全措施，消除消防安全隐患	要求特装展位搭建使用难燃、阻燃材料以及合格的电气配件	做好消防监控值班，保证消防设施完好，审核展位分布图，保证消防通道，保障消防设施不被展位遮挡	一些高规格的展会，消防部门要介入并在展前组织进行消防安全检查
		做好筹、撤展期间施工现场消防措施的监督落实；全期全场禁烟措施的落实；展会期间消防安全巡查，特别是闭馆后的全面排查，保证消防通道畅通，设备不被物品遮挡		
生产安全	落实安全生产措施，保证展位搭建施工安全，保证展位结构安全	做好特装展位结构图纸的审核	—	—
		做好筹、撤展施工现场巡查，保证施工过程安全，如安全帽、安全绳、可移动脚手架、吊装过程等；注意观察展位结构，及时发现并排除安全隐患		

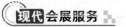

服务项目	内容描述	服务措施		
		主办方	展馆方	公安机关
证件服务	通过办证资料审查以及证件查验，有效控制无关人员进入展馆；通过证件版面区分与会人员身份，便于现场安保人员识别；积累客户资源信息数据	制定证件管理的规范；自行组织办证、验证人员和设备，或雇请专业票证公司提供服务	为办证点及验证点的设置提供建议并提供电和网络端口	一些高规格的展会，需要对有关人员办证进行身份背景审查
安检服务	杜绝爆炸性、易燃性、放射性、毒害性、腐蚀性等危险物质或非法携带枪支、弹药、管制器具进入展馆，营造安全的展会环境	购买安检服务，包括租赁设备、雇请专业安检人员；制定安检政策	为主办方提供安检服务；为安检点的设置提供建议并提供电和网络端口	提供专业指导；一些高规格的展会，需要参与安检服务工作
展会防盗	做好防盗宣传、巡防，打击犯罪，保护与会人员财产安全	与参展商签订安全防范方面约定	做好展馆内视频监控	安排便衣打击偷盗现行
		提供行李寄存服务；为客商提供电脑防盗锁租借服务；组织安保人员巡逻防范		
		做好防盗宣传和提示；设立保卫值班点，提供现场接报警服务		
秩序维护	查处展虫，维护展会环境和秩序	对参展商进行审查，消除展虫通过购买展位的形式进入展会兜售商品	完善搬运、桌椅和绿化租赁等配套服务	
		做好门区和停车场的管控，杜绝盲流及其货物进入展馆；组织专门力量在展厅及公共区域巡查，发现并查处展虫等；必要的时候需要协调邀请城管、工商、公安等联合执法队伍进行共同整治		
寻人寻物和失物招领	提供报失、寻人和失物招领服务，保障与会人员人身、财产安全		广播服务	
		向现场安保人员进行通传并提供协助；保卫值班点提供报失和失物认领服务		
突发事件应对	有效处置突发事件，疏散人员，保障与会人员人身、财产安全	制订突发事件预案；做好善后工作	保证疏散通道、疏散标示及应急设备完好	指导制订突发事件预案；必要情况需要提供警力支持
		果断控制突发事件苗头；根据现场情况及时报警；及时疏散人员		

五、展会安保服务的发展趋势

随着社会法制建设的发展和公民法制意识的增加，展会服务水平要求的不断提升，保安市场的开发和市场竞争机制的引入等内外因素的影响和刺激，展会安保服务必将朝着法制化、专业化、市场化发展。

（1）法制化。目前，除少部分安全规格高的政府展会以外，大部分展会安保服务都以主办方、展馆方等多方共同参与的形式出现。由于展会主办方对安保服务的重视程度，展馆方和当地保安公司提供安保服务的能力，以及日常展览的短期性和场地的流动性等方面影响，部分主办方重效益轻安全的观念没有彻底改变，出现展会安全责任划分不明确，安保服务机制不完善，安保服务措施落实不到位等现象。但是，随着安全效益观念的不断深入人心，展馆方对安全责任和安全风险的规避需要，以及《大型群众性活动安全管理条例》在实施过程中监管标准和执行细则的不断完善，展会安保服务必将朝着责任划分更清晰，保障机制更全面的法制化方向发展。

（2）专业化。展会服务各板块的专业分工和对服务效率的追求，与会人员对展会服务质量的需求和打造展会品牌形象的需要，决定了安保服务也要走专业化道路。即，主办方借助专业的团队，按照标准化的服务流程，提供全面、及时、有效的服务，以达到节约成本支出，提高服务效率，提升服务水平，提升展会品牌形象的目的。

（3）市场化。一方面，展会的短期性和场地的不固定性，决定了展会主办方自行投入组织安保服务团队，其必然要通过购买服务的形式满足展会安保服务需求；另一方面，《保安服务管理条例》（2009 年国务院令第 564 号）的实施，将促使保安市场逐步放开，市场竞争机制也将被逐渐引入保安服务行业。保安行业更多个性化安保服务和规范化、规模化的竞争发展，将会给主办方提供更多比较选择的机会，因此，坚持"主办方负责，保安队员为主，公安机关监管"的原则，公安机关审批监管下，主办方通过市场化运作模式，与保安公司签订商业合同购买展会安保服务，将是一种必然的发展趋势。

第五节 会议服务

会议是当今商界的重要组成部分，目的在于交换意见与商讨相互关注的重要问题，被视为沟通行业资讯、去除误解和探讨解决问题的良好机会。当今会议业的发展，主要由专业会议场馆、酒店、展览馆配套会议设施承担，其中前两者占据更大的市场份额。

会议同时也是会展业的重要组成部分，其交流形式与展览会有所不同。展览会更多的是全方位观感的交流，信息传递往往是宽泛与零散的，甚至是难以组织成言语与文字的；而会议则是系统化的信息传递，针对某一个问题进行深入的探讨。一广一深，两种交流方式形成极好的互补作用与协同效应。

"会中有展，展中有会"是当今会展业发展的重要趋势。"会"与"展"的融合，也驱使着会议服务成为会展服务中一项不可或缺的内容，展览馆会议服务具有占领更大会展市场的潜力。

一、会议的概念与内容

会议是指有组织、有目的地召集人们商议事情、沟通信息、表达意愿的行为过程。

随着会议市场的发展，现今已经产生了多种会议形式。按规模划分，会议分为大型会议、中型会议和小型会议三种。按类型划分，有年会（convention）、专门会议（conference）、代表会议（congress）、专题学术讨论会（symposium）、讲座（lecture）、论坛（forum）、研讨会（seminar）、讨论会（workshop）、讨论分析课（clinic）、精修会（retreat）、学会（institute）、专题讨论组（panel）、产品发布会，等等。其中，专题学术讨论会、讲座、论坛、研讨会、讨论会几种会议形式与展览的结合越来越紧密。

二、会议服务设施

针对不同会议需求，需配备不同的会议服务设施。对于会议策划者而言，会议室的大小是一个非常重要的选择标准，如今行业内以会议室尺寸与会议室客容量两个标准为会议策划者提供参考。会议室尺寸是指会议室的长、宽、天花板高度以及会议室面积。会议室客容量是指会议室在各个布局下可容纳的人数上限。同时提供两个指标的参数，会议策划人即可对会议室做出正确的判断，根据会议类型进行选择。

如今，为适应客人的多样化需求，会议室一般会设计为灵活的空间，根据客人的具体要求进行布局。会议室的布局主要分为剧院式、课堂式、宴会式、U形、中空方形等。

（一）剧院式

剧院式适用于信息自上而下传播，无须与会者进行大量互动与沟通的大型会议，代表大会、年会、开幕式、颁奖典礼等大型会议通常使用这种布局方式。此布局的特点在于在中间留有过道，最大限度地摆放桌椅。

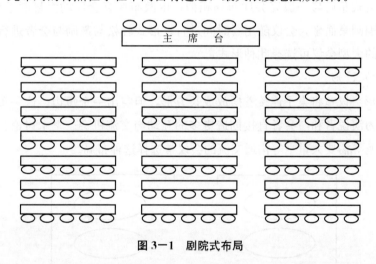

图3—1　剧院式布局

（二）课堂式

课堂式的布局方式与剧院式的布局方式相似，但规模更小，用于需要与会者注意力高度集中地接收信息的会议。一般而言，公司培训、新技术展示、学术会议等需要对某一问题进行深入探讨的会议常选择这一布局。

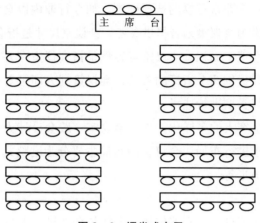

图3－2　课堂式布局

（三）宴会式

宴会式布局与一般宴会厅布局相似，由散布在宴会厅的大量圆桌构成，与会者围圆桌而坐，会议随用餐时间进行。形式轻松与鼓励与会者进行非正式交流的大型会议可选择此种形式。

（四）U 形

U 形会议室将桌子连接着摆放成长方形，但空出一个短边。这一布局类型旨在为演说者和与会者直接创造更多的互动与交流机会。学术讨论、研讨会、沙龙等需要大量平等沟通交流的会议常选择这种布局。

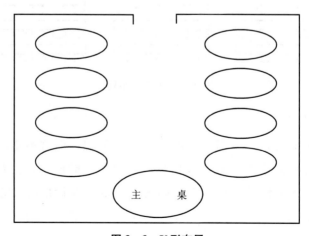

图3－3　U 形布局

（五）中空形

中空形是指以长桌拼凑成一个正方形或长方形，为与会者营造正式的商讨空间。政府会议、研讨会等正式的中小型会议可采取这种布局模式。

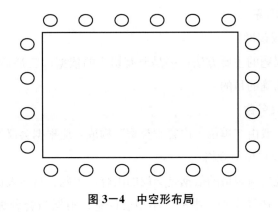

图3—4　中空形布局

三、会议服务对象

根据不同的顾客类型，会展中心需提供不同的配套服务，保证会议的顺利筹备与召开，获得顾客满意度。

会议客户的类型主要有以下三种：

一是专职会议策划人。这一类策划人专职进行会议策划，全部工作时间用于本机构或服务机构的活动策划。这类策划人具备丰富的会议筹备经验，精于会议成功的必需条件，可以及时、详尽地指导展览场馆及传递相关信息。因此，展馆只需负责适当的跟进与对接。

二是单项活动或非专职策划人。这类策划人一般在较小的公司与协会工作。他们不是专职于会议策划，但他们在号召会议、会议时间、地点等问题上具有决定权。这类策划人不具备丰富的会议策划经验，甚至对会议筹备一无所知。对于这类策划人，展馆需派专人跟进，并需要将信息形成时间表提供给对方，明确各项最后期限，协助会议的筹备。

三是委员会。若由多个协会或单位共同组织的展览需要会议服务，展馆则容易面临议而不决或意见不一的情况，此时展馆可要求委员会提供唯一的联络负责人，以免形成多头领导的低效率服务。

四、会议服务主要流程

会议服务一般分为三个部分：会前准备、会中服务和会后跟踪。

（一）会前准备

1. 确定会议议题

确定会议议题的主要方法：一是要有切实的依据；二是必须结合工作实际；三是要有明确的目的。

2. 确定会议名称

会议名称一般由"单位＋内容＋类型"构成，应根据会议的议题来确定。

3. 确定会议规模与规格

确定会议规模与规格的依据是会议的内容、主题、与会人员级别和人数。根据与会人数，选择大型、中型、小型会议室；根据与会者级别和重要性，确定会议服务的高、中、低规格。

4. 确定会议时间

会议时间应预估与会人员的时间档期，特别要考虑重要与会人员能否按时出席，会期长短与内容应匹配。

5. 确定会议用品和设备

必备用品和设备是任何会议都必不可少的，包括文具、桌椅、茶具、扩音设备、照明设备、空调设备、投影和音像设备等。特殊用品和设备是指为一些特殊会议而专门准备的，如谈判会议、庆典会议等所需的特殊用品和设备。

6. 建立会议组织机构

一般的会议组织机构主要分为会务组、宣传组、文件组、接待组、保卫组。

7. 确定与会人员名单

确定出席和列席会议的有关人员。应根据会议的性质、议题、任务来确定与会人员。

8. 安排会议议程与日程

会议议程是对会议所要通过的文件、所要解决的问题的简略描述和安排。

所关注的不是会议的时间点，而是整个会议的内容和目的。

会议日程是指会议在会议期间，以天为基本单位安排的具体内容。

9. 制发会议通知

会议通知的内容包括名称、时间、地点、与会人员、议题及要求等。

会议通知的种类有书信式和柬帖式。会议通知的方式有书面、口头、电话、邮件。

10. 制作会议证件

会议证件的内容有会议名称、与会者单位、姓名、职务、证件号码等。重要的会议证件附有本人照片，加盖印章。

11. 准备会议文件

会议文件主要有议程表和日程表、会场座位分区表和主席台及会场座次表、主题报告、嘉宾发言稿、其他发言材料、开幕词和闭幕词、其他会议材料等。

12. 安排会议食宿

会议食宿管理遵循"安全卫生第一、方便节约"的原则，力求简单舒适。根据实际情况，按照规定标准，尽可能地满足与会人员的食宿要求。安排好会议用车，为会议提供完备的交通服务。

13. 制定会议预算

会议预算的原则是精简与合理，不铺张浪费。按项目来分，分别有文件资料费、邮电通信费、会议设备和用品费、会议场所租用费、会议办公费、宣传交际费、食宿费、交通费、其他费用等。

14. 会场布置

布置时间：上午的会议前一天晚上布置完毕，下午的会议上午布置完毕。

布置内容：按照会场的类型及布局实际安排，主要包括位置、会标、会徽、台幕、标语、桌签、座签、色调、灯光、气味、旗帜、花卉。要特别注意讲台、主席台、观众的位置安排；签到台、休息区、宣传品陈列；投影仪、音响效果。除此之外，还需要保持会议通道的顺畅。

15. 会场检查

检查内容包括：文件资料、会场布置、设备运行、突发应急预案。

（二）会中服务

1. 报到及接待

设置报到点，由专答人负责接待和签到。负责签到的人除签到外还要负责茶点的准备和引导；回答简单的位置询问。会议演讲嘉宾和重要人士应该由专人负责招待，交通、住宿和饮食享受 VIP 优待。

2. 资料和礼品发放

会议资料有两种发放模式：在签到的同时用纸袋装好发给客户，其好处是可以保证每个人都有一套完整的资料，也不会浪费；在会议开始前直接放在每个座位上，其好处是可以节省签到所用的时间，并保证客户可以先看到重要的资料。

礼品的发放也同样有两种模式：签到的同时发给客户，可避免集中发放的混乱；会议结束后发给客户，可以适当避免客户提前离场和不填写调查问卷。可根据需要，灵活选择。

3. 现场纪律维持

会议正式开始后，应关闭会场前门，留后门供进出，如果只有一个门，在到会率达到七成以上也应关闭；工作人员应坚守岗位，以保证会议顺利结束，并随时应付各种突发事件。不随意进出，更不允许在会议期间打闹和嬉笑。

4. 会议记录

会议记录的重点是将主要讨论的观点、决议、决定，重要声明、修正案内容、结论全记下来，其他的可简要记录。与会者提的意见、建议，要记人名。

（三）会后跟踪

1. 安排与会人员离会

会议如果安排会后餐，应该在会议结束时，请主持人强调聚餐的地点和路线，少数人负责收拾会场，其他人引导与会人员离开会场。

2. 会后总结

撰写会议纪要，编发会议简报，对各类会议文书进行立卷归档，完成会议的宣传报道和总结。

五、会议服务的趋势

专业化、融合化、技术化是展览活动中会展服务的三个未来发展趋势。

专业化，体现于专业会议策划人、专业会议组织的增多，体现于会议对专业技术的需求量增加。如今，国外会议行业中独立会议策划人（私营承包商直接向客户提供策划服务）、协会管理公司（为协会提供专业的会议管理）、目的地管理公司（协助外地会议策划人从事细节性工作）已经成为会议业的重要市场主体，随着我国会议业的发展，这几种会议主体会越来越多。

融合化，未来"展中有会，会中有展"的趋势将进一步强化，加大展览业对会议业的需求。如今越来越多展馆配备大量先进与专业的会议室，为专业会议提供更丰富的空间。

技术化，为达到更优的会议效果，会议中运用的技术将呈增加趋势，包括无线网络服务、视频会议、多媒体设备、智能办公服务，对展馆的硬件设施配备要求越来越高。

第六节　信息与智能化服务

会展信息化与智能化是指展览利用现代信息化技术和资源，不断提升展览的经营、管理、决策的效率和水平，进而提高会展经济效益、会展企业竞争力以及提升展客商参展效率的过程。会展信息和智能化服务分为两大类：一类是信息和智能化技术在服务项目中的应用，主要指会展企业利用信息化技术和资源提升服务工作效率，比如会展服务体系的信息化管理应用、证件办理信息化应用、展客商数据库的信息化应用等；另一类是展客商在参展过程中所享受到的信息与智能化类的服务，此类服务实则也是会展企业利用信息化技术和资源提升服务工作效率的过程，但是对于展客商来说，他们属于以信息和智能化技术和资源为核心内容的服务项目，比如网络服务、网站服务、咨询服务、展客商贸易信息对接服务。

由于信息与智能化技术在服务中的应用所涉的范围比较宽泛，我们将在第六章进行详细解读，这一节我们只简单介绍直接面向展客商的主要信息与智能化类的服务项目。

一、网络服务

展览的网络服务一般由展馆提供,分为有线和无线两种,有线网络主要覆盖室内展厅,由于有线网络接入主要从展馆的设施设备接出,因此一般只面向有固定室内展位的参展商,且要求参展商在开展前进行申请;无线网络覆盖的范围比较广,可覆盖室内外展厅、公共区域和服务区等,但无线网络信号比较容易受周边环境的干扰,稳定性不如有线网络。

随着无线网络技术的提升,无线网络以其高度的灵活性和便捷性特征,受到越来越多展客商的青睐,很多展馆或展览也以免费无线网络作为一种增值服务,比如,广交会提供免费限时无线网络和付费不限时无线网络,展客商可每天享用累计三个小时的免费无线网络。为了提高无线网络的稳定性,很多展馆或展览都使用新的信息化设备增强无线网络体验,比如广交会在公共区域放置集无线上网、移动终端充电等功能于一体的"无线驿站",其内置无线发射器,可加强公共区域无线信号;可提供 1 台上网终端,提供展商展品查询、电子导向、问卷调查等功能以及客商应急免费上网;还提供手机、平板电脑和笔记本电脑等移动终端充电接口,为展客商提供免费充电服务等。

此外,为了满足无电脑客商的上网需求,很多展馆或展览都会设置上网区或电子商务中心,为客商提供电脑上网服务。

二、网站服务

(一)网站服务设计原则及重点

展会网站服务虽然类型各有不同,但业务流程大体接近,在参展商、观众的需求上具有共性,主要包括 5 个方面。一是服务的便利性。简洁明了、操作简便,是对所有服务型网站的要求,展会网站如果不好用不方便,就是在浪费用户的时间和金钱,容易流失客户。二是服务的时效性。展会具有周期性、阶段性的特点,因此网站服务的时效性强,但同时也会造成网站访问出现明显的高峰期和低谷期。三是服务的多样性。展会网站的服务具有多样性,除基本展会业务流程外,还涉及商旅、物流、贸易服务等方面的配套服务,这都需要引进专业的机构给予服务支持。四是语言的多样性。绝大多数国际性展会网站都设有两个或两个以上语言版本的网站服务，英文及本国语言是基本，其他语言版本为简版，作为服务的延伸，这主要是针对于服务对象的身份来决定的。五是新用户需要更多的关注。无论是新参展商或是观众很可能对展会一无所知，无所适从，展会网站为新用户设置的专用引导非常有必要，应主动帮用户解决问题。

展会网站该如何设置以便于参展商、观众操作？在网站制作的时候需要注意的问题有哪些？

首先，展会网站在设计之初最需要关注的就是用户体验。用户体验是人们对于针对使用或期望使用的产品、系统或者服务的认知印象和回应。通俗来讲，就是"这个网站好不好用，用起来方不方便"。网站界面看上去简洁明了，符合大众的审美观，语言亲切通俗，言简意赅，给用户留下良好的感官体验；功能操作简单，符合用户的使用习惯，流程通畅便利，切切实实帮用户解决问题，最重要的是让用户有继续使用的愿望，这才是提升用户体验的最终目的（见图3-5）。

用户需求调研 → 理解定位、用户场景 → 首页板块、栏目规划 → 开始设计

图3-5 以用户的需求决定网站的设计规划流程

（1）用户需求调研：首先要明确用户的类型，网站是面对国外客户，还是国内客户？网站是服务老客户为主，还是吸引新客户？面对不同的用户类型，网站需要满足的用户需求也不同。确定好用户类型之后，接下来就是研究用户所关注的内容了。不仅要满足用户的基本需求，还要深入挖掘用户的潜在需求。

（2）理解定位、用户场景：学会站在用户的角度去思考、理解用户的需求，把自己当成用户，设身处地地为用户着想。

（3）首页板块、栏目规划、开始设计：这是网站建设者的基本技能，无须赘述。

其次，待"用户"如待"友"。网站建设者和服务人员应像对待好朋友一样，用心帮助用户，关心用户，了解用户，站在朋友的立场替用户思考。版面简洁明了，让用户看起来舒服；按照用户的行为习惯设计，简化流程；亲切通俗的文字拉近与用户的距离；主动解决用户的问题。

再者，就是确保网页的浏览速度。展会的服务对象往往覆盖地域较广，网页的浏览速度往往会受到各种因素的影响，包括服务器性能、网络传输质量、网站的带宽、DNS解析、网页内容（如涉及的 JS 代码、图片和视频的大小）等，这些都需要在技术层面给予支持。

（二）观众在线登记系统

展会网站服务中，面向观众首先要解决的是如何赴会的问题。各展会网站均设有服务于展会的观众在线登记系统，如：中国进出口商品交易会的采购商电子服务平台（BEST）、美国国际消费电子展的 CES Registration、汉诺威通信和信息技术博览会（CEBIT）的 My CeBIT 等。系统大多提供在线登记和预约服务，以确保客户资料的鲜活性，主办方还可对观众的资格进行筛选，向符合条件的观众发出邀请，同时为海外观众提供签证便利。系统还可根据不同的需要提供信息提醒、线上互动等辅助功能，力求增加客户黏度。

（三）商旅服务

展会离不开商旅服务，涉及衣食住行的各个方面，往往展会主办方在此领域自身的服务能力有限，需要引进专业的服务商来满足赴会展客商的需求，使客户在了解行、住、食、购、游、娱等资讯的同时，也能够享受完整的链条服务。

（四）参展业务办理

展会网站服务中，参展商服务的重点是解决参展流程中的问题，参展商可以在来展会筹布展前通过网上服务把相关的业务手续办理完毕，节省宝贵的时间。网上实现办理的业务流程主要包括展位申请、参展证件办理、展商展品资料上传、特装布展申请等。以广交会的"参展易捷通"为例，参展商登录后就可以办理展位申请、特装委托、参展证件办理及状态查询、邀请观众、产品登记、成交统计录入、购买无线网卡和宽带服务等一系列的业务。汉诺威通信和信息技术博览会（CEBIT）为参展商专门开通了 Online Business Service（OBS）平台，参展商不仅可以获得需要的资讯，注册后还可以选择不同的展位套餐，并且计算参展费用，界面更为直观。

（五）赞助与推广

参展商参加展会不仅是设置展位，出售产品，更重要的是注重企业形象的提升，因此参展商会关注展会所提供的推广服务，如何使参展达到最佳效果。展会网站可以结合线上线下的资源，提供网络广告、户外广告、印刷品、多媒体等多渠道的宣传。

除了传统形式的推广服务外，展会网站还会结合展会自身资源提供赞助合作计划，以资源置换的方式给予企业回报。中国进出口商品交易会就面向广大企业推出展馆合作计划，旨在帮助企业通过广交会及日常展览的平台，提升企业及产品认知度，整合媒体、广告、公关等多种行销手段，建立品牌形象，也使企业通过企业合作计划，为广交会及其他日常展览的成功举办和未来发展提供资金、技术、产品、服务和人力等支持，实现双赢的局面。

三、会展现场电子查询服务

会展现场的信息查询服务随着现代技术的不断更新，途径也由原来的一种变为三种，分别为：触摸式查询一体机；手机应用客户端移动服务平台；电脑查询用机。实施电子查询服务时应具备的条件包括：需要有线无线宽带网络的支持；查询机摆放在合理的位置，比如：主要的通道入口、人流密集的地方、颜色鲜艳方便看到等；信息查询内容详尽，且方便操作；自助式查询、可收藏、可打印、随身携带。

（一）触摸式查询一体机

随着电子设备的更新换代，大屏幕触摸式电脑作为展商展品导航服务的新成员，越来越受到广大展客商的欢迎。触摸式查询一体机造型时尚新颖，除继承以往现场自助查询终端的基础导向功能外，还有操作简便、双屏显示、查询导向一体化、自助式打印等功能。它不仅能弥补岛型台不足，还容易引起与会者的关注和使用。

（二）手机应用客户端移动服务平台

随着触控技术和智能手机的广泛应用，移动办公已成趋势。展会现场服务也顺应科技潮流发展趋势，及时开发适用于较为流行的 iPhone/iPad 和安卓系统等常见移动平台的手机客户端，展客商通过下载安装手机客户端，可实现展览资讯、交通指引、采购指南、酒店订房、现场服务查询等多项功能。此项业务为赴会展客商打造一个随时随地享用网站优质服务的移动平台。受到展客商的普遍欢迎。

（三）电脑查询用机

展会原始的信息查询就是用电脑单体机，在单体机上安装查询信息系统，如：展会的展商展品系统，展馆导向系统等提供快捷的信息检索功能，供与会客商针对自己的需求，方便快捷地查找所需的信息。

信息查询服务有以下 3 种发展趋势。

（1）随着触控技术和移动互联网应用的迅速发展，平板电脑互动终端目前已广泛应用于商场、医学、教育等领域，尤其在欧美、日本及中国香港等大型商场，以平板电脑为载体的自助导向系统已开始为消费者投入服务，与传统的电脑查询相比，其界面友好，操作便利、简单易用等特性，受到广大消费者的好评。手机 APP 以其便捷、方便携带等特点更加适于商务人士使用。

（2）展馆数字导航系统综合运用了先进的矢量指引技术、多媒体技术、Flash 交互技术和数据库技术，全面整合了原展馆指引系统、展区展位导向、展商展品查询等信息服务，实现了展馆—展区—展位—展商多层次的，一体化展会信息服务体系。以展馆三维模型的形式，结合数据库储存大量展商数据、地图数据、服务资讯、现场视频及图片资料，实现图文信息交互查询结果。引入展馆数字导航系统大大提升了网站信息服务水平，为观众在现场参加展会提供极大便利。

（3）声控查询系统通过语音输入模块便捷地输入查询条件，不需要使用键盘等输入设备手动输入，方便用户对查询存储器存储的文件进行查询和管理。这种方法既节省时间又方便操作，是未来信息查询发展的重点方向。

四、电子贸易配对服务

（一）电子贸易配对的实现形式

电子贸易配对（又名"电子贸易撮合"），是近几年在会展中广泛使用的信息化服务之一。电子贸易配对主要通过供采信息交互的形式，在展会现场将观众的采购需求与参展商所能提供的展品相配对，以解决供采双方的需求。电子贸易配对可以有多种形式进行实现。

一是可以借助展会现场或网站的供应/采购信息发布平台，由参展商或观众主动发布信息，以及专业的客户服务团队通过电子邮件或在现场进一步核实客商的详细需求，为观众推荐合适的产品供应商，帮助参展商与观众实现会前联系、会中成交、会后补充的高效互动（见图3-6）。

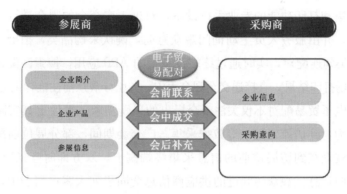

图3-6　电子贸易配对

二是可以由会展主办方成立专门贸易匹配团队，以庞大的企业资料库作为配对服务的强大后盾，并根据买家提供的详细产品、订单以及参考价格等要求，通过配对专员跟进、筛选、发布更为精准的供采信息，并主动联络供采双方，促成贸易配对，提高成功率。图3-7是香港贸发局网站中配对服务的网页。

图3-7　香港贸发局网站中配对服务的网页

（二）电子贸易配对服务的发展趋势

（1）通过移动终端 APP 客户端及二维码等的新技术应用，实现快速贸易配对。目前，在广交会期间，展馆内有 300 多名服务人员各随身配备一套具有信息采集和打印功能的专业手持设备，对进入广交会的观众进行即时激活会员资格，并由服务人员主动询问观众意向，确认采购品类，拍摄二维码进行产品品类勾连配对，实时通过终端设备上的 APP 应用，搜索匹配供应商信息，并现场打印结果，直接递交至观众手中，并引导观众前往推荐供应商摊位。

（2）电子贸易配对不仅关注观众提出的采购需求，更注重其实际在展会的采购行为，到访摊位记录等数据采集。广交会期间，部分展位前配备信息交换器，观众在到访展位前的信息采集终端刷卡，双方即时互换电子名片，记录供应商信息，观众访问过的供应商信息会同步列入客户列表中，以便展后进行管理及深入的沟通交流。而通过信息交换器采集的观众行为数据，可实时传递现场数据：包括观众来源地区统计数据、观众偏好行业分析、观众性质分析等，现场采购需求实时匹配数据传递。

（3）主要服务目标由满足没有找到目标产品的观众，转为让赴会观众更容易找到想要的产品。传统的电子贸易配对依赖于观众主动提供的采购信息，特别是在找不到目标产品的情况下，由工作人员开展点对点的筛选匹配服务。而随着信息技术的发展，建立在对观众的行为数据采集基础上的电子贸易匹配服务则更关注观众实际行为对哪类产品更为关注，而实现同类产品的电子化主动推送，帮助观众更方便找到目标产品，服务覆盖面更广，更高效。

图 3—8 是广交会电子商务平台网站中展会现场配对服务的网页。

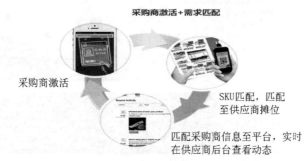

图 3—8　广交会电子商务平台网站中展会现场配对服务的网页

电子贸易配对服务在为展客商提供便利，提高采购效率，创造贸易契机的同时，我们也不能忽略其高额的成本投入（技术开发成本、设备成本及人力成本），以及需要客户对信息技术有一定的接受程度的应用限制，并且要注意做好对客户隐私的保护等。但我们相信作为展会的有效补充以及电子商务的坚实基础，其将随着参展商与观众的服务需求变化以及信息技术的发展而不断优化。

案例：

广交会展馆数字导航项目

为不断提升广交会的信息服务水平，积极探索新技术新载体在广交会信息服务的创新应用，以期带给展客商更好的用户体验。随着触控技术和移动互联网应用的迅速发展，平板电脑互动终端目前已广泛应用于商场、医学、教育等领域，尤其在欧美、日本及中国香港等大型商场，以平板电脑为载体的自助导向系统已开始为消费者投入服务；与传统的电脑查询相比，其界面友好，操作便利、简单易用等特性，受到广大消费者的好评。为顺应科技潮流发展趋势，广交会推出以触摸平板电脑为载体的广交会展馆数字导航。

1. 项目目标

以"好用""易用"为出发点，打造档次高端、造型新颖、服务专业的软硬件一体化展会信息服务设备，以服务定制的方式，满足广交会参展商、观众在展会现场的庞大信息咨询需求，实现高效导向；通过创新服务形式，提升服务档次，优化用户体验，不断深化广交会信息服务。

2. 广交会导向搜索服务情况

第 113 届广交会推出定制版触摸式"展馆导向搜索（E-HALL SEARCH）"自助服务。推出"展馆导向搜索"设备共 30 台，主要分布在现有部分位于主通道的信息服务点及 B 区每个展馆内的信息服务点。"展馆导向搜索"提供包括展商展品查询、展区展位导向、展会服务指引等综合信息的自助查询服务，满足广交会参展商、观众在展会现场的信息咨询需求，实现高效导向。该项服务推出后受到广大展客商的欢迎，设备的点击总量达 41 万次。

第七节 广告服务

广告是为了某种特定的需要，通过一定形式的媒体，公开而广泛地向公众传递信息的手段，旨在唤起人们对商品的需求并对生产或销售这些商品的企业产生了解和好感，或告之提供某种非盈利目的的服务以及阐述某种意义和见解等。它包含了广义的非经济广告和经济广告，即不以盈利为目的的政府行政部门、社会事业单位乃至个人的各种广告、启事、声明等效应广告，以及以盈利为目的、旨在扩大经济效益的商业广告行为。因此美国广告协会对广告做出了简明扼要的定义：付费的大众传播行为，其最终目的为传递情报，改变人们对广告商品的态度，诱发其行动而使广告主得到利益。

一、广告在会展中的重要性

会展活动本身是广义广告范畴内的一员，并且是商业社会发展到成熟阶段所产生的一种更直接高效、更综合性、更高层次的商业广告行为。广告和会展业相辅相生，发展至今已经成为经济发展、产品走势的风向标和晴雨表，代表着企业的经济水平和竞争实力，也是文化产业的重要组成部分。

同时，广告也是会展宣传的重要手段，起到助推和促进作用，成功的会展离不开夺人眼球的广告攻势，会展广告的传播和推广效果已经成为展览会成功与否的关键因素，也是打造品牌的最有效办法。广告是会展这场商战中的先头部队、大型杀伤性武器和后续补给力量，成功运用广告的力量无疑可以大大拓展展会的影响范围与能力。因此，广告投放已经引起越来越多展览主体的关注，并且日益被他们视为展览效果成功与否的关键性决策。

二、会展广告的主要形式和载体

以展会运营进程的时间轴为依据，我们可以将广告投放的时间划分为展前、展中以及展后，这三个阶段中的广告投放在主体、媒介和形式内容上都不尽相同，而这恰恰是由上述三阶段广告投放所要针对的受众群体的不同所决定的。

（一）展前广告投放

这阶段，广告投放的主体主要是展览会的主承办机构，他们的投放目的主要是针对展览会本身进行宣传，目标受众群体除了普罗大众外最主要的还是潜在的参展企业，让大家得知有这么一场展览会将在何时何地展出、展些什么，并且进一步成功吸引到企业和机构的参展兴趣，那么这轮广告的效果就实现了。所以这阶段广告投放将以在预算控制内尽量实现"铺天盖地"的目标为准，所针对的对象是泛化的。投放位置通常以机场、地铁、码头、车站、灯柱、大楼外立面等户外公共区域为主，也可以是电视、广播、网络等新兴媒体平台。专业性强、针对特定目标群体的展览会还会选择行业内有影响力的网站、业内杂志、读物等进行定向明确的广告投放。投放载体也主要以灯箱、刀旗、印刷品上的平面广告为主，近年来随着 LED 技术的发展和广泛利用，也有越来越多企业选择户外 LED 综合性展示。内容上，主要表现为简明扼要、突出重点、方便记忆的特性，时间、地点、展出内容、主承办单位是这阶段广告最需要大家记忆的关键性要点。相应地，这阶段广告投放的服务提供商也不会局限于会展服务业圈内的相关企业，更多的是以专业性广告企业为直接提供方，而展览展示方面的企业则会以总体策划设计等形式参与其中。

（二）展中广告投放

在这个阶段，展览会的全部参与主体们都借助会展平台进行展示与宣传，包括主承办机构、参展企业、大型采购团体、协会组织、其他相关展览会与机构。参展企业通过广告宣传获得观众乃至业内同仁们的了解与关注；而某些大型采购团体也需要及时发布采购计划从而吸引更多的参展商，采购更多更实惠的时新商品。另外，不少展览、展示、设计、策划等展览服务机构也会利用这个平台对自己的服务质量、实力进行推广宣传。然而展览馆的资源有限，可以选择的投放方式、载体也有限，所以这阶段的广告投放将主要围绕展览馆本身广告资源的争夺展开。投放将以展馆及周边的固定设施投放为主，包括道路灯柱刀旗、灯箱，空飘、气球、飞艇，主要交通路线灯布摆放，围栏悬挂广告，建筑物外立面等位置的平面广告投放，内容则侧重于吸引注意力的大幅图片式广告，除此之外还会根据展馆的硬件条件进行 LED 视频广告、滚动横幅以及现场路演宣传等。

（三）展后广告投放

主承办机构要迅速准确地对本次展览项目相关信息进行最完整全面的统计，展览面积、展览企业、到会观众、观众、举办会议的场次、讨论成果、行业巨头的关注、成交额、新项目新技术等都是展览的主承办机构需要第一时间统计完毕进而对外发布的重要数据，获取潜在目标受众的注意，夯实他们参加下一届展会的信心。因此，这阶段的广告投放必须"定向精确打击"；宣传内容必须"言之有物"。这阶段的投放位置主要关注行业网站和专业杂志，有时也会选择电视广播等直接媒体；内容则将以新闻通稿、快讯报道、会后总结等精准信息为主；形式也将更多地体现为付费新闻、宣传软文等。

三、当前会展广告服务的主要特点及存在的问题

受我国目前会展业发展的程度所影响，会展广告服务也有其自身的特点，这里我们主要以广交会展馆内广告投放为例进行分析，可发现有如下三大问题：

首先，总体来说，展览会规模更大，广告投放量更大，但总体广告投入占比较低

2012 年在广交会展馆成功举办了 108 场各类展、会活动，其中展览规模前 10 位的展会广告投放额合计占全年总投放额的近 85%。但是，表 3-4、表 3-5 为广告开支与展览会总开支的比较。

表 3-4　广告投放量排名前三的展会相关数据

展览名称	展览会总收入（元）	广告收入（元）	广告收入占总收入比例（%）
广州汽车展	48630726	3067600	6
春季广州国际家具展	100457511	2214600	2
广州国际建筑装饰材料展	39494482	1790000	4

表3—5　广告投放量排名末三位的展会相关数据

展览名称	展览会总收入（元）	广告收入（元）	广告收入占总收入比例（%）
遮阳展	437047	8000	1
安防设备展	1360755	9600	0.7
烘焙展	4643784	16000	0.3

其次，广告形式单一，缺乏创新。

目前，展会现场广告形式仍停留在喷绘、灯箱、建筑物外立面等传统广告形式上，广告媒介载体疏于开拓，LED广告和路演已经无法满足现有展览主体对于现场广告的需求，亟待开发新形式的广告载体。

第三，现场广告管理形式落后。

展览会现场的广告需求是旺盛的，来自于参展企业、展览服务企业、实力型观众对于在展会现场做广告的热情是居高不下的，但馆内的广告资源是有限的。由此衍生出的广告运营垄断化、管理形式落后所带来的一系列连锁效应也在制约广告设计制作、发布效率、形式内容发展、发布载体革新等方面的发展，打击了相关服务企业的参与热情，继而最终影响了会展广告服务业的发展。

四、广告服务的发展趋势

就会展业广告服务而言，资源整合与合理利用将是未来发展的主旋律。目前，展览现场广告资源的运营模式以及展览馆对于资源的垄断操作已经制约了会展广告服务的发展，打破这种局面已经成为不可逆转的迫切需求和发展趋势。对这些资源进行一系列的开发、融资、并购，并且对现有运营模式进行革新，开阔视野，欢迎新资源新力量的注入，使资源整合得到发展，渐渐走向整合、规模化，以开拓思路、发展创新、提高效率，最终实现解约人工、时间、资源成本的同时促进行业发展的最终目标。

展览广告的"绿化"需求。作为一种"不冒烟的工厂"，绿色无污染而又能带动旅游、餐饮、酒店等行业的共同飞速发展，展览业从诞生之初便被誉为"朝阳产业"，是经济发展的"助推器"。然而发展至今，企业对于现场展示效果的追求使得装搭、装饰、广告等材料污染日渐成为一个无法逃避的问题，长此以往，会展业将失去绿色无污染这一独特的产业优势。因此亟须在展览活动的各个环节注入环保理念，倡导以环境保护作为经营指导思想，向企业和观众提供无污染、有利于节约资源、保护生态平衡的会展项目和服务，使企业行为符合经济、社会、生态环境的协调发展要求，实现可持续性发展。在会展广告方面，则需要在设计、制作中体现出最小能耗投入、最大传播收益的原则；从设计角度出发，注重广告的文字插图设计、色彩计划、编辑技巧等问题，充分考虑广告对象的阅读习惯，创造良好的视线诱导效果；而从广告制作角度来看，绿化会展广告最重要的是在广告制作过程中使用环保材料，推广无纸化广告宣传，倡导材料的再次循环利用。

科技发展带来新的传播技术和手段。目前，在广告领域，QR 码、NFC、AR 技术、姿态控制应用技术、裸眼 3D 显示技术等都在不断发展、普及应用，增加了广告与受众之间的互动，真正意义上实现了双向传播。受众不仅可以和广告内容进行互动，还可以通过个人移动设备查询或直接购买广告中感兴趣的商品，从另一个角度讲，科技的发展已经让广告变成了一个销售平台，传播技术的发展、科技的发展加上数字媒体的革新，改变了消费者的生活形态，为户外媒体带来了新的契机和可期待的成长空间。而新的发展也必将为展览广告服务带来新的启示，推动展览广告在新载体、新领域的长足进步，为展览业界注入新的生机和活力。

案例：

广交会展馆 2009—2011 年日常展览广告营业收入分析

广交会展馆 2009—2011 年日常展览广告营业收入表见表 3—6。

表 3—6　广交会展馆 2009—2011 年日常展览广告营业收入表

	展览规模	展览总数/做广告数	做广告比例（%）	广告收入（元）	占总收入比例（%）	每展平均收入（元）
2009年度	10万平方米以上	8/7	88	4383980	83.20	626283
	3万～10万平方米	9/8	89	648940	12.32	81118
	5万～10万平方米	5/4	75	505600	9.60	126400
	3万～5万平方米	4/4	100	143340	2.72	35835
	3万平方米以下	41/8	22	236020	4.48	29503
	合计	58/23	40	5268940	100	229084

展览规模		展览总数/做广告数	做广告比例（%）	广告收入（元）	占总收入比例（%）	每展平均收入（元）
2010年度	10万平方米以上	7/6	86	7234080	80.80	1205680
	3万～10万平方米	19/10	53	1363836	15.23	136384
	5万～10万平方米	9/6	67	1025836	11.46	170973
	3万～5万平方米	10/4	40	338000	3.78	84500
	3万平方米以下	44/9	20	355000	3.97	39444
	合计	70/25	36	8952916	100.00	358117
2011年度	10万平方米以上	8/8	100	8174240	72.87	1021780
	3万～10万平方米	19/12	63	1631010	14.54	135918
	5万～10万平方米	9/7	78	1181860	10.54	168837
	3万～5万平方米	10/5	60	449150	4.00	89830
	3万平方米以下	51/13	25	1412200	12.59	108631
	合计	78/33	42	11217450	100.00	339923

通过对表3—6中数据进行分析，我们可以看出，规模越大的展览会对现场广告投入关注度越高，数额越大，10万平方米以上的大型超大型展会在现场广告方面的投入占到全部展览会总投入量的80％以上，单展平均投入额更是可以高达120万元人民币；5万平方米以下的中小型展会虽然在关注度和投入量方面都无法与前者相比，但总体也呈现出一种逐渐递升的增长态势，2011年3万平方米以下小型展览的单展广告投入额相比2010年的3.9万元一跃而升至10万元人民币，是一个非常可观的提升。简单而又实际的比较告诉我们，广告在现代会展业的发展中扮演着不容忽视的角色，同时发挥着日益明显的重要作用。

第八节　保洁服务

保洁一词源自英文"house keeping"，原意为"保持清洁"，但如今随着应用范围的扩展，已经衍生出包括环境卫生、环境清洁、环境整洁等更丰富的内容。保洁服务的目的是为顾客创造卫生舒适的环境。

会展保洁服务是展览成功举办的重要保障之一，对展览的整体形象有直接的影响，但容易被忽视。对人流量较大的展览或分期举办的大型展览，保洁服务甚至会对办展秩序造成重要影响。由于会展保洁服务主要作用于展馆的硬件或设备设施，该项服务一般由展馆负责。

一、会展保洁服务的特征

与商业、物业保洁服务不同，会展保洁服务具有瞬时性、时效性、复杂性、持续性、整体性五大特征。

（1）瞬时性。指展览在筹展期间或撤展期间，展位搭建与拆卸所产生的建筑废料，将在短时间内产生难以预估的垃圾，且数量可能是开展期间的数倍之多，单个垃圾的体积重量也数倍于开展期间的垃圾。

（2）时效性。主要指服务时效性，为确保展览顺利开幕或圆满撤场，保洁任务必须在有限的时间内快速完成，否则将严重影响展览秩序，同时也增加展馆的运营成本。

（3）复杂性。是指保洁服务不但涉及面广、服务线长，而且需要投入大量的人力物力的特性。

（4）持续性和整体性。保洁服务的持续性，不但指保洁工作需循环、持续进行，还指展馆应具有持续满足和超越客户需求的意识。与此同时，保洁服务还要求全覆盖，无死角、无遗漏，环境卫生始终保持整洁完整的状态。这两个特性对展馆来说尤为重要，展馆除了负责展览基础保洁服务外，还需承担无展期间的场馆保洁以及场馆工作区域保洁，与其他商业、物业保洁服务相似。

二、会展保洁服务的影响因素

对展览保洁服务造成较大影响的因素有三个，分别如下：

（一）特装情况

特装情况包括特装摊位的数量、比例、特装规模、双层特装及复杂特装情况等指标。特装比例是指展览会上特装展位在全部展位中的占比。由于特装展位会使用大量的材料，无论是筹展还是撤展，都会产生大量的特装废弃板材或其他装饰垃圾，因此特装情况将严重影响垃圾清运的工作量。目前展览关于特装垃圾清运有两种做法：一种是主办机构要求参展商自行将垃圾运离展馆，一般特装施工单位的展位搭建内容均包含特装垃圾的清运服务，所以参展商无须直接参与垃圾清运工作，换句话说，就是"谁特装谁负责垃圾清运"，这种做法较为普遍；另一种是主办机构雇请垃圾清运单位统一将全场的特装垃圾运走，费用由主办机构承担或统一向参展商收费，目前只有个别大型的品牌展免费提供该项服务，如广州家具展。

（二）展品类别

展品类别，涉及展品体积、重量、易损易碎与否、包装物情况、价值贵重与否等指标。展品类别由展览所属行业决定，影响保洁服务的并非具体的展品内容，而是展品的形状、重量及包装难易度。由于展品的拆包以及展品的打包分别是筹展期保洁以及撤展期垃圾清运的前一道工序，因此参展商对展品的拆装速度对于保洁服务的开展有着较直接的影响。

（三）人流量及其特征

人流量及其特征主要是指人流量与人群素质。人流量毋庸置疑是保洁服务需求量的重要影响因素之一。人流密集的展览将产生大量的废弃宣传单张、食品包装盒及其他垃圾，其展览期间产生的垃圾量可达普通展览的三倍以上，且由于展厅通道充斥着过往的人群，保洁服务工作开展难度较大。人流量是预测展览保洁服务强度最直观的因素，人群素质可作为人流量预测的权重因素，人群素质高可适当减弱人流量增大带来的保洁压力，反之亦然。

三、会展保洁服务的类型及具体内容

对于展馆而言，保洁主要包括日常保洁和展览保洁。日常保洁指展馆在不举办展览或会议时所开展的保洁服务，如室内外清洁、展馆外墙的清洁。日常保洁属于展馆运营与维护范畴。展览保洁，是指展会期间在展会举办范围内开展的保洁服务，包括垃圾清运、展位简单清洁、展位精细保洁等。

（一）日常保洁

展馆日常保洁主要包括4个方面的内容：非展期室外保洁、非展期室内保洁（含闲置展厅、办公区域等）、除四害、绿化养护等。

1.非展期室外保洁

非展期室外保洁包括展馆外围广场、道路、高空等区域。其中，展馆外围广场、道路保洁以机械化清扫为主，人工清扫为辅，要求最大限度实现机械化，降低人工投入成本，确保作业安全及室外环境的干净整洁。主要流程如图3－9所示。

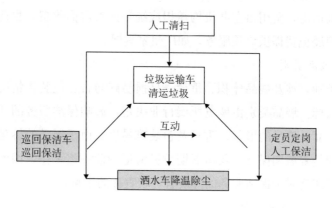

图3－9　非展期室外保洁

人工保洁部分主要包括对不规则的建筑物或设备设施的清洁、扫路车难以清扫的路段保洁以及绿化带的生活垃圾清理。为了避免出现工作真空，必须根据路段情况定岗定员，将每段路的保洁任务落实到人，要求每个人在自己负责的路段巡回保洁，同时接受质检人员的随时检查。

高空清洗包括展馆玻璃幕墙清洗以及整体外立面清洗。该项保洁属专业保洁，对人员素质、作业安全、服务质量、完成速度等方面的要求较高。由于该项服务的难度较大，费用较高昂，因此要求的服务频率与室外广场及道路等区域有所不同。一般情况下，展馆的高空作业为一年一次或一年两次，应避开雷雨多发季节。例如，广交会展馆高空清洗频率为一年两次，一般安排在两届广交会前，易脏且位置明显的高空作业范围则应视情况每月进行清理。

2. 非展期室内保洁

非展期室内保洁包括闲置展厅、室内公共区域、办公区域等。除办公区域的工作内容较为固定外，闲置展厅及室外公共区域的保洁范围会随着展览情况变化而变化。该项服务需达到的质量要求是"无垃圾、无污渍、无尘埃"，其中显眼的、易被接触的区域要求每日清洁，如地面、消防设施、栏杆、休闲椅、门、窗、楼梯、走火通道等，其他较难清洁的设备设施如电缆槽、管道、天花、灯罩等可视具体情况每月、每季或半年清洗一次。

3. 除四害

除四害主要指灭蟑、灭鼠、灭蚊、灭蝇，是保洁服务非常重要的组成内容，是客商享受安全舒适的会展环境的重要保证。每个展馆的除四害工作的制定都会以全国爱卫会《全国城市卫生检查评比标准》以及所属省份、城市的具体除四害规定为前提。总的服务指导思想是坚持以防为主，防治结合；坚持综合防治，措施到位；坚持安全第一，合理用药；坚持质量第一，确保除"四害"达标。服务频率一般为一月一次或一月两次不等，大型展会、特殊时期（如流感疫情暴发）可额外增加频次。预防策略主要包括：一是重点阻隔"四害"的入侵；二是改善系统环境，使之不适宜"四害"生长繁殖，确保"四害"种群数量长期处于极低的水平；三是定期全面检查"四害"种群数量的动态，在必要时对采用物理防治、化学防治措施。

4. 绿化保洁及养护

展馆绿化一般设置在户外公共区域，由于展览期间人流密集，绿化带容易受人群践踏，产生大量生活垃圾，因此，展馆绿化养护工作除了正常的植物养护外，绿化带保洁也是非常重要的内容。展馆的绿化养护一般采用两种形式：一种是外包给专业的绿化养护公司进行养护；另一种是将绿化养护作为保洁服务的一部分由保洁服务单位承担。例如，广交会展馆自 2013 年起，除重点景观带的绿化外，其他绿化养护均由所在展区的保洁服务单位负责。绿化养护主要包括以下 4 个方面的工作内容。

（1）植物施肥、修剪及除草。为确保植物的生长形态和观赏价值，需根据植物的生长习性、展会布展时间的要求以及景观美感对植物定期进行修剪、施肥、除草。全面修剪频率一般为 2~3 个月一次；杂草清除应经常进行，尤其春、秋两季是抑制杂草生长的重要季节。施肥应采取少施多次的方法，一般全面施肥为 3 个月一次。

（2）淋水养护。一般绿化带都安装喷淋系统，但喷淋系统范围外区域仍需人工淋水。科学淋水具有三个要点：一是合理使用喷淋系统定期淋水；二是对喷淋不到的死角和没有喷淋的地块进行人工淋水；三是根据季节气候的变化控制好淋水量。

（3）及时喷洒农药，防止病虫害的侵蚀。应遵照"预防为主，防治结合"的病虫害防治原则，定期做好喷药防治工作。一般在病虫害发生季节 4～10 月，每月都对易感植物喷药 1～2 次，以喷灭多威、克菌宝、氧化乐果等为主。同时需经常观察绿地植物，把病虫害控制在最低危害程度。

（4）绿化保洁。需每天组织人员不间断进行绿化保洁，尤其是展览期间应加大人员投入，主要对绿化带中的饭盒、饮料瓶（盒）、宣传资料及其他各种废弃物进行清理，保持绿地整洁。

（二）展览保洁

针对展览而言，展览保洁服务可从空间和时间两个维度进行分类。

按空间划分，展览保洁主要包括公共区域保洁、展位保洁两大部分。公共区域保洁指展会通道、服务区等区域的保洁，属于展馆场租所包含的基础服务内容。展位保洁包括两部分：一部分是展位基础保洁，主要指展位简单清洁，也属于展馆提供的基础服务；另一部分是展览垃圾清理及展位精细保洁，展览垃圾清理包括废弃展品、特装废弃板材及其他废弃物的清理，展位精细保洁包括展台、展品清洁及地毯吸尘等，由于这部分内容涉及展样品及特装搭建，一般由参展商或展览主办机构负责，可选择委托特装搭建商完成、付费请第三方或展馆协助完成两种形式进行。

按时间划分，展览保洁可分为展前保洁、展中保洁和展后保洁（或称为筹展、开展、撤展）三个阶段，因每个阶段的人流量、服务时限及需保洁清理对象情况而异，服务要求各有侧重。

1. 展前保洁服务

展览进场之前，主办机构需提前与展馆沟通，由展馆制订展览保洁服务计划，根据展览要求确定不同阶段的保洁服务重点。展前保洁服务指展览筹备期间展馆所提供的基础保洁服务，主要包括 5 项内容：室内外地面及墙体保洁；公共区域设备设施保洁及消毒；排水系统和排风系统（如下水道、空调滤网等）清洁；展览区域内消毒及杀虫灭鼠；绿化养护及保洁。

这个阶段的保洁难点主要有：特装施工单位进行特装搭建，现场将产生大量的废弃特装板材及其他装修垃圾；大量展品现场拆包，将产生大量的废弃包装物；筹展最后一天时间紧，保洁人员须特装施工单位在展位搭建后的较短时间内完成展厅精细保洁；施工人员素质较低，经常将装修材料如油漆、水泥等倒到厕所或公共区域，造成较大严重污染。因此，该阶段的保洁服务重点有以下几个方面：

（1）加强垃圾清运，做好应急准备。及时清理参展商丢弃在展馆范围内的装修废料及废弃包装物，尤其是展厅通道垃圾。

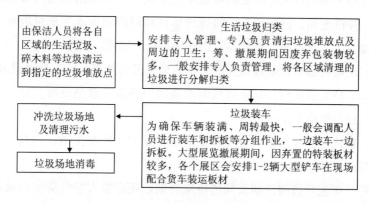

图3—10 垃圾清运流程图

（2）现场设置油漆等装修废料垃圾点，并加强垃圾清理指引。

（3）加大筹展最后一天的保洁人员投入。以5万平方米以下的中小型展览为例，筹展期一般为三天，前两天每1万平方米展览区域平均需投入保洁人员为2～4人，筹展最后一天投入人员需增加为10～15人。

2. 展中保洁服务

展中阶段是人流最密集的阶段，对环境清洁以及环境卫生的要求最高最细致。主要保洁服务内容及要点如下。

（1）室内外环境清洁，尤其是展厅通道保洁、卫生间保洁、展位内垃圾桶的定期清洁。由于人流较大，展厅通道地毯较难清洁，可由人工对明显的垃圾（如纸张）进行突击清理，配合便捷式吸尘器清除微型垃圾、尘土或其他污物。卫生间是展示展馆形象和保洁服务水平的重要窗口，不仅需达到地面清洁无积水、便器清洁无污物、空气清新流通等基本要求，还需增加更多人性化元素，如配备形象良好的专职保洁员、卫生用纸、洗手液、温馨使用提示、婴儿更换尿裤卧板等。展位垃圾桶一般由展馆统一配备，保洁人员每日须定期对垃圾桶进行清洁，一般情况下清洁频率为三次，时间段分别为上午开展时，中午饭后，下午闭馆前。此外，每日闭馆后须统一对展厅进行清洁，确保次日展览的有序开展。

（2）公共区域、公共设施保洁及消毒。为确保公共卫生，防治流行性疾病，建议每天用消毒水擦拭公共设施至少1次；每天闭馆后用消毒水擦拭洗手台面，冲洗地面、清洁便池；每晚清运垃圾后用消毒水冲洗垃圾池。保持外围环境卫生，重点对蚊蝇容易滋生地地点每天清理、喷药。

（3）垃圾清运。该阶段应及时对生活垃圾进行处理，尤其是对厨余垃圾、废弃餐具等垃圾的清理，防止残渣剩水撒漏以及废弃食品发酵变质。总体垃圾清运流程与展前基本一致。

（4）绿化养护及保洁。主要包括绿化带基础养护及保洁，尤其是防止绿化带被踩踏、破坏。

另外，在流行病高发期及其他特殊时期，还应加大空气清洁以及设备设施消毒频率，随时注意与会人员身体健康，发生异常及时报告处理。普通的展会每一万平方米室内展览面积需投入8～12名保洁人员（不含卫生间专职保洁人员），其他展览需根据展览具体人流情况及可能产生的垃圾量进行适当人员投入调整。

3. 展后保洁服务

展后阶段的保洁重点是在有限的撤展时间内将展馆环境恢复到展览进场之前的状态，以迎接下一个展览进场。主要内容包括以下几个方面。

（1）垃圾清运。与展前阶段一样，该阶段的工作难点仍是垃圾清运工作，特别是对参展商丢弃在展馆范围内的废弃特装垃圾进行清理，清运流程基本与展期一致。

（2）对室内外地面、低空墙面、公共设施设备进行精细保洁，包括全面清洁及消毒，清扫浮面垃圾、灰尘，擦地推尘，清除地毯胶等。

（3）全面清理电线槽、管道、沙井等区域的垃圾，并对管道及附近区域进行消毒。

（4）绿化保洁及修复。清扫绿化带杂物及残落的枝叶，并对受损植物进行及时修复。

四、不同类型展览的保洁服务需求

展览类型往往决定了一个展会的特装情况、展品类型、人流量及特征，因此根据不同展览类型对保洁服务作差异化考虑尤为必要。我们尝试根据展览的类型对这些因素进行简单对比，预测其保洁服务需求强度，相应地，将保洁需求强度划分为高、中、低三等。其中，低等级指保洁服务需求处于正常状态，展馆基础保洁服务足以满足需求；中等级指保洁服务需求在正常状态水平线波动，主办机构需密切留意相关影响因素，以便及时调整服务投入；高等级指展馆基础保洁服务已不能满足保洁需求，主办机构应增加保洁预算，加大保洁服务投入力度（见表3—7）。

表3—7　不同类型展览的保洁服务需求

展览类别		特装比例	展品装拆包难易程度	人流量	人群素质	保洁服务需求强度
按展览性质分	贸易性展览	—	低或中	低或中	中或高	低或中
	消费性展览	—	中或高	高	低或中	中或高
按展览内容分	综合性展览	低或中	—	中或高	低或中	中或高
	专业性展览	中或高	—	低或中	中或高	低或中
按展览所属行业分	工业展	—	中或高	低或中	中或高	低或中
	农业展	—	低或中	中或高	低或中	中或高
	金融展	—	低或中	低或中	中或高	低或中
	旅游展	—	低或中	中或高	低或中	中或高
	其他	—	—	—	—	—
按展览规模分	大型展览	中或高	—	中或高		中或高
	中型展览	不等		不等		低、中、高
	小型展览	低或中		低或中		低或中

通常展览主办机构增加保洁服务投入有两种方式：一种是雇请展馆实施基础保洁服务的保洁公司或展馆推荐的保洁公司，该方式的好处在于，增加的保洁队伍对展馆比较熟悉，现场沟通协调较便利，可减少工作磨合、降低现场交叉管理难度，但服务商可能会由于过分逐利，减少人员投入，拿部分负责展馆基础服务的保洁人员填充额外增加的服务人数；另一种方式是雇请

展馆以外的服务公司，这种方式虽投入较可控，但由于外来单位对展馆的熟悉程度较低，主办机构需为服务单位提前创造工作磨合的环境，并加强与展馆的现场沟通协调，防止保洁服务与其他现场服务发生管理冲突。

五、大型展览换展期保洁服务

随着我国展览业如火如荼的发展，分期举办的大型展览有增多之势。大型分期举办的展览具有两大特征：一是展览规模大，参展商和观众数量较多；二是前后展期撤展和筹展交叉进行，现场协调和流程管理的难度较大。虽然，我国目前分期举办的大型展览并不多，但是这种展览在换展期间的保洁服务需求强度大，几乎接近保洁服务能力的极限状态，是展览保洁服务的一大挑战，对大型展览的保洁服务组织有很好的参考价值。同时，对展览排期紧凑的展馆也有借鉴意义，因此本文将以广交会为例对这种类型的展览进行分析。

（一）展览分期举办对保洁服务带来的挑战和难题

2009 年，广交会进行展览时间改革，继续维持三期举办，将撤换展时间由原来的四天缩短为三天，成为史上最短换展期的大型分期综合性贸易展览。保洁服务作为前后展期筹、撤展工作承前启后的重要环节，面临着极大的挑战，主要的难题来自以下 4 个方面：

（1）广交会平均每期展览约有 1 万家参展商，这意味着在三天的撤换展期间有至少 2 万家参展商交叉进行筹撤展作业。

（2）广交会每期展览的特装比例均超过 50%，且部分展厅特装比例高达 90% 以上，特装废弃板材量非常大。

（3）广交会展馆的垃圾场根据正常状态下的保洁服务需求量设置，无法完全满足广交会特装废弃板材堆积需求。

（4）广交会展馆的户外展场已设置为广交会室外展区，不能作为保洁作业周转场使用。

此外，广交会撤换展还面临交通、展品搬运等服务挑战，这些因素也对保洁服务有非常大的影响。

（二）保洁服务采取的主要措施

解决以上难题要把握以下几个关键点：一是维持现场秩序，降低交叉作业的不良影响；二是区分重点难点，集中力量攻克关键环节；三是进行需求预测，另觅途径补充硬件不足；四是做好充分的应急准备，对意外状况进行及时补救。因此，可以采取以下有效措施。

（1）严格控制现场作业流程。分三个步骤：一是清晰界定换展期的撤展时段和筹展时段，如将展览最后一天 18 时至换展期第一天上午 12 时划定为前一期展览的撤展期，在此期间，下一期的筹展准备不允许在展厅内开展，为撤展腾出足够空间；二是细化作业步骤，将撤展时段细分为约 15 个环节，要求每个环节严格按时间节点完成，主要包括腾出展厅车辆周旋区域、展品运离后允许撤展工具及车辆进展厅、要求特装展位全部拆除、统一清理无人负责的特装展位、完成展厅垃圾清运和地面精细清洁等内容；三是派员对每个展厅每个节点的工作情况进行汇报，发现问题及时进行处理。

（2）按工作环节划分保洁服务工作重点。由于广交会展馆具有承办方和展馆方双重角色，因此不管是特装废弃板材清运还是展馆基础保洁都需一并统筹考虑。广交会要求各特装单位将废弃板材自行清走，但仍需承担缴费享受垃圾统一清运服务的特装展位以及违规展位的垃圾清运服务工作。废弃特装板材统一清运服务与展馆基础保洁不同，不但需要大量的人力物力投入，还需在短时间内充分盘活有限资源，如垃圾堆积场必须设置在展馆附近以便垃圾清运车快速运转，人员必须优先投入到展厅交通主要道上进行展位拆卸工作，车辆应及时前往废弃板材垃圾满负的展厅进行清运等。由于垃圾清运环节在基础保洁环节之前，且该项工作艰巨复杂，因此目前广交会将保洁分为两大部分进行管理。

（3）加强数据积累，准确掌握人力及物力投入标准。为使投入资源达到最优状态，广交会主要通过三方面的数据对投入需求进行预测：一是统一清运的特装展位及历届违规展位数量。这个数据是垃圾清运服务的最重要基础依据，可预测当届展览可能产生的废弃特装板材垃圾数量。二是垃圾周转场面积及其与展馆之间的距离。为方便清运货车快速运转，临时垃圾周转场一般选择在展馆 10 千米范围内，依此距离清运货车在展馆及垃圾周转场之间往返的频次约为 3～6 次。一般情况下，每 1 万平方米的展览面积所产生的特装废弃板材数量需使用 5000～7000 平方米的垃圾周转场。三是投入人员及货车数量。100 吨废弃特装板材需投入清运力量约 100 人，清运货车 15～20 辆。

（4）做好应急预案，确保万无一失。展览撤换展期间可能会出现两种极端情况：一种是不可抗力因素，如恶劣天气、交通堵塞、安全事故等；另一种是参展商或服务单位因素，如参展商人员配备不足致使展品包装慢、特装展位清运板材速度慢、服务单位现场组织不力，人员车辆投入不足或效率低等。这些原因都可能导致保洁服务工作严重滞后，而该环节的滞后将对下一期展览的开幕有很大影响，因此，做好应急预案对于换展时间紧迫的展览来说非常必要。广交会在第一、二期撤换期间，均针对垃圾清运环节提前进行了应急部署，比如提前规划应急场地及路线，要求服务单位配备应急队伍和车辆等。

六、会展保洁服务发展趋势

（一）绿色会展的倡导将对会展保洁服务管理提出更高要求

随着低碳环保理念的不断发展和广泛应用，低碳、绿色环保也成为会展业可持续发展战略的重要组成部分，绿色会展的倡导对会展保洁服务是一个利好的促进，同时也对保洁服务管理提出了更高的要求，不但要求保洁服务作为重要的基础服务确保展览的顺利举办，还要求保洁服务管理配合特装搭建管理从控制污染源头、降低能源消耗、加强资源回收处理三个方面对绿色会展的发展起到更好的引导和促进作用。可尝试推行的措施包括三方面：一是推行展览垃圾分类。在展览区域内摆放分类垃圾容器，引导顾客在扔垃圾前进行垃圾分类，强化绿色环保意识，减轻后期垃圾分类负担。二是利用惩罚机制约束垃圾排放量。制定阶梯式的统一垃圾处理费用标准，限定最高排放量，超过部分将按较高标准进行收费，以此强化绿色环保意识，促进环保工作有序进行。三是加强垃圾的循环利用跟踪。可回收的会展垃圾包括废弃板材、地毯、塑料、金属、玻璃等，目前很多展览存在保洁、保安人员或其他人员违规私藏私售可回收的展览垃圾现象，该状况不但影响展览秩序，还降低保洁单位的垃圾回收收益，增大保洁服务运营和管理成本。

因此，如何有效加强垃圾统一回收管理以及循环利用处理跟踪，是保洁服务单位需进一步提升的技能。资源回收处理的另外一方面是指废弃展品的回收。一直以来废弃展品都被当成展览垃圾进行统一处理，而这部分物品中很多是商家带到展会上进行展示的完好无损的新产品，直接当垃圾处理不但损坏了产品的使用价值，而且容易被不法商贩倒卖给生产商进行仿制。为了提高展品的利用价值，在不侵犯知识产权的前提下，展馆或展览主办机构可考虑通过统一的部门对参展商同意售卖的废弃展品进行统一回收和出售。

（二）市场的扩大要求保洁服务商更专业化、规模化、精细化

会展保洁服务市场的发展情况与保洁行业的整体情况一致，主要存在如下问题：一是服务公司专业度不高、管理水平参差不齐。目前，展览保洁服务公司多由市政保洁、商业或物业保洁等服务公司兼营，有的甚至是临时组建的服务队伍，具有展览保洁专业服务经验的公司较少；中层及以下服务人员现场运作起着至关重要的作用，目前该部分人员文化水平相对较低，主要凭借习惯观察和经验积累去分析解决问题，管理方法难以得到提升。二是从业人员严重不足。由于保洁服务业缺乏市场认可的价格服务体系，在激烈的市场竞争中，众多保洁公司为了保市场，采取牺牲员工福利待遇的低价策略，导致行业吸引力较低，人员流动性较大，影响服务品质。三是同业间的低价竞争扰乱市场秩序，低门槛造成保洁企业良莠不齐。随着各地展览馆及展览项目的不断扩张，展览保洁服务的需求也在不断增大，对展览保洁服务商来说，"如何通过规模化获取市场利润""如何通过专业化建立品牌效应，扩大市场占有率""如何通过精细化管理降低管理成本""如何通过提高机械化程度降低人工成本"，是市场发展形势下提升竞争力的突破口。

（三）展馆对保洁服务的管控将进一步加强

展馆加强保洁服务管控将表现在三个方面：一是进一步加强过程管理、控制服务成本。在管理过程加强原始数据的记录和积累，如根据不同展览的类型、人流情况、规模等，分类汇总记录投入劳动力数量，人流工作量高峰出现时段等信息，为进一步的决策和调整提供翔实依据，根据实际情况适度调整管理方式，减少过度服务，实现效率最优。二是依靠市场竞争机制不断促进保洁服务商提升服务质量。如建立保洁服务商数据库，逐步引入"保洁服务准入"机制，将规范化、标准化的品牌服务商引荐给展览主办机构，或为更换服务商做充足准备。三是加强保洁服务与上下游服务环节的信息衔接，

提升整个服务链条的效率，寻找行之有效的服务办法。与特装展位搭建服务联系起来，进一步解决如何减少废弃特装板材垃圾、促进绿色布展问题，与展品搬运服务联系起来，进一步优化展览筹撤展时间及流程安排等。

第九节 交 通 服 务

展会交通服务，广义而言，应包括展会对交通组织服务与物流服务。由于本章第三节已对物流服务进行详细的介绍，本节所指交通服务仅为展会现场交通组织服务，包括交通工具组织、交通组织规划和实施及停车场服务。

一、交通服务的特点

受会展活动特性的影响，会展交通服务比一般交通服务对系统性、计划性、整体性有更高的要求，也是会展交通服务的三个重要特点。

（1）系统性。展会交通服务是一个系统工程，从客、货运交通工具的组织，到行车（人）路线规划和引导，停车场管理和调度，车辆人员疏散，任何一个环节脱节，都会导致交通不顺畅，直接影响展会的筹撤展进度与现场客户满意度。

（2）计划性。展会交通服务，受展会车、人流高度集聚的特点和展馆内外交通及停车场基本情况的因素的影响，根据展会周边地形，设计详细的方案规划是有效组织人流物流，应对高度集聚所导致的交通瘫痪风险的重要措施。

（3）整体性。展会交通服务的实施过程涉及多个单位，如主办单位、场馆方、主场承运商和当地交通主管部门等，需要各单位相互协调、配合，共同为与会客商提供周全服务，才能保证交通顺畅，创造良好的交通环境。

二、交通服务项目与实施要点

交通服务的价值体现在展会过程中各个环节的运作效果和各个服务项目的实施情况，主要由主办单位和场馆方共同实现。主要服务项目和内容描述及实施要点见表3—8。

表 3—8　交通项目内容及实施要点

	服务项目	服务内容描述	实施要点
筹撤展期间	岗位安排和培训	根据交通组织方案安排岗位及人员，并明确各岗位工作职责	
	临时交通导向标示设置	在主要路口设置醒目的交通导向标示，方便货车按要求行进	
	临时交通设施布置	根据现场调度需要，在停车场及展馆内货车通道布置相应临时交通设施，引导车辆各行其道	
	交通指引和调度	各岗位联动，完成车辆指引、放行、集结轮候、调度、进入展厅作业至离开展馆。保证车辆按指定线路进场，在指定区域集结，到指定区域作业，并按指定线路离场。 指引特装材料车辆与展品车辆在轮候时，分区停放。 车辆轮候时，指引车辆按展厅分区顺序停放，方便调度	在实施过程中，需要交通管理人员保持与主办单位（主场承运商）工作人员、展厅安保人员的实时联动。部分展馆由于展厅空间限制，无法容纳大型货车进入展厅装卸货物，这就需要在停车场地规划时预留装、卸货区
开幕期间	岗位调整	根据开幕期间的工作要点，调整岗位及人员安排，并明确各岗位工作职责	
	临时交通导向标示调整	调整指引开幕期间车辆进场的交通导向，方便开幕期间车辆识别交通路线	
	临时交通设施调整	调整停车场及展馆内通道临时交通设施，引导车辆按线路行进，各行其道。	
	车辆、人员的指引、疏导和离场疏散	根据车证标示，区分不同车辆的行车通道，并做好指引。 人、车混进的出入口，应布置相应设施，做好人车分流	要确保重要嘉宾行车通道和救援通道畅通
	停车场收费和管理	根据车证标示，区分免费车辆和收费车辆，并指引其分区停放。 指引车辆规范、整齐停放。 及时向外通报停车场车位余量。 安排人员进行安全巡查。 在闭馆高峰期安排足够的收费员	应在停车场入口醒目位置，设置由物价局核定的停车场收费价目牌

三、交通服务实施的注意事项

场馆方相对而言熟悉展馆及周边的交通基本情况，了解当地的交通管理措施和交通状况；《大型群众性活动安全管理条例》规定展馆方应承担保障疏散、救援通道及停车场秩序的义务；此外，交通服务是否畅顺也是展馆给与会人员的重要印象。因此，展馆方应当全程为展会主办单位和与会客商提供服务保障，确保展会交通组织顺畅。

（1）场馆方应与主办单位提前就交通组织相关事宜进行对接，了解展会的车、人流特点，掌握主办单位的服务需求，有的放矢，为保证展会期间交通组织的顺利实施，做好必要的前期准备工作。

（2）场馆方应向主办单位提供展馆内部及周边的交通图、停车场基本情况、周边交通基本状况等资料；并对展会的交通组织方案提供合理化建议，确保主办单位预期的交通组织效果的达成，明确车证和交通指引标示设置，交通线路和停车规划，以及筹撤展货车进场的时间节点。

（3）场馆方应向主办单位提供展会交通组织负责人，并会同主办单位等形成相关联系人联络名单，建立有效沟通机制。

（4）场馆方应协助主办单位协调、联系当地有关单位的支持，包括协助协调当地交通管理部门调派力量加强展会期间展馆周边的交通管理和疏导，规格高、规模大的重要展会甚至协调对展馆周边路段在关键时段进行必要的交通管制，协助其联系当地的汽车租赁公司及地铁、公交、出租车等公共运输单位，为展会提供运力支持。

（5）场馆方应准备必要的交通临时设置，如铁马、水马、雪糕筒、警戒带等。

（6）场馆方应根据交通组织方案，准备相应的停车场地及场地配套设施。特别是对于规模较大的展会，在筹展期间需要安排货车进行二次轮候的，需要提前在展馆周边协调、准备好轮候场地。

（7）场馆方要根据已经制订好的交通组织方案和车证样板，在内部进行横向和纵向的传达，提前做好内部衔接工作。

案例：

提高筹撤货车在展馆内运转效率

筹撤展期间，往往会出现由于现场作业工人不够，导致某些货车长期滞留展馆内，长时间占用了筹撤展期间展馆内极其宝贵的停车资源，降低了货车的整体运转效率。如何提高筹撤货车在展馆内运转效率，中国进出口商品交易会展馆为我们提供了很好的范例。

一年两届的中国进出口商品交易会，每届分三期举办，每期展览面积约36万平方米，但期间的筹撤展时间仅有72小时。除了主办单位本身拥有丰富的运作经验和成熟的管理团队外，它在整个过程中划分了严格、细致的时间节点，尤其是撤展阶段，主办方会制定严格的时间节点要求，同时会对不能按时间节点完成撤展工作的特装施工单位进行扣分（广交会的特装施工单位需进行资格认证，每届会对所有特装施工单位进行评分，总分不足60分将予以取消认证资格），从而约束特装施工单位主办方的进度计划，按时完成撤展工作。

国内有些展馆则采用另一种经济杠杆进行约束，即筹撤展车辆进入展馆前需办理停车卡，卡内充值300元。从车辆刷卡进入展馆起计算，三小时之内停车作业免费，超过三小时则开始以时间和单价同步递增的方式来收取停车费。

第十节　设备设施保障服务

设备设施保障服务，具体指展馆方以现有设备设施为基础，通过挖掘客户刚性需求及隐性需求，在展览或会议活动期间，为客户提供包括信息发布、电梯、空调、给排水、照明、供配电、音响广播、基建设施等一系列设备设施的综合运行、运行保障及安全保障的综合性服务。设备设施服务存在于展馆的每一个角落，是其他各项服务的载体，覆盖展厅区域、功能区域、配套服务区域。综合性、系统化、高规格、适应性强的设备设施保障服务，不但可以增加展馆内部设备设施保障工作的协调性，还可提高展馆的办展水平以及展览的品质，提升客户的满意度。由于展馆设备设施一般涉及供配电、照明、空调、电梯、给排水、智能化、通信、会议音响、公共广播、基建设施等多个专业，设备设施存在多种类型，分布分散，具有点多、线长、面广的特点。其中，一部分设备直接面向顾客提供现场服务，另一部分设备则提供有效服务支持，二者不可或缺。下文我们将介绍展馆设备设施服务的主要环节。

一、根据展览需求制订设备设施运行方案

为简洁、明晰、直接地描叙展览在设备设施运行方面的需求，展馆相关服务部门一般通过编写综合性的设备设施运行表来开展实际运行（见图3—11）。

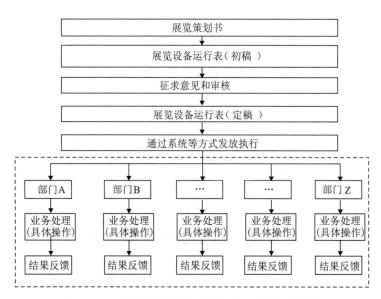

图3—11　某展馆制订设备设施运行方案及发送流程

综合性的设备设施运行表通过共享设备设施使用信息，充分调动各专业技术人员，科学统筹安排各类设备设施的运行、维护、维保等工作，确保展馆设备设施的安全、平稳、高效、节能运行，它必须具有以下三方面的功能。

其一，为现场设备操作人员提供清晰的设备运行需求信息，提高设备设施运行服务的标准化、规范化。

其二，现场工作人员可参照设备运行表反馈现场设备故障信息，以加强设备运行服务过程的反馈和质量控制。

其三，各级主管人员可根据设备运行服务需要，及时合理调整设备运行、维护、维保、展前巡检等各项工作，可在有限的人力情况下，较好地处理展馆运营及设备设施维护等工作的关系。

在设备设施运行表编写过程中，应充分挖掘顾客需求，在掌握顾客需求基础上编写设备运行表。总的来说，展览在设备设施方面的需求分为两类：一种是显性需求，即展览区域所涉及的电梯运行、广播、信息发布、照明等服务内容。以广播服务为例，在展览开幕式时段，应禁止播放除主办方要求内容之外的广播，展览开幕期间每日闭馆前播放加长版清场音乐，展览全过程每日定时播放安全注意事项广播等。另一类是隐性需求，需通过展览的具体安排、展馆的设备设施环境以及展客商的行为习惯进行分析。比如，展馆如设置有多个就餐区域，就必须根据展览所使用的展厅位置开启从展厅到指定就餐区的电梯、照明、指示、广播等；展览有加班筹撤展情况，还要根据加班时段，结合本地日落时间及现场照度，适时开启外围车道、布展车道、广场等布撤展车辆通行及装卸货区域的照明。

二、设备设施保障服务的实施

（一）合理进行设备维护、维保、展前设备巡检工作，保障设备处于正常状态，为设备运行表的顺利执行提供条件

各级设备主管工作人员根据展览排期信息，判断每月设备运行服务情况，以现场服务正常提供为目标，合理调整和进行设备维护、维保、展前巡检等各项工作，保障设备处于正常状态，为设备运行表的顺利执行提供条件。

直接面向顾客提供现场服务的设备类别至少有电梯、广播、空调、门禁卷闸（送断电）、车场通风、信息发布、照明、遮阳卷帘共计 8 类，相关主管工作人员需熟悉所管辖设备的状态，合理进行设备维护、维保、展前设备巡

检工作，完善各类维护、维保、巡检等工作表格，及时处理发现的问题。此外，对于另一部分提供有效服务支持的设备，也要重视以上工作。

（二）工作人员熟悉各类应急规范及应急预案，日常加强演练，确保现场服务不中断

根据现有的各类应急规范、应急预案，各专业设备系统及服务公司必须定期组织工作人员进行演练，使工作人员熟悉规范以及应急操作的流程，在设备运行过程中，通过及时启动对应的应急预案，保障现场服务不中断。

（三）各专业系统、服务公司根据设备运行表，合理调配人力，监控设备运行过程，及时排除设备故障

设备运行表制定定稿后，发送给各相关部门，确保现场操作人员获得清晰的设备运行安排要求及指令。各专业系统、服务公司根据设备运行表，判断设备运行的区域、时段的重要性，按轻重缓急统筹调配人力。一方面要确保设备按时正常运行，一方面也要密切监控设备运行状态，及时排除设备故障（设备故障信息，根据来源一般分为主动监控获得类和现场使用者报障类两大类）。

（四）质量检查

成立质量检查小组，在组织上保障设备运行表落实执行，质量检查小组负责对各专业系统、服务公司的设备维护、维保、展前巡检等各项工作进行监督检查，及时处理问题。

（五）工作总结

立足展馆设备设施现状，通过分析挖掘客户需求，制定综合性的设备运行表对接内部工作与客户需求，展后分析总结服务过程存在问题，不断优化。工作总结，是为了更好审核策划书，形成更直观可行的运行表，探讨更具体有效细化的实施方案，更深层次处理好实施中的故障，更快发现和启动相应的应急预案。

案例：

某展馆设备设施运行

1. 解读展览策划书，抽取有效信息，了解展览概况，掌握节点安排。

展览策划书信息提取

日期：2013 年 2 月 24 日起至 2013 年 2 月 28 日。

使用地点：相关展厅。

筹展、开展、撤展时间：

筹展时间：2 月 24 日—25 日每天 9：00 至 17：00。

开展时间：2 月 26 日至 2 月 28 日每天 9：00 至 17：00，2 月 28 日 9：00 至 12：00。

撤展时间：2 月 28 日至 12：00 至 17：00。

◆ 筹展、参展、撤展人员入场、离场时间

筹展：

2 月 24 日至 2 月 25 日 9：00，筹展人员、车辆入场；

2 月 24 日至 2 月 25 日 17：00，筹展人员、车辆离场。

开展：

2 月 26 日 8：30，参展商、观众入场；

2 月 26 日 16：45，参展商、观众停止入场；

2 月 27 至 28 日，每日 9：00，参展商、观众入场；

2 月 27 日 16：45，参展商、观众停止入场；2 月 28 日 12：00，观众停止入场。

撤展：

2 月 28 日 12：00，撤展人员、车辆、工具入场；

2 月 28 日 17：00，撤展人员、车辆、工具离场。

◆ 开幕式或会议等特殊要求

2 月 26 日 9：30 举行开幕式，要求关闭一切广播。

---

2. 分析顾客需求，编写设备运行表。

策划书中明确提出设备设施运行的显性需求包括以下几个方面。

（1）各类广播的运行安排，包括开幕式期间停止播放一切广播，每日闭馆前 15 分钟播放加长版本清场音乐，筹撤展及开展期间播放安全注意事项广播。

（2）各类电梯的运行安排，包括开幕式期间开启贵宾通道扶梯，开幕期间开启各展厅、公共服务区域扶梯，开幕期间开启公共服务区域自动人行道梯。

（3）信息发布运行安排，筹展期间播放卫生指引内容。

（4）照明设备运行安排，包括××展厅26—28日关闭照明的运行安排，如相关展厅筹展、开展、撤展期间的展厅照明运行安排。

隐性需求包括以下几个方面。

（1）参展商、现场工作人员到快餐区就餐，从公共服务区域搭乘扶梯到负一层快餐区，必须安排开启快餐区扶梯。

（2）在展厅及公共服务区域播放餐饮广播，在快餐区营业时段安排播放安全注意事项广播。快餐区营业时段需要开启空调。

（3）公共区域及快餐区对外开放时段开启相关区域洗手间排风照明等。

（4）每日开馆前15分钟左右开启展厅、公共服务区域、快餐区的卷闸门电源。

（5）展览期间安排开放地下停车场，开启车场通风。

3. 编写展览运行表

某展览会设备运行表见表3—9。

表3—9 某展览会设备运行表

序号	设备类别	设备名称	开启日期	开启时间	关闭日期	关闭时间	运行安排	服务要求/备注
1	电梯	1—8号扶梯	2013年2月24日至27日	11：00	2013年2月24日至27日	15：00	开启	1. 负一层快餐区供餐，展厅筹展，开启公共服务区至负一层扶梯。2. 只开东面扶梯
2	电梯	1—6号自动人行道梯	2013年2月26日至27日	08：15	2013年2月26日至27日	17：00	开启	
3	广播	1—4号展厅、公共服务区	2013年2月24日至28日	11：00	2013年2月24日至28日	14：00		餐饮广播（一次/半小时）
4	广播	快餐区	2013年2月24日至28日	11：00	2013年2月24日至28日	14：00		安全注意事项广播（一次/1小时）
5	广播	1—4号展厅、公共服务区	2013年2月24日至28日	09：30	2013年2月24日至28日	16：30		1. 安全注意事项广播（一次/1小时）。2. 开幕式（26日09：00—10：30）期间停止所有广播。3. 开幕期间半天播放一次安全注意事项广播

序号	设备类别	设备名称	开启日期	开启时间	关闭日期	关闭时间	运行安排	服务要求/备注
6	广播	1—4号展厅、公共服务区	2013年2月24日至28日	16：45	2013年2月24日至28日	17：15	清场音乐	
7	空调	1—4号展厅、公共服务区	2013年2月24日至28日	08：30	2013年2月24日至28日	17：00	洗手间排风	
8	空调	快餐区	2013年2月24日至28日	11：00	2013年2月24日至28日	15：00	开启空调	
9	门禁卷闸	1—4号展厅、公共服务区、快餐区入口卷闸	2013年2月24日至28日	08：45	2013年2月24日至28日	08：55	送电	请门卫在卷闸送电期间到岗和通知断电
10	车场通风	室内车库	2013年2月24日至28日	08：00	2013年2月24日至28日	18：00	开启	1. 隔台开启车库通风；2. 按门卫现场工作需求调整
11	信息发布	公共服务区东西大屏幕	2013年2月24日至25日	09：00	2013年2月24日至25日	17：00	播放卫生指引	
12	照明	1—4号展厅、快餐区	2013年2月24日至25日	08：50	2013年2月24日至25日	中控通知	筹展模式	1. 包括展厅南北入口、一层展厅上公共服务区域楼梯通道照明；2. 按现场需求情况调整
13	照明	1—4号展厅、快餐区	2013年2月26日至28日	08：20	2013年2月26日至28日	中控通知	开展模式	1. 包括展厅南北入口、一层展厅上公共服务区域楼梯通道照明；2. 按现场需求情况调整
14	照明	1—4号展厅、快餐区	2013年2月28日	12：00	2013年2月28日	中控通知	撤展模式	
15	照明	贵宾通道	2013年2月26日	08：00	2013年2月26日	12：00	开启	
16	照明	停车场	2013年2月24日至28日	08：00	2013年2月24日至28日	18：00	开启	
17	遮阳卷帘	展厅遮阳卷帘	2013年2月24日至28日	00：00	2013年2月24日至28日	24：00	降下	1. 降下展厅遮阳卷帘；2. 根据展会要求调整

第十一节 餐饮服务

会展餐饮服务是指在展会期间，由餐饮单位为参展、参观人员等提供餐饮产品的一系列行为的总和。服务内容包括咖啡、快餐、茶歇、酒会、宴会等。餐饮服务是会展的主要配套服务之一，无论是组展方还是展馆方，都要预先根据展会的客户需求提前做好餐饮方案，尽早与场馆和供餐单位联系。做好餐饮配套服务，不仅有利于满足参展客户的饮食需求，更有利于提高服务满意度，提升展会的竞争力。

一、餐饮服务特点

(一) 食品卫生安全要求高

展览属于短时间内人流高度集中的大型活动，社会影响力大，涉及面广，对餐饮食品卫生安全的要求非常高。根据《重大活动餐饮服务食品安全监督管理规范》要求，会展餐饮单位的餐饮服务食品安全监督管理量化分级必须达到 A 级，比普通餐饮服务的要求高。

(二) 脉冲式客流高峰

展会客人就餐时间集中，用餐高峰一般集中在中午 11 点半到下午 1 点半之间。供餐量大，以广交会为例，每届广交会的就餐人次高达 80 万人。这对餐饮单位的供餐能力、服务能力、食物质量提出了很高的要求。同时，对展馆的硬件及软件要求也很高，需要具备足够的就餐位和排队等候区，现场必须安排足够的工作人员维持秩序。

(三) 供应量不确定

展会餐饮供应量受观众人数的影响，很难预计。虽然可以根据历史数据预估供餐量，但受经济环境、展会效果、天气、客户构成等多种因素的影响，而且受硬件条件限制，如果备餐量不足，现场很难补充，如果备餐量很大，又会造成浪费。所以，无论是组展方、展馆方，还是供餐单位，做好供餐计划有相当重要的意义。

（四）食物口味需求多样

参展客户群体来自国内、国外各地，口味各异，对食物种类、口味要求多样。会展餐饮服务必须全面兼顾各类消费人群的就餐需求，尽可能提供多元化的餐饮服务。以广交会展馆为例，馆内提供了中式快餐、清真风味快餐、印度风味快餐、台湾风味快餐、素食快餐、烧腊风味快餐、粤式煲仔饭风味快餐、西式快餐、中西式自助餐、特色商务套餐、面食、比萨饼、咖啡、奶茶、糕点、定型包装饮品等，口味丰富，选择多样。

二、餐饮服务供餐方式

会展供餐方式包括现场制作和场外配送两种。

现场制作即展馆现场提供厨房设备，食物的加工制作在展馆内完成，即做即销售。该方式的优点在于食物出品好，口感佳。缺点在于备餐时间长，供应量有限，难以满足短期就餐客流高峰。

由于受展馆硬件条件限制，很多展览场地现场明火加工设备不足，而且供餐量大，所以展会快餐主要以配送方式提供，即指餐饮单位在展馆外设置中央厨房进行食物加工，加工完成后再将食物通过冷链或热链配送的方式运送至展馆销售。冷链配送是指将饭菜在中央厨房煮熟后快速降温，运到展馆后再通过复热设备加热销售。热链配送指将饭菜在中央厨房煮熟后加温保温，再运至展馆直接销售。两种方式各有优劣，场馆方可根据实际情况进行比较选择。热链的优势在于口味，不足之处是由于热链饭盒是封闭的，里面的食物时间长了容易发生霉变，产生细菌指标超标，消费者就不能食用了，所以热链快餐讲究速度，不利于存放。相比之下，冷链更便于运输，现场备餐时间短，供应量大，方便及时补充，卫生安全，适合展会的供餐特点，但口感欠佳。随着加工复热设备的不断改良，通过冷链配送再通过现场加热设备复热的食物，逐步克服口感问题，适应展会配餐需求。

三、餐饮服务组织与管理

（一）资质条件

根据《重大活动餐饮服务食品安全监督管理规范》的要求，主办单位应当选择符合下列条件的餐饮服务提供者承担重大活动餐饮服务保障。

（1）餐饮服务食品安全监督管理量化分级 A 级（或具备与 A 级标准相当的条件）。

（2）具备与重大活动供餐人数、供餐形式相适应的餐饮服务提供能力。

（3）配备专职食品安全管理人员。

（4）餐饮服务食品安全监管部门提出的其他要求。

（二）组织方式

由于餐饮服务发展成熟，会展餐饮服务一般由专业的餐饮服务单位提供。为方便统一管理，通常展馆会有指定的符合资质的餐饮服务供应商供给组展方选择。

（三）工作流程

工作流程见表 3—10。

表 3—10　工作流程

时间段	主要流程
展前	根据参展、参观客户的构成，制订餐饮服务工作方案，包括预估就餐人数、供餐品种、供应时间、供餐地点、工作餐预订、预算等。 与展馆方沟通协调，选择合适的服务供应商，重点考虑服务供应商的食物品质、供餐能力、服务水平等。 办理相关进场手续。 提前布置餐饮场地，做好导向指引工作
展中	派员管理供餐现场秩序。 并开展客户满意度调查
展后	结算。 对餐饮服务组织工作进行评估与总结

四、餐饮服务组织经营方式

随着会展服务专业化的发展，餐饮配套服务市场的成熟，由专业餐饮服务供应商提供会展餐饮配套服务将会成为趋势，这将更有利于满足展会客户多样化的餐饮需求，使组展单位能集中精力发展核心竞争力。

一般展览的餐饮服务由展馆提供，而展馆根据自身条件和经营定位，主要有以下几种组织经营方式。

（1）自营模式，即由展馆出资，自行经营管理。香港会议展览中心、香港亚洲国际博览馆均采取自营模式。该模式优势在于展馆方可控制出品质量，保持服务水准，提高经济效益；劣势在于展馆投入大，需出资建设厨房、餐厅、聘请厨师和服务员，存在一定经营风险。

（2）租赁模式，即展馆出租场地给专业餐饮单位经营，展馆收取固定场租。南宁国际会展中心采用租赁模式。该模式优势在于展馆投入少，收入相对稳定，经营风险低，且有一个年增长率的预期；劣势在于展馆方对于出品质量难于控制，且场租未直接与经营业绩挂钩，当经营环境在逐步改善、经营处于上升期的时候，不能与经营单位分享收益。

（3）合作经营模式，展馆提供场地，由餐饮单位负责经营，双方按一定比例合作分成。深圳会展中心采取此模式。该模式优势在于有利于展馆方掌握供餐单位经营信息，合理评估供餐单位的盈利状况，并享受营业额增长带来的利润收益；劣势在于展馆方收入不固定，易受供餐单位经营情况影响，经营风险及管理成本较高。

上述经营模式各有优劣，展馆可结合自身的软、硬件条件、市场环境、供应商能力等条件，评估选择。但无论采取何种模式，服务质量还是首先要考虑的问题。所谓众口难调，餐饮服务是众多会展服务中比较难取得高客户满意度的一项，做好餐饮服务，不仅要让客户吃得饱，还要吃得好、吃得健康。

五、服务质量控制

大型展览会期间，由于客流量大，服务供应商多，所以对餐饮服务质量控制尤为重要，特别是食品卫生安全，必须对馆内销售场地和馆外加工场地进行严密监控，从食物的原材料采购、储存、加工、销售、留样等多个环节全程严格管理、规范操作。

（一）服务质量检查

重点检查以下几个方面：

（1）餐饮服务许可证检查，包括食品安全量化等级、有效期、经营范围等。

（2）制度及人员管理情况检查，包括餐饮服务单位是否建立食品安全管理组织、制度，是否安排安全管理人员，并落实对从业人员执业资格、健康情况、操作规范的管理。

（3）场所卫生和设施设备情况检查，包括加工经营场所的清洁情况，设施设备的运作情况。

（4）食品及食品原料采购、储存、经营和使用情况检查。

（5）食物加工操作情况检查。

（6）专间情况、餐饮具洗消、食品运输、食品留样等情况检查。

（7）消防安全检查。

（8）服务管理检查。检查菜色的质与量、食物价格、服务人员仪容仪表、服务态度、用餐秩序等。

（9）严格监控食物供应途径，防止外送食物进入展会。

（10）应急处理检查，服务供应商要做好突发事件应急处理预案。

（二）服务质量评估

餐饮服务质量的评估方法包括直接评分和客户调查。直接评分指按上述内容制定检查表，逐项评分。客户调查是通过向客户发放调查问卷等方式，了解客户对餐饮服务质量的评价。

（三）应急处理

会展餐饮服务食品卫生安全工作以常态预防为主，做好应急准备。组展方应建立详细的餐饮服务应急预案，组织专门的卫生保障机构负责整体餐饮服务保障工作，明确分工和处理流程。一旦遇到突发事件，应遵循以下流程进行处理：

（1）立即将情况报告卫生保障机构。

（2）卫生保障机构成员根据应急预案按分工开展工作。

（3）核实事故发生时间、地点、涉及人数、可疑食品等，立刻通知医务人员展开救治，并通知餐饮经营单位负责人到场。

（4）对事故源地实行强制管理，封存造成食物中毒或者可能导致食物中毒的食品及其原料、工具、设备和现场（包括餐饮经营单位的生产加工场所），着手进行调查，并采取必要措施，把事态控制在最小范围。

（5）组织力量恢复正常服务工作。

（6）彻查事故原因，追究相关责任。

（7）组织相关部门及餐饮经营单位开会，总结经验教训。

第十二节　商务、通信、金融及邮政服务

商务、通信、金融及邮政服务是商贸型展览会的必备服务，直接服务于展客商的商业贸易需求，这三类服务专业化程度较高，需要相关的专业机构才能提供，因此，一般由展馆通过长期协议的方式引进优势商家或单位驻会服务，本节我们将从展馆的管理角度出发，简单介绍这三类服务的相关信息。

一、商务服务

会展商务服务是指在会展期间，由商务配套服务单位为参展客户提供名片制作、复印、传真、打印、办公商品销售等商务配套服务。商务服务一般由展馆提供，组织方式包括自营、合作联营、外包三种。自营即展馆自行投资组织人员提供服务。合作联营即展馆与服务供应商合作经营，按一定比例分成。外包即展馆提供场地，完全由服务供应商经营，展馆收取管理费。

由于商贸型展会中展客商的交流建立于商业交流之上，需要频繁交换名片建立生意关系，打印复印、传真等需求量也相当大。商务服务的驻会服务则因应这一需求产生。会展商务服务需要充分考虑展客商的需求，尽量设置在便利双方使用的位置。例如，广交会展馆的商务服务点设置在每一个展馆的进出口处，使展客商在 3 分钟的步行距离内即可获得服务。

二、通信服务

会展通信服务主要包括固话通信服务、网络服务。通信服务的稳定为展馆的信息化、高效性、便捷性提供了保障，是与会的参展商、观众和相关人员拥有沟通无障碍的体验。其中，有线与无线固话服务的提供主要依托电话亭实现，在展馆内设置电话通信点，展客商可通过投币等方式获得服务。但随着移动通信技术的进步，固定电话的服务需求量已经越来越少，现在不少展馆已经不提供这一服务。

目前，展馆的网络服务主要通过有线网络通信服务以及无线网络服务提

供。有线网络通信服务依托 ADSL 专用线路提供，展馆为展客商设置上网点，配备电脑设备以及高速有线网络，满足展客商的上网需求。一般而言，有线网络通信服务设置在电子商务点中，与打印复印等商务服务进行整合管理。无线网络通信服务是近年来新兴的通信服务，以无线网络覆盖办展范围，展客商可通过手提电脑以及智能手机获取网络，实现随时随地上网的需求，便利之余也大大缓解了有限网络服务的压力。无线网络服务以免费为主，也有部分展馆采用阶梯收费方式。

三、金融服务

会展金融服务指金融机构针对会展所提供的相关金融服务，包括现金存取、转账、理财、结售汇、外币兑换、外汇买卖、外卡取现、旅行支票兑付等业务。金融服务一般采取招标的方式，引入合适的银行机构在展览现场设置营业点，提供优质便利的驻会服务。同时，展馆也应设立一定数量的ATM 机，缓解营业点的服务压力，同时也大大提高了服务效率。

四、邮政服务

会展邮政服务是指邮政企业为会展提供的包括物流、速递、广告、函件、邮购、包裹、集邮等服务。邮政服务集物流、资金流和信息流于一体，网络覆盖全面。在商贸型展览会上，展客商会有寄送展样品、展品目录等邮寄需求。如今，邮政服务提供商已经越来越多元化，越来越多快递公司开始进入展会提供驻会服务。同时，邮政除了满足会展传统的快递、物流服务外，更可发挥其独特的网络优势，通过直邮等方式，帮助会展业扩大广告宣传途径和覆盖范围。此外，邮政可开拓会展门票、礼品等服务。

第十三节　卫生保障服务[①]

展览的卫生保障服务是展览顺利进行的重要保障，由于展览举办地是人

---

① 吴德平、王鸣、肖新才等：《大型展会活动公共卫生保障工作实践与体会》，《理论与实践》，2012 年第 3 期。

流密集的公共场所，发生公共卫生事件及传染病疫情的频率较高，因此，卫生保障工作显得异常重要，尤其对于大型的展览而言，卫生保障服务是至关重要的展览服务项目。展览的卫生保障服务包括传染病预防控制、食品卫生、环境卫生和突发公共卫生事件应急等内容。目前，普通中小型展览会的卫生保障服务侧重于食品卫生和环境卫生两方面，而大型展览活动的卫生保障服务覆盖面较广，且对传染病防控的要求越来越高。

各省市在重大活动卫生保障方面都有相应的规定和管理办法，展览活动在举办前应根据相关规定制订保障工作方案，比如广东省实行《广东省重大活动卫生保障暂行办法》，按分级管理原则将重大活动卫生保障分为三级，对卫生保障的内容及重点都进行了明确规定。广交会执行的是二级保障，由卫生行政部门统筹组织相关单位制订广交会卫生保障工作方案，并制订各类应急预案和工作指引。卫生保障内容包括监测、重点食品的餐检和留样，派出监督人员、医护人员、疾病控制人员驻点值班。为加强领导，明确卫生保障服务工作的责任，大型展览活动一般会设置专门的组织实施卫生保障管理工作。比如广交会成立卫生保障办公室，统一领导和指挥广交会卫生保障工作，制定卫生保障情况宣传口径。

在这一节当中，我们将以大型展览活动为例，介绍大型展览活动的卫生保障服务工作的开展要点。

一、传染病预防控制

（一）传染病风险识别

在大型展览活动之前，应搜集近期国内外和展览活动举办地传染病疫情态势，监测病种包括 SARS、禽流感、甲流、霍乱、登革热、疟疾等重点传染病。根据当前疫情态势和历史疫情资料，结合展览活动的特点，组织专家开展传染病风险识别，对可能发生的传染病疫情进行分析预测，并提出有针对性的应对措施。

（二）开展症状检测

每日对展馆内医疗救治点进行巡查，督导医疗点在所有就诊患者中开展发热、咳嗽、腹痛、腹泻、呕吐、皮疹等症状的监测，做好传染病病例的报告管理；通过症状监测及时发现相关病例，并通过追踪了解，进一步查明散在病例之间是否存在内在关联性和疫情聚集性，以便及时采取对应防控措施。同时，实施健康状况报告制度，形成全面覆盖参展人员的疾病监测体系。

（三）做好展馆高密度消杀工作

除"四害"消杀工作是展馆的常规卫生保障工作内容，在大型展览活动开幕前，展馆应结合每月常规四害密度监测，重点关注展馆和指定接待单位周边可能引起登革热的白纹伊蚊密度，并及时将监测结果反馈给有关卫生部门。此外，若遇传染病疫情，则需加强病媒生物控制，做好疫点消毒处理，并开展消毒后评估。

二、食品卫生管理

（一）对餐饮经营单位及从业人员的管理

一是加强卫生资质审查。由有关部门对申请进入展馆从事餐饮经营的单位严格进行卫生资质审查，所有进入大会食街经营的餐饮经营单位信誉度必须达到食品卫生监督量化分级要求。二是建立健全安全责任制。餐饮经营单位必须严格遵照国家有关食品卫生安全的要求，确保原料采购、储存、加工、销售及食品留样等各环节的严格管理和规范操作；须在各个环节建立责任制，严防不明人员直接接触原料辅料、容器、设备设施、食物成品或半成品，坚决防止人为致毒隐患，确保食品卫生安全。三是加强食品卫生安全知识和管理制度强化培训。在展览活动开幕前，对餐饮经营单位法人及从业人员宣传食品卫生安全知识，提高餐饮从业人员的安全意识。

（二）餐饮服务的现场管理

加强馆内食品质量动态监测，抽检指标不合格的食品品种立即停售，对被检不合格单位按规定处罚并责令整改；部分展馆还会要求与会人员在馆内只能食用统一提供的经过严格卫生检验的食品，以确保食品来源安全。此外，要注意餐饮区域的环境卫生，要求垃圾桶加盖，垃圾随产随清。

（三）应急处置准备

根据《中华人民共和国食品卫生法》和原卫生部颁布的《食物中毒事故处理办法》，提高应对突发食物中毒事故的能力，建立食物中毒事故应急反应机制，确保发生食物中毒事故时能迅速查明原因，及时采取正确的处置措施，有效控制事态的发展，降低事故损失，保障参会人员的身体健康和生命安全。一旦发现群体性的疑似食物中毒症状，应立即将情况报告有关部门，情况危急时以最快速度将中毒人员送往就近医院，同时组织力量核实事故发生时间、地点、中毒人数、可疑食物等内容，对事故源地实行强制性管理，迅速封存造成食物中毒或者可能导致食物中毒的食品及其原料、工具、设备和现场（含餐饮经营单位的生产加工场所），着手调查并采取必要措施，把事态控制在最小范围。最后，组织力量恢复工作、经营秩序，加强应急宣传，平息和防止谣传事件，保持稳定。

（四）事故善后处理

根据中毒原因，对有关食品、卫生环境、物品做出消毒和善后处理。化学性食物中毒或有毒动、植物引起食物中毒的有毒食品和原料，由卫生专业人员严格按专业要求处置；由于个别餐饮从业人员属禁忌证患者或病原携带者引发食物中毒的，应马上调离有关人员。食物中毒事故调查完毕后，对事故责任人依照相关法律法规规定进行处理，构成犯罪的移交司法机关。此外，还应加强监测，防止发生新的食物中毒事故。

三、环境卫生管理

（一）筹展期间

（1）开幕前对展馆内外环境进行全面卫生清洁，重点清理卫生死角和病菌容易滋生的地点，尤其须对贵宾接待室、会议室、餐饮服务区等重点部位进行清洁消毒作业。

（2）对展馆的设施设备进行全面清洁，比如空调机过滤网、新风房和送风排风管道等。

（3）全面清理、疏通展馆化粪池、下水道等隐蔽的区域。

（二）开幕期间

（1）加强各展馆、办公室、会议室通风，并对展馆内空气质量进行动态监测，确保馆内空气质量良好。

（2）保持展馆内日常环境卫生，对与手接触频繁的公共设施（如手扶电梯及楼梯扶手、洗手间水龙头、门把手、公用电话等）进行定时消毒。

（3）保持展馆外围环境卫生，重点对蚊蝇容易滋生的地点每天清理、喷药。

（4）展馆垃圾随收集随外运，垃圾桶要加盖密闭；垃圾池或垃圾集中点在开馆期间半封闭管理，每天晚上清运完垃圾后，彻底清洁消毒。

（5）加强个人卫生指引。展览活动可发送个人卫生保健指引等资料，向参会人员宣传个人卫生、疾病预防和诊治知识。要求参会人员注意个人卫生，身体不适应及时就医。

（6）做好交通工具的卫生清洁和消毒工作。

（三）重大活动期间

（1）加强对贵宾接待区域的机械通风，并采取其他必要的辅助措施去除筹备期间装修时遗留的异味，确保空气质量良好。

（2）重大活动举行期间，驻会医疗队伍全程进入戒备状态，配备针对高血压、心脏病、外伤等病症的医疗急救设备和药物，做好医疗急救应急准备。

四、医疗服务

会展医疗服务是指在展览期间，主办方在展馆内设立临时医疗点，为参展客商提供的简易医疗服务。每个会展或会展机构都要有合格的员工在场来处理紧急医疗事件，除了对正式员工及签约雇员进行事先培训，指导怎样应对紧急医疗事件外，还应当聘请合格的医护人员在观众入场、展览期间及观众退场时值班。具体要点如下：

（1）设置现场医疗服务点，聘请专业医生或引入专业团队进行驻会服务，为展客商提供及时便利的医疗服务。医疗点的设置一般由展馆负责，为了确保有稳定的医务人员到场，展馆倾向于选择与固定医院签署医疗进驻服务合同。

（2）医务服务点要有明显的标识和路径指引，位置设置合理，通风排气良好。一般情况下，医疗服务点面积不小于35平方米，并设有诊床、常用的药品和诊疗器具以及急救药械（包括小型氧气瓶或氧气袋等）、办公桌椅等设备。

（3）医疗服务点应张贴相关医疗机构以及医疗人员联系信息。

（4）主办方或场馆方应设立急救车辆专用通道和停车点，并配备备用救护车、消防车等相关应急服务，以备不时之需，同时主办方也需提前知会展览场地附近的医疗机构，以达到突发事件的及时与高效处理。

（5）展馆或主办方应对员工进行必要的培训，使其掌握基本医疗知识，协助解决突发性医疗需求。

第十四节　酒店及娱乐休闲服务

一、酒店服务

展览酒店接待服务水平已日益成为体现一个展会的服务水平和城市会展的发展前景的重要标志之一。具体来说，酒店服务对象包括展会主办方、参展商、观众等涉及贯穿到展会过程中的所有的人，为其提供住宿等解决方案。

（一）会展与酒店服务的互动发展关系

首先，在客源方面。会展具有人流量大的特征，为会展举办地的酒店提供了客源基础。随着会展水平的不断提升，参加会议和展览的人数不断增加，会展在其举办期间为酒店提供了丰富的商务客源，会展业的蓬勃发展对酒店业的强势拉动作用显而易见。会展期间参展人员及相关人员在举办地的住宿、餐饮、娱乐等都为办展地的酒店带来直接的收益，而且酒店在为会展人员提供服务的同时也为会展产生间接效应提供了物质支撑。

其次，在质量方面。作为一种新兴产业，会展对酒店业提出了更高的要求。一方面酒店业必须充分发挥其自身优势，加强硬件及软件建设以满足会展要求；另一方面，酒店业在与国际水平接轨的过程中也必须提高产品及服务质量，适应会展的新要求、新趋势。两者在相互协调中实现良性互动发展。

（二）选择接待酒店考虑的原则

随着商贸会展的不断发展，指定接待酒店的形式成为不少会展主办方整合酒店资源的重要方式。但这种形式将把会展与酒店的品牌捆绑，酒店的选择需慎重考虑，主要有以下原则。

1. 便利原则

对于大多数会议而言总是利用本酒店的会议厅室，很少存在距离问题。

而对于展览而言，酒店的选择就要求便于参展商和参观者与展馆之间的往来。一般选择距离展览场馆较近，便于抵达展馆的酒店，同时要求其具备良好的商业信誉。

2. 适宜原则

在选择指定接待酒店时，要根据参展商和参观者的需求层次，在高、中、低三类酒店中都做出选择。

3. 双赢原则

由于展览会主办方与酒店签订了合作协议，对于需要入住酒店的外地参展商和参观者而言，因展览会主办方的推荐，便于尽早预订酒店，早作安排；也可以优惠合理的价格获得比较周到的服务。而对于被指定的酒店来说，不仅有了固定的客源，也凭借展览会扩大了自身的影响。

（三）指定接待酒店的要点

（1）实地考察、调整。根据以上三个原则作实地考察，并根据每一届展览会举办期间各类酒店的服务质量，做出及时的调整。

（2）注重宣传和沟通。及时将指定酒店的有关信息告知展客商，如地址、联系方式、协议入住价格、酒店的地理位置以及与展览场地之间的交通指南等。

（3）掌握一些与住宿提供者谈判的技巧。无论是安排会议场所或者住宿，在一个非垄断竞争市场中会展主办方与供应者之间都有很多回旋的余地，也就是说有很多利益可以通过谈判来争取。包括应该充分掌握酒店可以减免或附送的项目。

（四）会展酒店服务发展趋势

1. 利用客户忠诚计划建立长期合作关系

对于国际大型连锁酒店来说，会展客户是它们非常重要的目标市场之一。随着越来越多的酒店加入这个高利润市场的竞争，这些酒店纷纷推出了面向会议、企业以及个人商务客人的忠诚客户计划，培养客户对酒店知名度的认可，并且纷纷开展了与会议主办方的各种合作。

作为整合资源服务的会展主办方，可以充分利用酒店的忠诚客户计划，有选择地挑选、使用和自身会议、展览品牌相契合的酒店，与其进行长期的合作。

2. 根据服务重点细分合作范围

会展酒店服务的市场细分程度越来越高，优惠的侧重点也有所不同。有的注重提供更多的增值服务，充分利用酒店自身的资源；有的倾向于和外部的休闲娱乐集团合作，为客户提供消遣时间的优惠选择；有的选择像航空公司或者租车公司等交通运输企业合作。

手中掌握大量客户资源的会议主办方，在选择酒店服务的过程中有着相对的优势。根据自身客户的特点，择其优者而选择合作。在具体的服务范围内为会展客户提供更个性化的服务。

二、娱乐休闲服务

会展娱乐休闲主要指在展览期间和展览之余，展客商在会展场馆周边或会展城市中所能享受到的娱乐休闲服务。主要包括旅游、体育运动、休闲类活动（购物、娱乐）等活动。会展娱乐休闲是满足商业客人会后舒解压力需求的重要配套服务，如今受到日益的重视，对提高展览附加值以及展馆的竞争力有重要意义。

会展娱乐休闲服务具有层次性、综合性、拉动性三个重要特征。

（1）层次性。会展娱乐休闲服务的提供往往具有明显的层次性，在空间上可以划分为馆内服务与馆外服务，在服务档次上需根据展客商的多元需求设置高中低档服务，在提供主体上可以划分为展览主办方或展馆、社会服务商、政府。各层次的服务提供需进行相应的协调，任何一个层次的缺失都将对展客商的满意度造成影响。

（2）综合性。这一特性受展客商的多元需求以及空间行为所决定。展客商从全国各地甚至是世界各地而来，在不同的文化和个人兴趣下，展客商对娱乐休闲的要求有所不同。因此，娱乐休闲服务的配套需考虑多种需求，设置多元化休闲服务。同时，因应不同的消费水平，休闲服务总体提供应综合多个服务档次，以满足各种需求。再者，由于商务繁忙以及庞大的工作压力，展客商一般会沿着展馆与酒店之间的活动轨迹开展休闲活动，因此展馆周边以及酒店周边商圈都是提供休闲服务的重要空间。近年来，会展综合体的概念越来越受到业界的认可与重视，逐步实施于新会展场馆规划以及旧场馆完善方案中。

（3）拉动性。娱乐休闲服务是会展活动对当地经济拉动的重要途径。中山大学罗秋菊教授团队曾对广交会对广州当地经济拉动效应进行评估，得出一届广交会对广州市的直接与间接效应合计 163.24 亿元（2008 年当时价），其中直接经济效应 55.26 亿元，间接经济效应为 107.98 亿元，直接效应与间接效应之比为 1：1.95①。其中，拉动最大的依次为：商务服务业、住宿业、批发和零售商务业、居民服务和其他服务业、餐饮业等。

按照提供场地的划分，会展娱乐休闲服务可分为馆内服务和馆外服务。

（一）馆内娱乐休闲服务

最常见的馆内娱乐休闲服务是馆内休息区、散步道、各类咖啡餐饮点，参展客商可在上述区域坐下来休息聊天、随意散步欣赏风景、品尝各类美食。除此之外，馆内的酒店还提供各类活动和娱乐设施，如乒乓球、网球、台球、游泳池、健身房、桑拿、美容美发、足道按摩、SPA、棋牌、网吧，等等。

（二）馆外娱乐休闲服务

馆外娱乐休闲服务主要是指展馆周边的酒店和各类娱乐休闲场所提供的服务。服务种类比馆内更齐全，可选择性余地更大。有时候展览主办方会与服务商有合作协议，为参展客商提供优惠服务。

三、礼宾服务

礼宾服务，由法语"Concierge"一词翻译而来，又可译为委托代办服务，该项服务目前主要应用于酒店行业，主要指酒店根据宾客需求提供一条龙服务，从宾客到达到离开酒店所在城市的一系列服务，包括接送、行李、市内活动等服务，这种全程贴身服务理念是服务模式的创新，也是未来服务业的发展趋势。对于展览会举办方来说，除了组织服务和物流服务等前期展览服务外，完善的贴身服务应该从客商到达展览城市的那一刻开始。从行为

---

① 罗秋菊、庞嘉文、靳文敏：《基于投入产出模型的大型活动对举办地的经济影响》，《地理学报》，2011 年第 66 卷第 4 期，第 487—503 页。

习惯的角度分析，除了参展参观的直接需求外，客商在展览城市享受的广义的礼宾服务内容还包括酒店住宿、交通、旅游、餐饮等，由于这些服务相对独立，我们在本章其他节也做了详细介绍，这里不再赘述。这里讲述狭义的礼宾服务，指客商在展馆范围内所享受的礼宾服务。

会展礼宾服务主要是以客户行为习惯为导向、以客户体验为目标的会展配套服务，相比一般的礼宾服务，更注重服务在展览过程中的针对性、有效性和及时性。常见的会展礼宾服务主要有以下几种呈现方式。

（一）迎来送往

客商迎送服务一般包括动态和静态两种，动态是指展览主办方为方便客商到达和离开展览现场，一般在展馆附近的公交枢纽或者展览所在城市的主要酒店、中心区域附近设置穿梭巴士，同时，可代客预订离开展览城市的往返程机票或车票，并提供宾客联络和咨询服务。静态是指展览主办方在展览现场设置信息咨询或者接待服务区，为客商提供面对面的咨询、指引以及其他服务。

（二）导向

除了上述的服务咨询和指引外，为使客商更迅速找到相应的展区及展品，展览主办单位会在展览城市主要区域、展馆附近区域以及展馆内的主要通道制作导向牌；同时，可通过电子商务平台、宣传单张、服务手册等媒介为客商提供展馆及展区指引。

（三）会议、活动礼宾服务

开（闭）幕式是展会中最常见的礼仪和庆祝活动。时间长、规模大的开（闭）幕式，需单独设主席台和座位；时间短、规模小的开（闭）幕式，一般选择站立举行，只需提前划分场地以便维持秩序。开（闭）幕式的舞台背板必须包含活动名称、时间、主办单位等信息，舞台四周应布置活动简介牌和场地平面图，附带悬挂横幅、标语、气球、彩带。主持台和发言台布置要简洁大方，照明、音频、视频等设备经专业人员调试后再使用。所有礼宾人员在规定时间点出现在预定位置，负责迎宾、引导、服务。

会议论坛服务礼仪是指从会议的筹备直至结束的一系列具体礼仪规范。不同性质、规格的会议论坛，要求也不尽相同。但无论何种会议和论坛，布置场地，安排座次都是首要环节。会场的大小要适中，位置要合理。座次安排要符合会议风格和气氛，讲究礼宾次序。此前我们在会议接待服务一节中已详细讲了相关的服务规范，这里只针对服务人员的工作重点介绍三个具体时间段的工作重点：一是会前服务。会议开始前，服务人员要对所有服务工作再次检查，物品是否齐全，设备是否正常，应急措施是否到位。来宾到来时，服务人员先请其签到，然后礼貌将其引入会场就座。来宾坐下后，递送茶水或水果，解答有关问题。二是会中服务。服务人员按照预定的程序提前做好准备。需要音乐或灯光配合时，应及时响应。及时观察来宾座位前的茶水情况，适时添加；不轻易走动，重要事情以纸条传递完成。三是会后服务。会议结束后，服务人员应保持热情，像欢迎来宾到来时欢送，并表达谢意。

（四）其他

现代化的礼宾服务，除了上述的一些常规服务内容外，有的展览还根据客商类型和特点设置了人性化服务内容，比如行李寄存服务、儿童看护服务、衣物存放服务等，这也是展览以及展馆彰显服务特色的重要标签。

第十五节　旅游及票务服务

会展旅游是借助举办会议、研讨、论坛等会务活动以及各种展览而开展的旅游形式，是一种商务旅游形式。广义的会展旅游是以会议和展览为目的的旅游，包括会议旅游和展览旅游等各种出于工作需要的旅游和奖励旅游。狭义的会展旅游指会议和展览活动的举办提供展会场馆之外的且与旅游业相关的服务，并从中获取一定收益的经济活动。会展中来自异地的主办者和参与者是商务旅游市场的重要组成部分——会展旅游者。他们与一般的休闲观光旅游者有所不同，商务洽谈是其最主要的目的，但旅游休闲服务在工作间隙参与，同时必不可少。

一、会展旅游票务服务的意义

会展与旅游之间是一种互动关系，即会展拉动旅游，旅游促进会展。会展活动与旅游活动之间有着内在的产业联系——会展旅游。由于旅游业的主旨非常简单，就是招徕吸引外来游客，这也是旅游业屡屡"进军"其他产业部门的根本动因，而会展活动中形成游客的主体来源就是会展代表及因会展活动而流动的外围受众，前者是会展旅游的核心，后者则有可能转化为观光游客，成为会展旅游的副产品，所以会展旅游者的形成是会展旅游发生发展的关键。

从旅游需求看，会展旅游是指特定群体到特定地方去参加各类会议、展览活动，并附带有相关的游览及考察内容的一种新兴旅游方式；从旅游供给看，会展旅游是特定机构或企业以组织参与各类会议、展览等相关活动为目的而推出的一种新型的旅游产品。会展旅游的关键是主体的"转化"，即将会展活动参加者及受众者变成旅游者，延长停留时间、提高综合消费。

二、会展旅游及票务服务优化的目标

会展旅游市场的深度开发要求会展与旅游业之间呈良好的对接关系状态，其终极标准是旅游业能够全程参与会展活动，会展旅游及票务服务之间的关系优化也应向这个目标努力。

（1）在市场营销上，会展企业应和旅游服务供应商协作，开展联合促销，即使是会展企业单独开展促销活动，也应将会展与城市及其周边的旅游资源和旅游接待设施结合起来。

（2）在客源预测上，会展企业应与旅游服务供应商联合开展调研和预测，以增强会议或展览对参展商的可信任程度，但两者的侧重点有所不同，前者侧重专业观众，后者侧重一般旅游。

（3）在配套服务上，旅游服务供应商应积极为参展商、与会者和观众提供"食、住、行、游、购、娱"等一系列服务，并尽量将丰富多彩的旅游节庆活动与大型会议或展览结合起来。最终形成一种"会展—旅游—会展—旅游"的良性循环。

三、会展旅游及票务服务互动发展效应

在会展与旅游的互动发展中，旅游是会展旅游发展的基础，旅游业的繁荣必将为会展活动提供更为完善的服务，加速会展业的发展。会展业的进步

可以优化社会资源的组合，带动其他行业更快的发展，也为旅游业带来更多的客人、更多的消费，延长客人的逗留期，增加旅游业淡季时设施设备的利用率。因此我们应该十分注重会展业与旅游业的互动性，利用他们的放大效应以谋求会展业、旅游业和会展旅游更快发展。

（一）资源整合的放大效应

会展设计行业众多，聚集放大效应明显，其资源整合功能的表现也是多方面的，由于旅游业也是一个综合性的产业，包括很多行业，同样具有整体效应，主要就旅游业中的酒店、旅行社和旅游景区与会展业的结合放大关系。

（二）形象提升的品牌效应

从会展品牌形成的基础来看，除了会展业本身的设施和服务外，会展品牌或是依靠有实力的产业经济，或是借助有号召力的城市形象，或是凭借旅游业在发展过程中所形成的吸引力，在长期的经营中根据客人的需求、依据市场的变化不断创新才逐步塑造起来的。

会展品牌的塑造可以提升展会举办地的知名度，尤其是知名展会，不仅为其他行业带来巨大商机，为旅游业带来更多的客源，而且还可扩大举办的对外影响力，改善社会环境，创造投资机会，带动当地经济的发展。会展业这种对其他方面所造成过的积极影响反过来又会促进会展业的进一步发展，经济的持续发展、健全的配套设施、完善的服务体系、良好的对外形象又可称为对外成功招展强有力的说服力工具。因此，会展业的发展有赖于会展品牌的形成，而品牌的形成有助于会展资源的深度利用。

四、会展旅游及票务服务发展模式

（一）设计针对性强的旅游产品

旅游产品含金量要高，必须是特色十分鲜明且知名度极高的精品景点。如西安市在"东西部经贸洽谈会"期间推出的"发现法门寺之旅"是成功的范例。法门寺供奉有世界上唯一的佛骨真身舍利，其出土文物均为稀世之宝。当时时值其刚移送台湾供奉之际，各大媒体都进行了大幅的连续报道，产生了轰动国内外的宣传效应。此时旅游服务供应商推出该项目，针对展客商需求与城市重要旅游资源，满足展客商的需求。

(二) 旅游产品多样化与个性化

来参加会展的商务客层次不一，各个层次的需求不同。如果旅游产品设计得过于单一，就会挫伤一些商务客的旅游动机。仍以西安为例，为了满足不同层次商务客的需要，西安市旅游局会同各旅游企业先后推出了个性鲜明的主题旅游线路等系列的产品。

旅游的日程安排有半日游、一日游、两日游、三日游等。如此丰富而灵活的旅游产品对于商务客会产生极大的吸引力，他们的选择余地增大，可以根据自己的需要和时间安排，选择相应的线路。这样就使得潜在的旅游市场变成了现实的市场，为当地的旅游业创造较高的经济效益。如果组织得好，举办一个展览会就会拓展为一个短期的旅游黄金周，其市场开发前景十分广阔。

(三) 会展期间加大旅游服务产品宣传力度

一般的大型会展都分为准备期、开幕期、会展期和会后期几个阶段。举办地要在这几个不同阶段进行大量的有针对性的广告宣传。尤其是准备阶段，广告宣传的攻势和手段最多，效果也最佳。一些企业在展览会正式开始之前营销合同就已签完，而参会只是为了进一步宣传企业，扩大产品的影响力。旅游企业应借此东风顺势而为，为旅游产品的宣传大造声势，并与会展公司联合起来进行宣传，将旅游产品的宣传工作渗透到会展的每一阶段，强化商务客的旅游意识，最终达到销售产品的目的。

五、旅游及票务服务趋势

(一) 会展业与旅游业有机对接

会展企业之间存在着产业分工与协作的问题，不同类型的会展企业联合起来，形成市场利益共同体，也是会展产业规模扩大的方式之一。充分发挥产业间的合同机制，围绕会展主题共同打造利益合作圈，使会展产业链的利益最大化。

(二) 整合优质服务资源

某些旅游集团已经具备操作大型团队旅游活动的丰富经验，而且与交通、酒店、餐饮、景区等相关部门保持着密切的合作关系。将旅游企业的这些优势引入到会展业之中，将会大大降低运营成本。减少许多不必要的中间环节，使浪费降到最低点，从而使会展与旅游达到互动和双赢，而这对于经济不发达的旅游城市尤为重要。会展与旅游企业合作还有一个最大的好处就是通过旅游企业的优质服务，可加深一些潜在的投资者对所在城市的印象，使其最终成为直接的投资者和宣传者，从而使会展业进入到良性循环的发展之中，进一步推动会展经济的发展。

（三）商家联盟模式逐步发展

商家联盟模式在服务业逐步盛行，如航空业的天合联盟：2000 年 6 月法航、达美航空、墨西哥国航和韩航联合成立"天合联盟"，现已发展至 15 家成员，包含中国的东航和南航。联盟依托伙伴关系向旅客提供全球旅客服务支援和"无缝隙"服务，包含旅客计划合作、共享里程积分，共享航班、座位和价格等信息，共享机场贵宾室，为旅客提供更便捷的航班安排、更顺利的中转连接、联程订座和登记手续，等等。在便利和优惠旅客的同时，增加了客户满意度和忠诚度，也给联盟成员带来了日益明显的利润。商家联盟模式在航空业的客户服务方面得到很好的诠释。

第十六节　知识产权保护和法律服务

中国会展业尚不太成熟，由于法制不健全和极少数企业急功近利，加上知识产权保护意识普遍薄弱，法律维权有待加强。在展会上，对知识产权进行剽窃、伪造、盗版的行为时有发生，知识产权侵权和贸易纠纷的现象比较严重，贸易纠纷的法律纠纷也越来越多。有国外媒体称，中国展会成了知识产权侵权的温床。不少国外客商，特别是国际著名公司，往往会把一个展会是否建立健全的维权机构、维权效果的好坏，作为是否参加这一展会的重要考虑因素。因此，如何做好展会知识产权的维权工作，为参展商高效解决贸易纠纷，成为会展业面临的一个新课题。

以广交会为例，广交会知识产权保护工作从萌芽至今已二十载，是中国最早致力于知识产权保护工作的展会之一。广交会一直致力于打造知识产权保护的国际品牌，维权工作一直走在全国各类展会的前列，维权的前瞻性和有序性、维权措施的实用性和有效性，一直得到知识产权界的推崇，成为广交会的亮点。现场提供法律咨询服务，也为高效解决会展现场的贸易纠纷提供了便捷的渠道。

一、规范维权措施，提高法律保护意识

成立知识产权保护机构可以高效地为参展企业提供知识产权保护服务，机构组织包括知识产权和工商行政管理相关部门，由主办方牵头多部门联合直接参与保护知识产权工作，受理知识产权侵权投诉。主要服务包含商标的使用和管理，专利、商标和版权的全面保护等。

现场设立法律咨询点，邀请第三方法律咨询公司、律师事务所进驻会展现场提供服务。可以为企业提供多方面完整的法律纠纷解决方案。

以广交会为例，不断颁布实施一系列相关制度规定，使知识产权保护维权措施不断规范。使得企业维权有法有规可依，维权措施得以规范和透明。

二、扩大维权范围

根据展会的特点，由主办方组织有序的"知识产权、产品质量安全和贸易纠纷投诉接待站"，从知识产权的保护，逐渐拓展至企业权利的各个方面，如品牌企业的商标的使用和管理、专利版权等知识产权，以及在展会上签约的合同产生的贸易纠纷等，都属于展会维权的范围。

在不断实施过程中，根据不同展会类型，全方位维护各方权利人的权利，比如向地理标志、植物品种、集成电路布图设计、商业秘密及反不正当竞争行为等涵盖，还可以对展会的设计理念、展台搭建设计、展览会的 LOGO 及名称等进行保护。

三、加重维权处罚

加大对涉嫌侵犯知识产权行为的处罚力度，可以体现会展主办方对知识产权保护和维护正常商业环境的信心和决心。制定标准的处罚办法，对涉嫌侵权的参展企业加重处罚力度，落实具体方法和步骤，明确对涉嫌侵权情节较为恶劣的企业，给予严肃的处罚。

四、延伸维权空间

维权工作在展期检查管理的基础上,可以逐步向展前、展后宣传教育和培训延伸。增加展前警示提醒,要求各组展单位和参展企业对参展展品进行有针对性的展前自查。展后,组织专题研讨会,改进维权工作方法和措施,提高维权工作人员的素质和水平。同时,对参展企业进行知识产权的专门培训,对提倡保护自主知识产权和规避涉嫌侵权行为起到了良好的示范作用。另外,展后还积极配合行政和司法部门的调查取证,使知识产权保护从展会的自律管理到行政执法和司法判决有效衔接起来。

五、完善维权机构

根据展会的发展模式和维权工作的实际需要,不断完善维权机构。只有机构不断完善,专家力量才能不断增强,以逐步增加投诉点。这样高效的维权机构由展会主办方(承办方)、知识产权行政管理部门、贸易仲裁机构、各组展单位等多方共同参与,形成了有效的合力,能够更有效地为企业维权。

第十七节 产品设计服务

一、产品设计服务概述

展会为参展商提供的一个重要机会,就是用市场信号来引导企业,使企业在市场上更有竞争力。目前,定牌生产和贴牌生产仍然是我国制造业的主流,工业设计与品牌管理等高附加值的上游产业链业务主要在国外进行。《广东省科学和技术发展"十二五"规划》提出,加快推进珠江三角洲技术转移联盟和广东工业设计创新服务联盟的建设。《粤港合作框架协议》明确提出,加强工业设计产业合作,联合开展教育培训、成果推广、项目建设等。共同培养工业设计等技能型人才,推进工业设计成果产业化,在珠江三角洲产业集群引进香港工业设计服务。工业设计为制造业升级转型起到了重要的带动作用。

基于这一需求,展会上的产品设计服务应运而生。为参展商提供产品设计服务的目标是帮助以生产为主的企业不再仅仅停留在代工（OEM），还要介入产品设计链条（ODM）和后期国内外销售渠道的铺设，提高展品在整体产业链中的地位，提升企业竞争实力。产品设计服务也成为一种新型的会展增值服务，在为参展商提高效益的同时，对展会的品牌建设也起到了重要作用。

在众多国内展会逐步推出的产品设计服务中，由中国进出口商品交易会（广交会）推出的产品设计服务走在了前列。近年来，在国家强调加快经济增长方式转变、加大自主品牌建设的号召下，广交会作为"中国第一展"首先采取了有力的举措，引导外贸企业加快产品研发和设计创新。

二、产品设计服务形式

产品设计服务通过为设计师或单位与需求方提供平台，创造交流与洽谈的机会，引入新的思想，提高参展商的参展效益。服务可通过以下形式提供。

（1）设计主题活动：以设计为主题，在展览期间举行相关的活动。如2013年秋季广州家具展设立"深圳设计师联盟专区"，邀请家居设计师参观，并与参展商进行洽谈。

（2）主题论坛：以论坛的形式，邀请行业领军人物分享前沿信息。其中，邀请行业内优秀的设计师或团队担任论坛主持人或演讲嘉宾，是提高设计服务影响力与美誉度的重要保证。广交会设计主题论坛是广交会"设计促进贸易"系列活动之一，分为潮流趋势类、设计创新类两大主题板块，主要针对相关行业，探讨和分享创新理念和成功范例，分析和预测流行趋势，推广以设计促贸易、以设计促升级的成功经验。第113届广交会曾邀请13位国内外资深专家学者主讲。演讲嘉宾或是全球闻名的流行趋势权威，或是既多次获得国际设计大奖，又成功经营设计公司的资深人士。

（3）定向对接：为设计师或单位与参展商创造一对一洽谈的机会。以广交会为例，第114届广交会共举办设计定向对接4场，包括西班牙、法国、中国香港、中国台湾4个国家和地区的公司。

（4）现场设点：为设计师或单位设立固定展示点，可以让设计师通过现场展示设计，为展客商提供更直观的体检，更好地展现自身的实力。

三、产品设计服务运作要点

产品设计服务的运作，需要重点考虑设计资源与服务提供形式。

第一，需要组织优秀的设计资源（包括设计机构和设计师），在展会期间通过各种渠道实地实物展示其创意，安排设计资源和参展企业有效对接，并为企业提供购买单项设计服务或设计专利、聘请短中长期专业设计师等中介服务。

第二，利用不断汇聚的设计资源和广泛关注度，举办产品创新发布会、产品流行趋势论坛、产品创意比赛等商业性会议论坛，为参展商创造最大的效益，拉动展会综合经济效益。

第十八节　商品检验、测试、认证服务

商品检验、测试、认证服务是近年来产生的新型会展服务内容，在出口导向型展会中尤为常见。商品进入市场，以及进行进出口贸易，都必须首先满足生产及销售地区的工艺标准、质量认证标准等一系列规范。由于各个国家与地区在商品质检的标准与规范有所不同，同时针对每一个行业都有更进一步的具体要求，参展商往往需要在满足观众商业所在地的规范上花费大量功夫。其中，商品检验、测试、认证服务商（如 TUV、SGS）为客户提供专业的产品检测与认证服务。为方便展客商更快获得相关服务，许多展会会引入专业服务商进行现场驻点服务。

一、商品检验

检验是指商品的产方、买方或者第三方在一定条件下，借助于某种手段和方法，按照合同、标准或国内外有关法律、法规、惯例，对商品的质量、规格、重量、数量、包装、安全及卫生等方面进行检查，并做出合格与否或通过验收与否的判定；或为避免或解决各种风险损失和责任划分的争议，而出具各种有关证书的业务活动。

（一）检验的类型

按检验目的划分，商品检验可分为生产检验、验收检验和第三方检验三种。

（1）生产检验：又称第一方检验、卖方检验。是由生产企业或其主管部门自行设立的检验机构，对所属企业进行原材料、半成品和成品产品的自检活动。目的是及时发现不合格产品，保证质量，维护企业信誉。经检验合格的商品应有"检验合格证"标志。

（2）验收检验：又称第二方检验、买方检验。是由商品的买方为了维护自身及其顾客利益，保证所购商品符合标准或合同要求所进行的检验活动。目的是及时发现问题，反馈质量信息，促使卖方纠正或改进商品质量。

（3）第三方检验：又称公正检验、法定检验。是由处于买卖利益之外的第三方（如专职监督检验机构），以公正、权威的非当事人身份，根据有关法律、标准或合同所进行的商品检验活动，如公证鉴定、仲裁检验、国家质量监督检验等。目的是维护各方面合法权益和国家权益，协调矛盾，促使商品交换活动的正常进行。

按检验数量划分，可分为全数检验、抽样检验和免于检验。

（1）全数检验：又称全额检验、百分之百检验，是对整批商品逐个（件）地进行的检验。其特点是能提供较多的质量信息。缺点是由于检验量大，费用高，易造成检验人员疲劳而导致漏检或错检。

（2）抽样检验：是按照已确定的抽样方案，从整批商品中随机抽取少量商品用作逐一测试的样品，并依据测试结果去推断整批商品质量合格与否的检验。它省时省力，具有一定的科学性和准确性，是比较经济的检验方式。但由于抽检样本的限制，检验结果相对于整批商品实际质量水平，存在误差。

（3）免于检验：对于生产技术水平高和检验条件好、质量管理严格、成品质量长期稳定的企业生产出来的商品，在企业自检合格后，商业和外贸部门可以直接收货，免于检验。

按商品销售区域，分为内销商品检验和进出口商品检验。

（二）检验程序

检验程序主要有4个环节：接受报验、抽样、检验和签发证书。

（1）接受报验：报验是指对外贸易关系人向商检机构报请检验。报验时需填写"报验申请单"，填明申请检验、鉴定工作项目和要求，同时提交对外所签买卖合同，成交小样及其他必要的资料。

（2）抽样：商检机构接受报验之后，及时派员赴货物堆存地点进行现场检验、鉴定。抽样时，要按照规定的方法和一定的比例，在货物的不同部位抽取一定数量的、能代表全批货物质量的样品（标本）供检验之用。

（3）检验：商检机构接受报验之后，认真研究申报的检验项目，确定检验内容，仔细审核合同（信用证）对品质、规格、包装的规定，弄清检验的依据，确定检验标准、方法，然后抽样检验，如仪器分析检验；物理检验；感官检验；微生物检验等。

（4）签发证书：在出口方面，凡列入《商检机构实施检验的进出口商品种类表》（简称《种类表》）内的出口商品，经商检部门验证合格后签发放行单（或在"出口货物报关单"上加盖放行章，以代替放行单）。凡合同、信用证规定由商检部门检验出证的，或国外要求签检证书的，根据规定签发所需封面证书；不向国外提供证书的，只发行放行单。《种类表》以外的出口商品，应由商检机构检验的，经检验合格发给证书或放行单后，方可出运。在进口方面，进口商品经检验后，分别签发"检验情况通知单"或"检验证书"，供对外结算或索赔之用。凡由收、用货单位自行验收的进口商品，如发现问题，应进行索赔。对于验收合格的，收、用货单位应在索赔有效期内送验收报告至商检机构销案。

（三）检验方法

1. 抽样检验方法

目前广泛采用随机抽样，即整批商品中的每一件商品都有同等被抽取的机会，抽样者按照随机的原则、完全偶然的方法去抽取样品，比较客观，适用于各种商品的抽样，常用的抽样方法有以下几种：简单随机抽样法、分层随机抽样法、多段随机抽样法、系统随机抽样法。

2. 商品检验的具体方法

商品检验的具体方法主要有感官检验法、理化检验法和生物学检验法等。

（1）感官检验法。感官检验又称为感官分析、感官检查和感官评价，它是利用人的感觉器官作为检验器具，对商品的色、香、味、形、手感、音色等感官质量特性，作出判断和评价的检验方法。其优点是简便易行，快速灵活，成本较低而且适用范围广。感官检验特别适用目前还不能用仪器检验以及不具备组织昂贵、复杂仪器检验的企业、部门和消费者，在食品、化妆品、艺术品等商品的检验中显得更加重要，是其他检验法所替代不了的。感官检验正在克服传统感官检验缺乏科学性、客观性和可比性的缺点，从经验上升为理论，具有一整套根据心理学原理设计，并运用了统计学的方法分析和处理感官检验数据的基础方法，将不易确定的商品感官检验的指标客观化、定量化，从而使感官检验更具有可靠性和可比性。

按照感觉器官的不同，感官检验分为视觉检验、嗅觉检验、味觉检验、触觉检验和听觉检验等。按照感官检验目的的不同分类，又可分为分析型感官检验与偏爱型感官检验两大类。

（2）理化检验法。理化检验法是在一定的实验室环境条件下，利用各种仪器、器具和试剂作手段，运用物理、化学的方法来测定商品质量的方法。理化检验主要用于对商品的成分、结构、物理性质、化学性质、安全性、卫生性以及对环境的污染和破坏性等方面的检验。理化检验与感官检验相比，其结果可以用数据定量表示，较为准确客观，但要求有一定的设备和检验条件，同时对检验人员的知识和操作技术也有一定的要求。理化检验方法可以分为物理检验法和化学检验法。

物理检验法因检验商品的性质、要求和采用的仪器设备不同可分为一般物理检验法、力学检验法、光学检验法、电学检验法、热学检验法等。

化学检验法是用化学试剂或化学仪器对商品的化学成分及其含量进行测定，进而判定商品是否符合规定的质量要求的方法。依据操作方法的不同，化学检验法可分为化学分析法和仪器分析法。

（3）生物学检验法。包括微生物检验和生理学检验。微生物检验是采用微生物技术手段，检测商品中的有害微生物存在与否以及数量多少的方法。需要进行微生物检验的商品有食品及其包装物、化妆品、卫生用品等。生理学检验是以特定的动物或人群为受试对象，测定食品的消化率、发热量及某一成分对机体的作用、毒性等。常用鼠、兔等动物进行这种试验。

（四）检验内容

1. 品质检验

品质检验是指根据合同和有关检验标准规定或申请人的要求对商品的使用价值所表现出来的各种特性运用人的感官或化学、物理等各种手段进行测试、鉴别。其目的就是判别、确定该商品的质量是否符合合同中规定的商品质量条件。包括外观品质和内在品质的检验。外观品质检验是指对商品外观尺寸、造型、结构、款式、表面色彩、表面精度、软硬度、光泽度、新鲜度、成熟度、气味等的检验。内在品质检验指对商品的化学组成、性质和等级等技术指标的检验。

2. 规格检验

规格表示同类商品在量（如体积、容积、面积、粗细、长度、宽度、厚度等）方面的差别，与商品品质无关，如鞋类的大小、纤维的长度和粗细、玻璃的厚度和面积等规格，只表明商品之间在规格上的差别，商品规格是确定规格差价的依据。

3. 数量和重量检验

数量和重量是买卖双方成交商品的基本计量和计价单位，直接关系着双方的经济利益，也是对外贸易中最敏感而且容易引起争议的因素之一。它们包括商品个数、件数、双数、打数、令数、长度、面积、体积、容积和重量等。

4. 包装质量检验

商品包装本身的质量和完好程度，不仅直接关系着商品的质量，还关系着商品数量和重量。包装质量检验的内容主要是内外包装的质量，如包装材料、容器结构、造型和装潢等对商品储存、运输、销售的适宜性，包装体的完好程度，包装标志的正确性和清晰度，包装防护措施的牢固度等。

5. 安全、卫生检验

商品安全检验是指电子电器类商品的漏电检验、绝缘性能检验和 X 光辐射等。商品的卫生检验是指商品中的有毒有害物质及微生物的检验，如食品添加剂中砷、铅、镉的检验，茶叶中的农药残留量检验等。

对于进出口商品的检验除上述内容外，还包括海损鉴定、集装箱检验、进出口商品的残损检验、出口商品的装运技术条件检验、货载衡量、产地证明、价值证明以及其他业务的检验。

二、认证

产品质量认证也称产品认证，国际上称合格认证。产品质量认证是依据产品标准和相应技术要求，经认证机构确认并通过颁发认证证书和认证标志来证明某一产品符合相应标准和相应技术要求的活动。

产品质量认证分为强制认证和自愿认证两种。一般来说，对有关人身安全、健康和其他法律法规有特殊规定者为强制性认证，即"以法制强制执行的认证制度"。其他产品实行自愿认证制度。商品质量认证是对商品符合标准的一种证明活动，由可以充分信任的第三方证实某一经鉴定的产品或服务符合特定标准或其他技术规范的活动。

（一）认证分类

1. 按认证范围可以分为国家认证、区域性认证和国际认证

（1）国家认证：中国"3C"认证。

（2）区域性认证：欧洲标准化组织"CEN"的"CE"认证和欧盟绿色认证。

（3）国际认证：ISO 认证。

2. 按照认证的性质可以分为安全认证和合格认证两类

凡根据安全标准进行认证或只对商品标准中有关安全的项目进行认证的，称为安全认证。它是对商品在生产、储运、使用过程中是否具备保证人身安全与避免环境遭受危害等基本性能的认证，属于强制性认证。常见的安全认证以下几种。

（1）FCC 认证：FCC（Federal Communications Commission），美国联邦通信委员会，通过控制无线电广播、电视、电信、卫星和电缆来协调国内和国际的通信。

（2）CSA 认证：CSA（Canadian Standards Association），加拿大标准协会，对机械、建材、电器、电脑设备、办公设备、环保、医疗防火安全、运动及娱乐等方面的所有类型的产品提供安全认证。

（3）CE认证：CE（CONFORMITE EUROPEENNE），提供产品是否符合有关欧洲指令规定的主要要求 Essential Requirements。

（4）TUV认证：TUV，提供对无线电及通信类产品认证的咨询服务。

合格认证是依据商品标准的要求，对商品的全部性能进行的综合性质量认证，一般属于自愿性认证。实行合格认证的产品，必须符合《标准化法》规定的国家标准或者行业标准的要求。

（二）认证的意义

（1）商品质量认证促进了产品质量的提高。

（2）商品质量认证提高了商品的信誉和竞争力。

（3）减少社会重复检验评价费用。

（三）认证标志

产品质量认证标志分为方圆标志、长城标志、PRC标志。此外，一些较有影响的国际机构和外国的认证机构按照自己的认证标准，也对向其申请认证并经认证合格的我国国内生产的产品颁发其认证标志，如国际羊毛局的纯羊毛标志，美国保险商实验室的UL标志等，都是在国际上有较大影响的认证标志。

方圆标志分为合格认证标志和安全认证标志两种。方圆标志用于没有行业认证委员会的商品的合格认证或安全认证。长城标志为电工产品专用安全认证标志。PRC标志为电子元器件专用合格认证标志。

（1）国内商品质量认证标志：CCC中国强制性认证标志、食品包装CQC标志认证、有机食品认证标志、绿色食品标志。

（2）国际商品质量认证标志：UL认证标志、CE标志、GS标志、TUV标志、EMC认证标志。

三、测试

（一）产品测试的概念

产品测试包括在生产和使用过程中，生产者、使用者、第三方独立机构对其质量等属性的评定。产品测试是降低风险、缩短产品上市时间，证明原材料、零部件或产品的质量与安全的重要环节。

（二）产品测试的目的

发现现有产品的缺点，发现产品对各个细分市场的吸引力；识别竞争产品的优势和弱势，来确定产品在目标市场中的位置，明确产品在某些属性上是否还可以改进，改进后的产品是否真的比改进前好。

（三）产品测试类型

（1）初始测试。这类测试是诊断性的，直接目的是消除产品的严重问题，粗略了解该产品与竞争产品相比所拥有的优势，此外还可以使公司发现产品的实际和潜在的使用情况，以便改换目标市场。通常这类测试是用小样本来完成的（往往利用便于获得的样本，如员工）。员工测试通常用于食品类产品的测试。

（2）短期体验测试。要求顾客在规定的时间限制内强制试用公司所提供产品，并作出反应。最后使用一个仿真购买环境，包括假设性的"您是否会购买"的问题，或者是一个实际选择情景，其中顾客要么选择一系列商品中的一种，包括新产品（通常以降低后的价格购买），要么就选择"买"还是不买这种新产品。

（3）专业测试。产品测试最复杂的形式是产品在家庭或实验室放置较长一段时间，使用特定的工具进行评估。对于包装商品来说，这段时间大约为两个月。这段时间的作用在于，其结果包含了初期期望的逐渐消失和那些只有随着时间流逝才会出现的问题（如食物变质）的逐渐发展。被调查的人要完成"之前怎样"和"之后怎样"的问卷，还要对在这段测试期里每天使用新产品和竞争产品的实际情况做记录。在测试结束前做一次实际选择情景测试将使结果呈现盈亏平衡导向。

（四）不同发展阶段的产品测试

在产品发展初期，只有原始模型，测试目标是如何使产品的属性特征最优化，从而进一步吸引顾客。此外，还可以帮助确定定位策略，将产品特征转化成显著的顾客利益。

当产品最终完成但还没有引入市场时，实施产品测试可以识别竞争对手的实力和弱势，同时还可以确定产品在目标市场中的位置。

一旦产品推出上市，进行产品测试通常有两个目的。第一，是作为质量控制手段，维持产品生命；第二，如果产品有做进一步改进的潜力的话，应该对改进产品进行测试。

（五）产品测试的方法

产品测试研究中常用的方法有单一产品测试和配对比较产品测试。

1. 单一产品测试

在单一产品测试中，受访者尝试一种产品，然后对这种产品做出评价。数据收集变量通常包括购买兴趣、对属性的评价等级等。如果被测试产品多于一种，先将受访者分组，然后尝试每种产品，再相互比较。对一个受访者只测试一个产品。单一测试的特点是："单一，纯粹"，更加贴近真实的生活；对于效果逐渐显著的产品来说十分重要，如啤酒、香波；对于受访者无法从表面上对两个产品作出反应时十分重要，如强烈及持久的口味；对于新型产品，这种测试类型或许是唯一选择（事实上这在产品开发中后期常被采用）；通过运用两个或多个十分匹配的样本，可获得用以对比的信息；对于形成长期数据库非常有用，但需小心。

存在的问题：对于价格和差异不是十分的敏感。

单一测试适用于产品初期阶段和市场上没有直接竞争对手的情形。原因是配对比较测试只能提供相对的被测试的可供选择的产品信息，而单一测试提供相对的受访者自己的判断信息。因此，这种信息可以和在将来获得的单一测试信息（假设样本可比较）进行比较。最后，单一测试被视为真实的，因为它基于顾客通常每次使用一种产品的事实。

2. 配对比较产品测试

在配对比较产品测试中，受访者按顺序尝试两种产品。试完后，对每种产品进行评价并说出更喜欢哪种产品。因为在受访者尝试完两种产品后才开始问问题，所以对产品的评价通常是建立在两种产品的比较基础之上的。配对比较产品测试的特点是：受访者同时测试两个产品；提示受访者可以同时测试产品，也可以测试完一个之后，再进行第二个，这取决于产品性质、测试性质和用户通常的使用步骤；与单一测试比较，对于产品的差异十分敏感，并且没有必要进行匹配样本研究；对于淘汰选择十分裨益，比如在两个相同的配方中进行选择或开发一种能接近现存竞争的新产品。

存在的问题：显著的视觉差异能够掩盖在气味及口味上的差异；不重要的差异掩盖了偏好；与其他方案无法进行成果比较。

其他比较型的测试设计，如三组产品测试（顺序评价三种产品），还有反复配对比较设计，但从本质上说，它们都是比较型测试设计的修正。一般地，当决定合适的测试设计时，首先确定采用单一测试还是比较的测试。

连续的单一测试。同时具有单一测试的"绝对判断"数据和配对比较测试的"比较"数据。受访者顺序评价两个产品。在评价第一个产品时，受访者不知道还有第二个产品。评价完第一个产品后，再评价第二个产品。评价的问题是相同的，最后可以获得两个产品的偏好情况。

这种设计的优点是单一数据通过比较数据得到加强。例如，如果单一数据表示两种类型的冰激凌"没有差别"，比较偏好数据可以为营销决策起到信号放大器的作用。

重复配对产品测试方法。当直接偏好是产品测试的主要兴趣时，可以应用重复配对方法。这种设计可以在配对测试中获得对每种产品的偏好程度，同时对目标市场中真正的"无区别"顾客的数量有明确的估测。"无区别"顾客是指那些不能真正区别可选择产品之间差异的顾客，或者那些对哪个产品都无强烈的偏好因此犹豫不决的顾客。重复配对技术同时重视直接的产品偏好和产品诊断。最终结果是最大限度地回答"更喜欢哪个产品"和"为什么"的问题。

第四章　展馆服务运营与管理

　　随着会展业的发展和市场环境的变化，展馆在会展服务体系中所扮演的角色越来越重要，一方面，参展商和观众对会展服务的要求越来越高，会展主办方为了节约成本和便于管理，更倾向于选择服务集成商，这将促进展馆的服务管理模式发生变化；另一方面，为了提高展馆的整体运营效率，展馆将从单一的运营模式逐步变化为多元化运营模式，这个过程要求展馆加强会展服务体系建设，推动展馆服务运营模块的快速发展。

　　本章第一节我们将从展馆的运营模式着手，分析不同运营模式下展馆服务管理的特点，向读者展现展馆整体运营模式与服务管理之间的关系。在第二节中，我们将结合企业发展的组织维度，探讨展馆如何通过服务管理方面的组织结构设置，促进展馆的会展服务体系建设。第三节从展馆的服务运作管理的角度出发，探讨展馆如何整合和管理服务资源、服务设施和服务技术，从而提高服务供应链的管理效率。本节还将介绍展馆服务供应链管理的方法，并介绍其中的核心策略，即服务外包。接下来的第四节，将针对外包服务的特点，重点介绍"如何选择外包服务供应商""如何控制外包服务质量""如何进一步发展外包服务项目""如何与外包服务供应商达成双赢"等内容。最后，本章的第五节将阐述展馆服务运营板块如何在整体运营系统的统领下进行客户管理，通过对客户的分析、追踪和管理，提高服务的速度、准确度和效率，进而加强客户对展馆的忠诚度、促进展馆与客户的长期合作关系，为展馆赢得更多长期的、稳定的客户。

第一节　展馆运营模式与服务管理

　　如第一章所述，展馆是重要的会展服务提供者，也是除会展主（承）办方和专业总服务商之外，可将各个独立的服务供应商整合到同一价值链上的组织机构。从会展业的发展趋势分析，随着会展业对服务专业化和精细化要求的不断提高，会展主（承）办方对专业化与集成化的服务需求不断增大，而基于展馆的会展服务则越发受到重视。对于展馆经营者来说，会展服务既是展馆运营的重要内容，也是展馆核心竞争力的重要体现。

为了方便读者理解会展服务组织架构，以及对展馆会展服务环境的认识，本节我们将对展馆的运营模式进行相应的介绍。

一、展馆运营模式概述

展馆运营模式是指对展馆经营过程的计划、组织、实施和控制，是各项管理工作的总称。从宏观的角度分析，展馆运营模式可按政府和市场的主导作用划分为政府主导型和市场主导型两大类，这种方法主要用于区别不同国家、地区或城市之间的展馆运营模式，在国外展馆的运营中体现较为明显。

政府主导模式，强调展馆的公共品性质，借助政府突出的公共服务能力、强大的宏观控制能力和资源整合能力，实现展馆的有效运营。采用这种模式的代表国家为德国与新加坡。政府主导型模式展馆的服务管理优势在于，政府会整合城市或区域的服务资源，用于构建展馆的服务体系。因此，该模式下的展馆服务具有全面化、一体化特色，如德国展馆以顾客需求为导向，提供全方位服务，包括银行、邮局、海关、航空、翻译、日用品、商店、餐馆等；此外，政府还会加强展馆附近的服务机构与展馆之间的关联度，以促进展馆服务的提升，如新加坡政府规定展馆周边的酒店和餐馆必须拿出收入的10％补贴展馆，促进展馆与周边服务机构的共同发展和良性循环。

在市场主导模式中，政府所扮演的角色是调控者和服务者，政府以场馆出租、收取酬金的方式，获得补偿；企业扮演的角色是市场经营者和市场开拓者，通过服务承包的方式，获取场馆的经营权和一定的管理权。采用这种模式的典型国家为美国。

这两种主导模式不单体现在展馆的投资、建设、管理方面，还体现在整个会展行业的管理中。市场主导模式展馆更注重服务业态的创新，配套服务内容更加丰富，如美国拉斯维加斯会展中心提供大量的餐饮、娱乐、大卖场、旅游观光等类别的服务项目，集食、住、展、娱、游、购于一体，充分体现了基于业态创新的综合经营特色。

从微观管理角度出发，展馆的运营模式可根据展馆经营过程中的业务范畴、管理权、所有权、价值实现方式、所有权等因素进行细分。为了帮助读者更好地了解展馆的服务环境，我们对能反映服务管理特色的主要运营类别进行介绍。

二、按业务范畴划分的运营模式

会展企业的业务范畴包括：展览组展、展馆经营、配套服务经营三大类，随着展览业的发展，不少展馆已从单一的展馆经营走向多元化经营，主要运营模式包括以下三类：

一是纯展馆经营模式。该模式下的展馆的主要业务是展馆场地、相关设备租赁以及展馆硬件的日常维修保养。此类展馆的服务资源较匮乏，一般只提供部分基础会展服务。然而，通常采用该模式的展馆，其周边服务配套相对齐全，展馆业主方或经营方可通过周边的服务资源对展馆经营的资金需求形成有力支持，如香港会议展览中心。

二是纯展馆经营加自办展结合模式。即除场地出租及其相关业务外，展馆还从事自办展，其利润来源主要是自办展。这种模式的展馆由于自办展的需求，会较注重会展服务体系的构建，服务资源也较丰富，但由于该类展馆会将大部分精力都投放到自办展工作中，因此大部分服务项目都会采取外包的方式。

三是综合管理模式。即展馆不仅出租场地，自办展，而且还涉足展位搭建、餐饮、广告、运输等方面的业务领域，一般只有具有实力的大型展馆才采用这种运营模式。此类展馆的服务管理优势在于可在统一的标准下提供全面的一站式服务，不但可以方便会展主（承）办方，还可以提高展馆的整体经营效益，但同样存在服务管理隐患，如展馆可能会因过度保护自身的服务经营项目而实行服务垄断，从而导致服务质量下降。

三、按管理权不同划分的运营模式

根据管理权分配方式的不同，展馆运营管理模式可划分为直接管理和委托管理两大类。

（一）直接管理

直接管理即展馆投资建设方自行进行展馆管理。直接管理按管理单位性质的不同还可以分为政府管理（事业单位）、合（外）资企业或民营企业管理。

其中，政府管理指政府部门直接设立事业单位代行管理职能，中国国际展览中心属于这种类型。这种模式的优势在于，政府能直接、有效地整合会展整体资源，充分利用城市公共服务平台，从而使展馆的服务链条较完整。但该模式容易弱化展馆的市场意识和服务意识。

合（外）资企业管理模式的优势在于能引进国外先进的管理模式，有较多资源实现服务创新；民营公司管理的优势是管理灵活，符合市场化的要求；但无论是合资企业还是民营企业管理，都难以整合政府资源和公共服务资源。

（二）委托管理

委托管理是展馆所有者以协议形式委托其他管理者进行日常展馆运营，管理者自负盈亏。被委托的管理者可以是本地企业，也可以是外地或者国外企业。

委托本地企业管理的优势是能整合本地资源，但劣势是由于立足本地市场，国际化程度不高。如厦门国际会展中心就是由政府投建完成后交由厦门建发集团管理；宁波国际会议展览中心现在则是交由民营企业家为主投资组建的宁波国际会议展览中心管理有限公司实行租赁与管理。[1]

委托外地或国外企业管理的优势是能借鉴先进的管理经验，但比较容易因委托方和被委托方管理理念不一致而降低目标效率。此类展馆如天津滨海国际会展中心，由天津开发区投资建设，建成后委托天津泰达集团与新加坡展览集团合资组建的展览公司来共同经营管理。

四、按价值实现方式划分的运营模式[2]

按价值实现方式划分的运营模式即盈利模式，它是展馆在市场竞争中逐

---

① 刘松萍：《国内外展览场馆现状与投资管理模式分析》。

② 刘名俭、甘雪娟：《现代展览场馆的盈利模式分析》，2009 年 1 月。

步形成的赖以盈利的业务结构和管理模式。目前，展馆的盈利模式主要划分为以下七大类。

（1）展馆租赁盈利模式。是指展馆所有者通过合同方式租赁展馆的经营权，从而获取利润的模式，该模式在一定程度上体现了所有权与经营权的分离，特别适合缺乏管理人才或独立商业运作条件的展馆所有者，这种模式下的服务管理特点与单纯展馆经营模式较为相似。

（2）展览投资盈利模式。是指展馆所有者通过投资展览来获取盈利，拓展经营空间。该模式中展览场馆所有者不仅可以出租场地，还能从事自办展，它集展馆优势、服务优势、本土产业优势于一体。其服务管理特点与纯展馆经营加自办展结合模式基本一致。

（3）多元化产品和增值服务盈利模式。随着展览业的不断成熟，越来越多展馆意识到主（承）办方、观众需求的全方位与多元化，并通过向上下游客户提供各类增值服务来获取盈利方式，这就是增值服务盈利模式。这种盈利模式以服务运营为主，因此，特别注重服务的差异化和多元化，主要通过服务形成核心竞争力，拓展利润渠道及新盈利空间。

（4）物业投资盈利模式。是指展馆通过投资周边基础设施和配套设施，或通过会展活动吸引政府投资周边的基础设施和配套设施，从而使展馆或周边地块升值，从而获利的盈利模式，这种模式下展馆往往可以促进周边交通环境的大幅度改善。如德国政府在投资兴建汉诺威展览中心时，投资改善了展馆周边停车设施，建立了发达的公路和轨道交通网，使得汉诺威展览中心成为国际交流的著名展馆。

（5）资本运营盈利模式。展馆建设投资大，回报周期长，为了提高经济效益，规避投资风险，展馆所有者可通过资本技巧性运作，实现资源有效整合和资金增值，目前会展企业的资金运作包括投资兴建展馆、收购展会和联合办展三种形式，较典型的例子为：德国汉诺威展览股份有限公司与慕尼黑展览公司和杜塞尔多夫展览公司合资建成上海新国际博览中心。

（6）管理输出盈利模式。是指展馆通过管理输出方式创造效益，这适用于经营理念和管理水平相对成熟的展馆。展馆将管理经验向外输出，不仅可将较为成熟的管理模式进行延续，还可建立明显的市场领先性和示范性，进一步提升展览场馆的品牌和形象。比如，上海国际展览中心在 2003 年与上海国际展览有限公司、宁波新上海国际物业管理有限公司共同投资建立了宁波国际会议展览管理有限公司，正式经营管理宁波国际展览中心，提供以 ISO 9001 为核心的全套管理输出，这开创了我国馆际输出管理之先河，在展览界引起广泛的关注。

（7）产业集群盈利模式。是指展馆通过与所在区域上下游企业组成有机整体，形成展览产业集群，从而获取利润的方式。该模式有利于展馆会展服务体系的建设，可降低展馆的基础设施和市场营销成本，形成规模效益。比如，我国在宏观区位上，形成了环渤海带、长江三角洲、珠江三角洲三个展览业集聚带，聚集了大批展览企业和相应规模的配套企业。

第二节　展馆的服务组织结构

随着会展业的发展，很多展馆已从单一的场地租赁运营模式逐渐发展为综合型的运营模式，会展服务也由原来的展馆营销职能中分离出来，成为独立的业务运营板块，并成为展馆提升核心竞争力的重要组成部分，为了确保该运营板块的健康发展，展馆必须对其组织结构进行科学设置。本节我们将结合企业发展的组织维度，探讨展馆如何通过优化服务管理方面的组织结构设置，从而提高服务管理效率，促进展馆的会展服务体系建设。

一、展馆服务组织结构的特点

企业组织设计包括行为和组织两个重要维度，其中组织维度指企业实现组织战略目标而采取的一种分工协作体系，体现为组织结构和组织结构变革。对展馆而言，服务板块受外部环境、展馆运营战略、技术、展览发展阶段等因素的影响，其组织结构与会展服务的特性紧密相连，主要体现出以下三大特点。

一是与服务设计相适应。在本书第二章我们介绍了服务规划和设计，这属于会展企业在行为维度方面的管理，服务设计展示了展馆为实现各种目标和功能需求所从事的活动路径，而组织结构则体现了展馆在服务管理方面的内部构成和运行方式，两者之间联系紧密，相互作用。服务设计以顾客需求为导向的管理理念应充分体现在组织结构上，组织结构作为服务流程运行的平台，应为流程的高效运行提供支持，在这个过程中，服务策略决定了服务设计的运行方向，而服务流程则影响了组织结构的设计。

二是快速满足顾客需求的能力。为了满足会展服务的集聚性需求，展馆的服务管理组织结构应具有灵活性，同时需通过展馆内部各部门的协同运作提升展馆对外部环境的应对能力。从会展服务体系构建的角度来看，展馆的服务管理组织结构的敏捷性还指展馆服务板块在竞争环境当中生存和持续变革、发展的能力。

三是具有整体性。展馆服务业务板块只是展馆运营的一个部分。因此，展馆的服务组织结构应具有与展馆整体运营相对应的整体性，它需各部门协同合作，还要求展馆的服务管理应该与其他业务板块相结合，在展馆运营的总战略的指导下，共同实现展馆的发展目标。

二、展馆服务组织机构的设置原则

（一）目标导向原则

基于展馆服务组织机构的整体性要求，服务组织结构的目标制定应符合展馆的发展需求，最终促进展馆总体战略任务和运营目标的实现。与此同时，展馆服务业务板块的每一个子系统也应根据展馆整体运营目标和服务体系建设的目标制定分目标，并将分目标层层分解，直至组织机构中的每个部门，做到每位员工都了解自己的目标任务。

（二）高效与协作原则

由于会展服务具有复杂性和综合性，因此必须进行专业化分工才能有效提升服务工作效率。在这个过程中，应避免分工过细引起办事程序和手续复杂化，违背会展服务体系的服务宗旨。同时，伴随着专业化分工，各专业管理部门之间可能在管理目标、价值观念、工作导向等方面存在差异，因此，服务组织机构除了精干、人员最优、管理最佳的目的之外，还应重视部门间的协作配合，加强横向协调，从而提高整体的服务效率。

（三）控制跨度原则

管理跨度包括管理层次与管理幅度。其中，管理层次是指管理系统划分的等级数，而管理幅度则指一名上级领导直接管理的下级人数。管理层次决定组织的纵向结构，管理幅度则体现了组织的横向结构。管理跨度设置是一个复杂的管理问题，它受工作任务相似度、工作地点、工作协调难度、下属人员素质、信息沟通结构等因素的影响。对于展览服务机构来说，如果各服务管理的方法较统一、管理人员素质较好、各部门间协调难度较小、信息沟通良好，则可采取层次少、幅度大的管理跨度，从而减少管理费用，提高信息交流速度，充分发挥下级的主动性，但在该过程中应注意加强协调工作分解以及下级工作监督。

（四）有效制约原则

在会展服务体系建设中，执行和监督是两个非常重要的因素，为确保监督工作真正发挥效用，必须分设执行和监督部门，比如，对展馆服务过程进行控制的质量体系建设部门应与具体服务管理部门分开，避免出现自管自查的情况。此外，监督部门不但要发挥监督作用，还必须发挥服务职能和指导作用，以便促进执行部门和监督部门之间的协作配合。

（五）动态适应原则

为确保展馆服务管理机构的正常运作，展馆必须具备相对稳定的服务组织机构、权责关系和规章制度。然后，随着会展业、服务业的发展，以及信息化技术的广泛应用，展馆服务管理活动的动态性和复杂性也大大增加，这就要求展馆根据对外部环境的快速变化及时做出动态调整，因此，展馆服务组织机构还应充分结合形势发展，进行适当的改革。

三、展馆服务组织结构类型

会展服务的综合性和复杂性决定了展馆服务组织结构的类型存在差异，最常见的展馆服务组织结构主要包括直线型、职能型、矩阵型和事业部型等。

（一）直线型组织结构

直线型组织结构是一种最简单的常见的组织结构形式。在这种结构中，组织职位按照垂直系统直线排列，各级领导对自己的下级拥有直接的一切职权，职权和命令从上而下直线纵向贯穿于组织之中，其组织结构形式如图4—1所示。

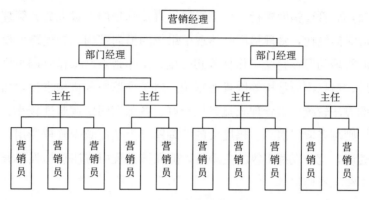

图 4—1　直线型组织结构

直线型组织结构一般适用于小型展馆的发展初期或纯展馆运营模式的服务管理。由于小型展馆发展初期或纯展馆运营模式中，展馆服务一般只局限于服务设备设施维护或部分基础服务，内容非常单一，因此比较适合采取结构简单的直线型组织结构，该结构垂直领导、责任分明、沟通迅速、指挥统一。然而，由于该结构的行政职能与业务管理职能合二为一，对主管领导的要求较高，不但需要主管领导事必躬亲，还要求其通晓各项管理业务。一旦组织规模扩大，服务内容变得复杂，主管领导将会出现顾此失彼、力不从心的状态。

（二）职能型组织结构

职能型组织结构最早由"科学管理之父"泰勒提出。这种组织结构模型要求行政主管把相应的管理职责和权力交给相关的职能机构，各职能机构在自己业务范围内向下级行政单位发号施令。下级行政负责人除了接受上级行政主管人指挥外，还必须接受上级各职能机构的领导（见图 4—2）。

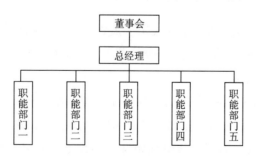

图 4—2　职能型组织结构

由于会展服务管理可按服务类型进行分类，每项服务都有一套独立的流程，因此很多展馆都采用这种类型的组织结构进行服务管理。

职能型组织结构的优点是具有明确性和高度稳定性，能充分发挥职能机构的专业管理作用，加强各部门的业务监督和专业性指导，便于高效率完成本部门职责，同时减轻执行领导人员的工作负担。但是这种组织结构容易造成多头管理、责任不清，并有可能因为过分强调本部门职能的重要性而忽略组织的整体要求。

（三）矩阵型组织结构

矩阵型组织结构是以项目服务为中心的组织结构形式。会展企业在执行完成某项任务时，通常会成立项目部具体负责任务的完成，其组织结构形式如图4-3所示。

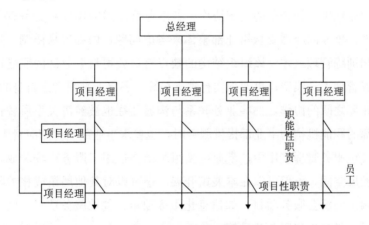

图4-3　矩阵型组织结构

矩阵型组织结构适用于规模庞大、服务种类齐全的大型展馆的服务管理。该种组织结构的项目小组成员既同原职能部门保持组织与业务上的联系，又参加展览项目小组的工作。展览项目小组只是临时性的组织。这种组织结构的优点是形成一种纵横结合的多接点组织结构，加强了各部门的分工协作，增强了组织的灵活性和协调性，而且有利于发挥专业人员的综合优势，提高组织的整体效率；其缺点是组织稳定性差，容易产生短期行为，由于项目成员同时受两个部门的领导和指挥，可能在任务、部门界限、管理关系运行及资源配置等方面形成模糊状态，并且在出现问题时不易明确界定具体人员或领导责任。

（四）事业部型组织结构

事业部型组织结构最早是由美国通用汽车公司总裁斯隆于1924年提出的，又有"斯隆模型"之称，也叫"联邦分权化"，是一种高度（层）集权下的分权管理体制。它一般是在组织总部下增设一层半独立经营的事业部，事业部长直接负责具体的组织工作，并设有相应的职能部门。事业部制是分级管理、分级核算、自负盈亏的一种形式，事业部是一个分权化的子系统，具有相对独立的计划、组织、指挥、控制自主权，公司总部只保留人事决策、预算控制和监督权，并通过利润等指标对事业部进行控制（见图4-4）。

事业部型组织结构的优点包括：总公司领导可以摆脱日常事务，集中精力考虑全局问题；事业部实行独立核算，更能发挥经营管理的积极性，更利于组织专业化生产和企业的内部协作；各事业部之间的比较和竞争有利于企业的发展；事业部经理要从事业部整体来考虑问题，内部容易协调，且有利于培养和训练管理人才。该组织结构的缺点有：公司与事业部的职能机构重叠，造成管理人员浪费；事业部实行独立核算，各事业部只考虑自身的利益，影响事业部之间的协作，一些业务联系与沟通往往也被经济关系所替代，甚至连总部的职能机构为事业部提供服务时，也要求事业部支付相应费用。

在展馆服务管理应用中，事业部型组织结构适用于服务市场较成熟，有广阔的发展空间，不但可以在本展馆开展，还可以对其他展馆或相关行业进行服务输出的配套服务项目，如信息化服务项目、餐饮服务项目、展览广告服务项目、搭建工程服务项目等。

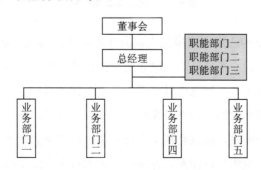

图4-4 事业部型组织结构

在现实中，展馆的服务组织结构类型是复杂多样的，可能是上述形式的混合体，也可能是上述 4 种以外的形式。展馆可通过对不同组织结构类型的优缺点和各自适用范围的分析，并结合本身的实际情况来确定服务管理所需的组织类型。

四、展馆服务组织结构创新

组织结构创新的方式主要包括两种：一是渐进式改革，即对原组织结构不适应的方面进行局部调整，使其符合发展趋势的要求；二是择优变革，即在多种方案比较的前提下，选择最优的新组织结构设计以替代原有的组织结构，以达到管理科学、高效。

一般来说，综合运营模式的展馆或大型展馆为确保复杂业务的稳定过渡和顺利开展，一般都会采取渐进式改革方式，以便逐步消除变革所带来的管理压力；而小型展馆或需改变业务运营范畴的展馆因所涉的影响因素较少，可选择择优变革方式，一步到位，缩短改革时间。

展馆进行服务组织结构变革时，应注意掌握以下 6 个要点。

（一）明确组织结构变革的目标

展馆应从会展服务体系构建的角度去思考和分析服务组织结构；变革应立足于会展服务流程设计，以更好地满足顾客需求为导向；在实际操作中，应以有限财力解决关键问题为准则。

（二）重视服务创新

无论是哪个方式的组织变革，都必须注重新组织结构对服务创新的支持力度，可发展学习型的组织结构，强调组织制度和控制力，形成以创新为导向的管理氛围，达到提高服务效率、提升客户满意度、增加利润的目的。

（三）分权与集权相结合

随着会展业的发展，会展服务市场逐渐由卖方市场向买方市场转变，这种转变要求展馆服务以顾客为导向，在整个服务过程中始终把握顾客需求的脉络。与此同时，随着服务市场的逐渐细化，个性化会展服务的需求越来越大，展馆只有实行多样化运营战略，才能适应市场需求的多样化、个性化，才能降低运营风险。在内外部环境的驱动下，展馆必须从过去集权的组织结构向组织分权化转变，充分发挥组织成员的积极性和创造力，以适应市场变化需求。

（四）减少管理者在变革中的阻力

管理者的信念系统是组织结构变革的源泉，决定了所在的组织对组织战略、组织结构和组织文化的喜爱和选择，同时，他们的某些信念和能力也有可能成为组织结构变革的制约因素。比如，当中层管理者没有意识到变革必要性时，可能会对变革产生消极的限制作用，从而影响整个变革的实施。为减少部分管理者在变革中的阻力，最高管理者应保持适度的坚定性和果断性，顽强地维持组织的正常运转，以对抗消极的阻力和限制。

（五）适时、合理地选用新型组织结构模式

随着分权管理、人本管理、柔性管理、战略管理等经营管理理念的发展，创新型团队、企业联盟、虚拟型企业等组织模式也以崭新的状态展现在我们面前。它们是以知识技术为核心集聚资源、灵活而又统一的网络化组织形式，向展馆提供了服务和营销联盟等具体可操作的新型运作模式。动态联盟、虚拟企业等新型模式所倡导的组织横纵向联系，优势互补，有助于展馆服务部门打破条块分割，实现跨部门、跨业务板块甚至跨经济成分的联合。

（六）注重信息化技术的发展

信息化服务及智能化管理已成为会展业的发展趋势，在这种发展趋势的推动下，一方面，展馆应在服务管理的各方面引进信息化技术，及时获取服务运营的外部信息，促进服务管理部门的协调运转，同时，正确收集、储存、整理和处理顾客需求信息，为展馆服务管理提供决策依据；另一方面，展馆应重视信息化技术在具体服务项目中的应用，以树立服务品牌，提高客户满意度。这些都要求展馆对服务组织结构进行积极变革以适应信息化技术革命。

案例：

中国对外贸易中心（集团）客户服务中心组织架构

中国对外贸易中心（集团）客户服务中心采用直线型与事业部型融合的弱矩阵式组织架构（见图4—5）。

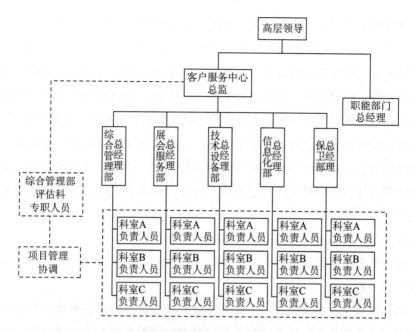

图4—5　直线型与事业部型融合的弱矩阵式组织架构

第三节　展馆服务运作管理

在会展业与服务业快速发展的今天，展馆服务运作管理也随之发生了变化：一是外包对象由原来纯粹的劳动密集型服务，逐步向劳动密集型与知识密集型混合外包转型；二是服务供应从原来的专项供应逐步转变为集成供应；三是与会展主办机构、外包服务单位的关系从简单的交易关系逐步变化为战略合作伙伴关系。这个转变过程要求展馆采用集成化的管理模式管理服务运作，通过服务资源、服务设施和服务技术的整合和管理，提高服务供应链的管理效率，为客户提供创新、超常规、满足个性化需求的服务。

一、集成化展馆服务运作管理

随着科学技术的发展以及展览市场交易特征的变化，顾客对会展服务的内容、性能、质量的要求越来越高，这就要求展馆重视服务效率和效果，突出一体化的整合思路，用集成化的管理思想指导行为实践。

首先，展馆的服务管理体系是一个相对开放的复杂系统，它涉及社会系统中的人流、信息流、物流等复杂因素，随着管理要素的增加以及管理视线的日益扩张，管理环境的随机性越来越大，各种资源要素之间的流动也更加频繁，在这种情况下，只有集成化管理才能使展馆及时和外界交换优势资源，从而提高管理水平以及市场竞争力。其次，集成化管理的过程是各要素相容与互补的过程，也是各要素整体寻优的过程，只有有效整合了各要素，才能使会展服务体系获得最大的效益产出。再者，市场竞争的加剧促使展馆采取集成化管理，通过服务管理功能调整和系统创新，才能解决管理过程模糊、资源匮乏等问题，确保展馆总体运营和谐有序发展。

展馆服务采取集成化管理，必须具备模块化、集成化、标准化、定制化、信息化等要素。

（1）模块化。指对服务链上的各个服务项目的过程进行解构、分析和重构，实现业务模块化，这个过程也是对服务项目的规划和设计的过程，我们已在第二章对该方面的知识进行了介绍，在此不再赘述。展馆服务管理的模块化可采取两种形式：一种是根据服务类别进行业务模块化划分；另一种是根据与顾客的接触程度划分服务前台、服务后台以及支持系统等。业务模块化可降低服务系统的复杂性，从而达到加快服务创新、提高服务质量的目的。

（2）集成化。指构建管理集成平台，将展馆内外的服务模块有效连接的过程。这个过程可以是不同模块的无缝衔接，也可以是模块之间合作方式的改变，甚至可以插入新的业务模块，删除旧的业务模块。管理集成平台能及时给各模块提供全面而准确的信息，并控制、协调各模块的运作，从而保证会展服务体系的自我适应能力以及该体系应对外部市场环境变化的敏捷性。比如，广交会展馆的客服中心设立综合管理部门，该部门与其他具体业务部门并无业务交叉，可负责会展服务前台板块，对其他服务环节进行拼装合并，同时具有整个客服中心业务发展规划、管理、监督的职能。

（3）标准化。指通过服务标准的制定和实施，以及对标准化原则和方法的运用，从而达到服务质量目标化、服务方法规范化、服务过程程序化的过程。标准化管理的实施，不但会提高服务效率，还会降低服务成本，具体的内容我们将在第五章进行详细介绍。

（4）定制化。指在标准化的基础上满足顾客的个性化需求，以提高客户满意度并实现服务的差别化和增值，它的基本要求是服务开发柔性化、服务管理精益化、服务营销个性化。比如，广交会展馆为了最大限度地满足展览主办单位的需求，深入洞悉展览客户的复合需求，确定了"从纯粹的场地销售者、基础服务提供者向整体服务解决方案提供者转变"的创新思路，推出"展览整体服务解决方案"，为展会量身定制服务组合套餐，一方面延伸了常规服务项目内容，建立"展览配套服务供应方案库"，帮助展览客户有效选择符合的服务及供应商；另一方面针对展会的个性化需求提供定制服务解决方案，为展会解决后顾之忧。

（5）信息化。指将现代信息通信技术引入展馆内部和合作伙伴之间，建立内外联网，使所有的信息交换和业务处理过程更加高效、快捷。这部分的内容我们将在第六章信息化应用中进行介绍。

管理的模块化与集成化、标准化与定制化之间存在相互促进、相互制约的关系，其中一个要素的提升，都可能促进其他要素的循环提升。以标准化与定制化为例，在展馆会展服务体系建设初期，服务标准化和定制化的程度都相对较低，随着体系建设的推进，展馆采取各种服务质量管理手段提升标准化程度，在这个基础上，定制化能力也随之迅速提升；当定制化导致服务过程多样化增强、规划化减弱的时候，标准化管理又将被推行到另一个层次，从而实现了循环提升的过程。模块化与集成化之间的关系亦是如此。

二、展馆服务供应链管理

随着展馆运营模式从单一模式到综合模式的不断变化，展馆的服务供应链也出现了结构性变化，一方面，服务供应链的复杂性加大。随着市场竞争力的增大，很多展馆进行了资源优化和业务整合，并加大了对顾客及目标市场的研究，从关注服务供应逐渐转变为关注服务需求，从而推动了服务供应链的外延及内涵的扩展。另一方面，在成本压力和核心竞争力的驱动下，很多展馆逐渐将非核心的服务项目进行外包，从而使供应链的层次以及管理结构发生了变化。从变化的角度分析，展馆服务供应链的管理有两个关键的内容：一是服务设计和服务供需平衡，二是服务外包。由于服务设计和服务供需平衡的内容我们在其他章节已以会展企业的全视角进行了分析，因此，下面我们将从服务外包的角度进行展馆服务供应链管理分析。

（一）服务供应链

展馆服务供应链主要由三个部分组成：管理集成平台、标准模块、管理信息系统。其中，管理集成平台一般指展馆服务管理机构上传下达的沟通平台，它对外承接与顾客沟通、接受顾客服务需求的任务，对内承担建立各标准化模块组织、监督各组织运行、提高整个服务体系整体性和运转效率的职能，同时，它还须发挥展馆服务业务板块与其他业务板块之间的沟通协调作用。标准模块主要就是内部的具体的服务管理运作板块，包括自营业务、服务外包业务等具体内容。管理信息系统是指为管理集成平台和标准模块之间，标准模块内部的计划、组织、指挥和控制等管理行为提供信息化支持的系统。

（二）服务外包的概念

供应链管理的一个重要理念是强调企业柔性发展，发挥自身的核心能力，重视资源有效配置，更好地满足顾客需求。实现这一理念的核心策略就是进行业务外包。服务外包是指企业将非核心的、次要的或辅助性的功能或业务外包给企业外部的专业服务机构，利用专业服务机构的专长和优势来提高企业整体效率和竞争力的经济活动。服务外包是资源整合的过程，也是成本管理的一种方式。

随着会展业发展，服务外包已成为展馆组织服务的重要方式。首先，会展服务需求随着会展活动的开展呈现明显的波动性，在人力资源的配备上，外包服务是展馆解决季节性与短时性用工的最佳措施。其次，会展服务的全面性和专业化要求是展馆实现服务外包的需求动力，为了实现利益最大化和成本最优，集中精力发展核心业务，展馆需通过内外部资源优化，借助外部的先进技术和专业服务促进服务质量的全面提升。再者，现代服务业的迅速发展为展馆服务外包提供了服务供给的力量，如物流运输业、咨询业、展示设计业等服务已积极地与会展业实行对接，直接促进了会展业服务外包的发展。

展馆实行服务外包主要有三大方面的优势：一是有利于提升展馆的核心竞争力，服务外包后展馆可专注于核心服务和核心竞争力的提升，进而实现服务创新，提高整体服务质量。二是有利于简化展馆组织结构，降低人员投入成本。就劳动密集型的服务项目来说，如实现自营，展馆必定要投入大量的人力和物力，庞大的服务队伍不利于展馆实现扁平化的组织结构改革，且可能由于市场人力成本的上涨而背上沉重的经营负担。三是有利于加强服务竞争，通过外包形成服务提供商之间的竞争，可促进服务项目的发展和创新，且在一定程度上降低展馆的服务运营成本。

　　当然，服务外包也可能产生新的成本，首先是管理和信息交流的成本，服务外包要求展馆提高内外部资源的协调和管理能力，这将增加展馆的管理人员投入，同时可能派生出额外的信息交流成本。其次是潜在风险成本，服务外包后展馆对服务的直接控制力降低，一旦发生服务不可控现象，将给展馆带来运营冲击并造成经济损失。再者，还可能产生其他的成本，如顾客关系管理风险及成本、合作谈判成本等。

三、服务外包决策影响因素

　　虽然服务外包可以为展馆运营带来许多好处，而且是会展业发展的趋势所向，但是对于展馆服务运营者来说，服务外包决策是运营战略的重要组成部分，所涉及的影响因素较多，绝非简单的"一包了之"可以概括。总的来说，展馆服务外包决策受内外部因素的影响。展馆服务经营者可根据这些影响因素进行外包决策判断，在这个过程中，除了对目标服务项目进行考量外，还应结合其他服务项目以及其他业务经营板块进行整体性考量（见图4—6）。

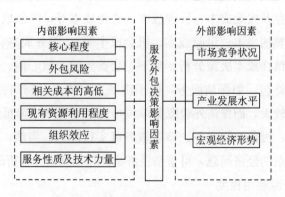

图4—6　展馆服务外包决策影响因素

（一）服务外包决策的内部影响因素

1. 核心程度

服务项目在展馆服务运营中的核心程度，将直接影响其外包决策，一般来说，核心服务或核心程度较高的服务不能实行外包，否则将影响展馆服务运营的核心竞争力。服务是否属于核心竞争力范畴，可通过 5 个方面进行判断，分别是服务的价值性、异质性、不可模仿性、难以替代性以及延展性。总的来说，这些判断因素与展馆的盈利模式以及展馆的运营重点密切相关。比如，采取多元化产品和增值服务盈利模式的展馆，会将展览配套服务如餐饮服务、休闲娱乐服务、商务服务等项目作为核心内容，采取自营方式以获取最大的核心价值。

2. 外包风险

风险是影响服务外包决策的一个重要因素。服务外包可减少自营失败风险，但会产生新的风险，如机密或敏感性数据可能外流、外包质量控制及衡量不易管理、组织文化不兼容等。如果外包所带来的风险大到难以接受或无法控制的程度，应避免外报。比如自办展和展馆经营一体化的基地展览机构，为了确保自办展的观众和参展商数据的安全性，往往会选择自营与观众、参展商数据密切关联的电了商务服务项目。

3. 相关成本的高低

简单来说，外包决策成本分析就是将展馆服务自营所需承担的全部成本与外包的成本进行比较，采纳低成本的运作方式。外包成本分析所涉的因素较多，服务自营的成本主要包括：物料采购成本、人力投入成本、车辆工具投入成本、库存及搬运成本、管理成本、资金成本等；外包成本则主要包括交易成本（含契约成本、风险成本、机会成本等）、服务成本、管理成本等。总的来说，展馆在成本决策分析影响下，会首先对非核心的、劳动力密集型服务项目进行外包，如保洁服务，由于市场人工成本及物料价格逐年上涨，展馆自营成本较大，而保洁外包服务单位可通过规模效应降低市场价格变化所带来的压力，因此相较之下，该项服务可实行外包。当然，外包决策成本分析是一个复杂的经济问题，可借助经济学计算工具提升分析的准确度。

4. 现有资源利用程度

现有资源利用程度决定了服务外包的必要性，如果现有资源有剩余或能满足服务生产需求，通过外包获取资源的需求就相对较小，而当资源被利用到一定程度，自身扩展空间几乎没有时，对服务外包决策就有较大的推动作用。比如，展馆拥有专业的展览搭建队伍，且具有充足的搭建材料及设备，则可对标准展位搭建服务实行自营。

5. 组织效应

如果实行服务外包后，展馆可达到人员精简、人力效益提高、组织规模缩小的效果，则证明服务外包具有一定必要性。

6. 服务性质及技术力量

服务性质及技术力量是展馆服务外包决策不可忽略的因素。比如，服务项目需要独特的技术，而该项技术是展馆难以获取或不易掌握的，则应将该服务项目外包给具备该项技术的服务单位。

（二）服务外包决策的外部影响因素

1. 市场竞争状况

展馆须根据服务外包市场的成熟度以及服务提供商的状况进行外包决策，当某项服务的市场竞争激烈，市场进入无障碍时，展馆便可通过服务外包享受到市场竞争所产生的服务高效率以及相对较低的外包成本。如果某项服务的市场不成熟，服务提供商少或只存在垄断服务提供商，则该项服务的外包成本会比较昂贵，且展馆承担的服务外包失败风险相应加大。

2. 产业发展水平

服务产业发展水平越高，其分工越细，专业化程度越高，服务质量也相对较高，这跟展馆所在地的服务业发展水平有关，对展馆服务外包决策的影响与市场竞争状况相似。

3. 宏观经济形势

宏观的经济形势及会展业的发展状况也会影响展馆服务外包决策，当经济萧条以及会展经济低迷时，展馆往往会缩小服务规模，充分利用现有资源，尽量选择服务自营的方式维持运营状况；当经济繁荣以及会展经济快速发展时，展馆若全面实行服务自营，将不利于充分发挥经营优势，损失专业化分工所带来的利益，因此往往会倾向于扩大服务外包范围。

四、服务外包模式

（一）总包模式

总包模式指展馆选择拥有众多分包商的主要供应商作为总服务供应商，总服务供应商再视情况或自行完成承包的服务，或更进一步发包给二级服务供应商，但无论是总服务供应商单一服务或继续发包给二级服务供应商，都是由总服务供应商对展馆负责。该模式优点在于降低了展馆管理的复杂性，避免了协调多个供应商的难度。不足之处在于限制了展馆获得每一个效率最高的服务供应商的机会，也削弱了展馆对服务供应商的直接控制，为服务质量管理带来一定的风险。而且，该模式对总包服务供应商的要求非常高，存在沟通的复杂性及交付风险。由于展馆集聚了多样化的服务项目，目前仍没有市场服务供应商具有总包的能力，因此尚未有展馆实行这种模式。

（二）分包模式

分包模式指展馆根据服务项目，从众多服务供应商中选择购买最优的、相互独立的服务供应商，满足各项服务需求。其优点在于展馆能获得较优的服务价格，掌握管理主动权，有效控制服务质量。缺点在于展馆管理难度大，需要一对多，对展馆的管理能力要求高，管理成本高。该模式是目前展馆广为实践的模式。

五、服务外包的发展趋势

（一）由低技术含量向高技术含量发展

目前，展馆外包还是以劳动密集型服务为主，如安保、清洁等，技术含量较低，经济效益有限。随着服务业和信息化技术的发展，未来的展馆服务外包将从低技术含量向高技术含量发展，展馆将更多地采用专业化的信息技术服务，如智能化设备的应用等，进一步推动会展业的发展。

（二）由关注运营结果向关注经营结果发展

短期来看，展馆服务外包注重的是运营结果，目标是降低成本、提高运营效率，在此情况下，通常以购买成本衡量服务供应商。但从长远看，展馆提供的服务与展馆的经营指标直接相关，展馆服务外包的目标应该由追求低成本转向追求整体的运营效益，通过服务外包增强展馆核心竞争力。

（三）由简单服务外包向资源整合发展

如前文所述，展馆是一个综合服务平台，也是多种服务项目的资源整合平台。展馆与服务供应商的关系将会由简单的服务外包发展为资源整合的合作关系，通过资源互补和互惠互利，达到合作双赢的目的。

案例：

广交会展馆设备设施管理的服务外包

1. 设备设施管理外包的过程

2004年，中国对外贸易中心正式接收广交会展馆一期展馆，在此之前，一期展馆一直由广钢机电、黄埔电厂驻场进行设备设施的操作维护和运营管理，为了确保设备设施管理的顺利交接，中国对外贸易中心根据一期展馆的管理模式调整情况和新增的设备设施管理需要，经深入调研和广泛征求意见后，继续维持一期展馆设备设施服务外包的管理模式。

2008年，广交会二期展馆投入运营，为提高管理效率和服务质量，中国对外贸易中心通过成分论证、多次研讨，决定采用一期展馆的管理模式对二期展馆的设备设施进行管理，即实行综合运行管理外包和专业技术外包相结合模式。同时，为了降低外包服务成本，加强外包管控，二期展馆的设备设施外包项目仍由一期展馆的外包合作单位按一期展馆的外包服务费用标准承接。

2. 设备设施管理外包的经验启发

广交会实行设备设施管理服务外包，虽有历史原因，但更多的是业务新发展需求使然，这个过程是中国对外贸易中心不断地探索和实践服务外包管理模式的过程，也为其他项目实行服务外包提供了宝贵的经验和启发。

首先，服务外包的过程是企业内部资源及外部资源整合和利用的过程，不能简单地一包了之，应对服务外包的充分性和必要性进行充分考量。如中国对外贸易中心接收广交会展馆前，只负责流花路展馆的运营，设备设施管理方面的人员配置与工作任务基本匹配，但随着广交会展馆三期工程的建设及投入使用，原人员配置已远远不能满足发展需求，在充分权衡了自营和外包的利弊后，才对该项目实行了服务外包。

其次，在确定外包程度时，应综合考虑市场服务供应商的技术力量、资质、同类项目的运营情况，以及外包方的运营成本要求、内部管理架构调整情况等因素。

再者，为有效进行外包服务管控，外包方的组织结构尽量扁平化，减少管理层次，对技术要求较高的项目，可将内部组织板块划分为运营团队和技术支持团队两部分，保留熟悉设备设施、技术过硬，又善于管理的骨干，多培养和使用综合性人才。

此外，应重视外包管理标准的建设，如建立清晰的设备设施运行标准、维护标准、管理制度、应急预案、检查标准、相关事务流程等，确保任何外包单位入场都能根据外包方的清晰要求，提供不低于标准水平的服务。

第四节　展馆外包服务管理

服务外包是展馆进行服务资源配置及成本管理的策略，也是服务管理的战略决策。展馆做出服务外包判断之后，将面临"如何选择外包服务供应商""如何控制外包服务质量""如何进一步发展外包服务项目""如何与外包服务供应商达成双赢"等诸多难题。外包服务管理已不仅是一种动态的项目管理，还是展馆与外包服务供应商合作博弈的管理过程。

一、展馆外包服务供应商引进

外包服务供应商引进是展馆继服务外包决策后的另外一个重要的决策内容。服务供应商的质量关系不但影响服务质量，还将影响展馆对服务项目的管理投入力度。外包服务供应商引进主要包括服务供应商筛选和服务供应商组织两大部分内容。

（一）服务供应商筛选

从服务供应链角度出发，展馆外包服务供应商评价要素主要包括服务能力、服务质量、服务价格、服务柔性、合作能力及发展潜力等。[①]

（1）服务能力。是供应商选择中最重要的因素，服务供应商能否在顾客的个性化、多样化和不确定性的服务需求下交付满意的服务，完全取决于企业服务能力和其与服务需求的匹配性，因此，无论是供应商选择还是运行绩效管理，对供应商服务能力的管理和评价都尤为重要。服务能力的评价因素主要包括：专业服务技术能力、拥有的人力、物力及机力情况、服务流程规范性、企业业绩、财务状况、在所在服务市场的占有率等。

（2）服务价格。主要指同比平均价格优势，还必须考虑供应商要求的支付方式及结算周期。

（3）服务柔性。是指服务供应商响应顾客多样化服务需求的能力及响应速度，这些因素很难量化，一般都是通过服务供应商过去的服务工作记录或合作经历来进行考量。

（4）合作能力。指服务供应商与展馆或其他企业之间的合作关系，包括合作经历、企业资信、社会贡献度、与其他企业的服务资源整合能力、与需求展馆之间的企业文化融合度等。

（5）发展潜力。其考量因素包括：服务利润增长率、服务创新能力、绿色竞争力等。

（二）服务供应商组织

1. 建立服务基准信息库

为了扩大服务供应商的选择范围，展馆需建立一个长期的服务供应商数据库，根据外包服务业务类别搜集符合资质条件的供应商，并定期更新数据库数据。

2. 制定立项报告

在外包服务项目进行招标之前，展馆需制定详细的立项分析，以明确具体的服务外包需求，分析内容主要包括需求分析（服务项目概况、外包需求及必要性、内部人力资源安排和成本核算、合同周期、工作流程及标准等）、可行性分析（市场资源、技术、经济等可行性分析）、预期效果、成本分析、

---

① 宋丹霞、黄卫来：《服务供应链视角下的生产性服务供应商评价》，《武汉理工大学学报》，2010 年第 32 卷第 3 期。

技术及资质要求等。

3. 服务成本控制

无论是采用哪种方式引进服务供应商，展馆都应提前对服务项目的运作成本进行测算，为成本控制提供数据依据，测算要素包括服务项目主要要素的投入成本、主要要素的市场价格及变化状况等。以保洁项目为例，测算要素包括：固定保洁人员投入成本、展览期间（分展前、展中、展后）机动人员投入成本、高空作业成本、清运垃圾货车使用情况及成本、其他辅助设备（如铲车、钩机等）的使用情况及成本、投入的物料成本（如垃圾桶、卫生间清洁用品等）、税费等，在此基础上，还须比对市场人力成本、市场车辆及设备使用成本、市场物料成本等。

4. 招标和投标

一般情况下，展馆都会通过招标的方式招选服务供应商，为确保服务质量，应注意的招标事项包括：一是要合理限制影响较大、要求较高的外包项目服务商选择范围，确保服务质量；二要慎选低价中标法，防止服务商过度追求最低价中标最终影响服务质量。

5. 合同制定及签署

外包服务内容除应具备合同所需要素外，还应特别注意三方面的内容：一是明确采用服务外包的原则、基本要求，以及要达到的效果；二是明确量化考评指标，除对服务单位进行常态化考核外，还需建立奖惩机制及淘汰机制；三是适当增加约定价款逐年递增的条款或者其他浮动条款，避免物价变动影响服务质量。

二、展馆外包服务管理

由于外包服务受服务供应商以及展馆的双重管理，管理层级较多、管理难度及复杂性大，因此，对外包服务的过程监控及管理显得尤为重要，主要包括以下两方面的内容。

（一）优化组织管理

首先，必须要求服务供应商针对展馆服务项目建立一套独立的管理组织，该套组织必须配备固定的驻场管理人员和服务工作人员，并拥有一套完整的管理制度。

其次，展馆应在统一的服务质量管理机构中分设外包服务管理团队，专门负责外包服务的项目整合、立项审批、质量监控、评价奖惩等内容。

再者，展馆应与外包服务供应商建立常态化的沟通机制，定期听取供应商的工作汇报，并针对服务开展情况对供应商提出改进要求。

（二）加强过程监管

1. 确定不同服务项目的管理重点

展馆应尽量改变纯粹的结果控制模式，针对外包项目的业务性质、合同金额、服务年限以及其对于展览现场服务的影响程度的不同，分别采用体系控制、过程控制和结果控制的模式。

对现场服务影响重大的外包服务项目，如客户联络中心、设备设施管理、安保、展品搬运、餐饮等，要采用体系控制的模式，即除了对外包服务单位的人员投入、岗位安排、机械及设备投入、节点完成情况等进行严格的规定和检查外，还必须对外包服务供应商的企业状况进行及时跟踪。

对现场服务影响相对较小的外包服务项目，如广告、绿化、软件开发等，要采用过程控制的模式，即对外包服务单位人员投入、岗位安排、机械及设备投入等工作方案提出明确要求，确保其按照合同要求完成任务。

对于银行、邮局等比较成熟、规范的外包服务单位实行结果控制模式，即外包服务单位根据自身管理规范完成现场服务任务，满足展览需求。

2. 利用完整的服务质量管理体系进行服务流程监管

该部分的内容我们将在第五章进行详细介绍。

3. 完善奖惩机制和应急机制

在常态化考核的基础上，对所有的外包服务项目进行统一评价考核，对考核评级为优的服务供应商给予荣誉奖励，对考核评级为差的服务供应商给予相应的经济处罚；对严重违约、无法完成外包服务任务的单位，除追究相关责任和进行经济处罚外，还将其列入黑名单不再录用。此外，还须对各种意外情况做出充分预计，制订临时替代方案，避免意外造成服务中断。

三、与外包服务供应商的关系管理

展馆在服务外包的过程中，一旦寻找到合适的外包服务供应商，就应该致力于发展与其长期合作的关系，从而达到互惠互利、合作共赢的目标。

（一）合作伙伴管理的内容

传统的合作关系与合作伙伴关系存在三方面的差异：一是合作导向。传统合作关系以交易为导向，很少讲究合作双方的信誉或美誉度，而合作伙伴关系则以关系为导向，重视以往的业绩记录和公司信誉。二是收益重点。传统合作关系只关注自身利益，很少顾及合作方的边际收益，而合作伙伴关系则充分考虑外包方的利益，做到公平交易，实行双赢战略。三是合同关系。传统的合作关系全靠合同维系，严格按合同办事，不关注合作方的反馈意见，甚至是一种敌对的、零合作的交易，而合作伙伴关系则是超越合同，从双方的切身利益出发，鼓励合作方做出反馈，相互信任，通力合作。

（二）建立合作伙伴关系的要点

1. 为合作伙伴创造价值

展馆除了不断地学习和创新以获得发展，还要积极为合作伙伴创造价值，这种价值主要包括管理理念、服务技术以及创新能力的交流和分享。

2. 建立反馈机制

合作伙伴长期合作关系维护的过程就是激励、交流、迅速实施反馈意见的过程。一方面，展馆应激励外包合作伙伴积极参与到展馆的价值创造活动中，形成共同的价值观，从而争取外包合作伙伴百分之百的支持与配合。另一方面，展馆应对外包合作伙伴提出的反馈意见迅速作出反应，即要及时审议和实施这些意见。如果展馆对反馈意见置之不理，可能导致外包合作伙伴对反馈制度丧失信心。这个过程包括集中精力研究自身存在的问题和失误、要求外包合作伙伴提出更详细的改进意见、审议后结合具体服务项目需求进行调整等。

3. 建立信任关系

信任关系是指一方关心另一方的利益，任何一方在采取行动之前都会考虑自己的行动对外包合作伙伴所产生的影响，尤其是在交易关系不对等的情况下，信任关系显得尤为重要。信任关系包括两方面的内容：一是双方的利益应根据服务贡献的大小和担负责任的多少进行合理分配，不能由其中一方占有全部或大部分利益；二是通过合作期限增强合作方的归属感，比如，可建立完善的合同续签机制，减少优质服务商对合作期限的忧虑，引导服务商加大机械化投入和优质管理人员投入，提高工作效率和服务水平；三是对所有的外包服务供应商执行相同的政策和管理原则，做到公平对待、不偏不倚。

4. 建立高效的信息传递网络

随着信息化的快速发展，如何利用信息化技术进行展馆和合作伙伴之间的信息传递显得非常重要，只有通过有效的信息传递网络将各个合作单元紧密联系起来，展馆服务外包才能真正具有协调性、重点性和经济性特点。

第五节　展馆服务体系客户关系管理

展馆服务体系的客户关系管理，实则是展馆整体运营系统的客户关系管理体系的组成部分之一，其目的是在展馆整体客户关系管理体系的统领下，通过对客户的分析、追踪和管理，提高服务的速度、准确度和效率，进而加强客户对展馆的忠诚度，促进展馆与客户的长期合作关系，为展馆赢得更多长期的、稳定的客户。

一、展馆服务体系的客户定义及类型

展馆服务体系的客户主要是指与展馆服务体系有业务往来、能为展馆带来利润的组织或个人。从这个定义上看，展馆服务体系所面对的客户比展馆销售体系更为宽泛，比如综合运营模式下的展馆，其客户不但包括租赁展馆场地的会展主办方，还有购买会展服务的个体，即参展商及观众。

会展主办方是展馆服务体系最重要的客户。随着会展业和服务业的发展，展馆的服务集成功能越来越强大，而这项功能的主要需求者便是会展主办方。同时，展馆为了更好地满足会展举办的需求，也会直接为参展商和观众提供服务。而且，从展馆整体运营系统的角度出发，能较大程度地带来运营收益，且最有能力带动其他客户群体的目标客户也是会展主办方。

参展商和观众是大部分展馆服务项目的最终受益者，他们对服务的感受直接影响到展馆服务的效果，但是由于该部分客户是围绕展览形成的，因此展馆的服务质量一般只会影响该部分客户的需求量的大小。

此外，对于具有地标意义的开放式展馆来说，市民或其他展馆参观者也是展馆服务的对象，但由于该部分对象的范围较小，因此我们将不在本文进行讨论。

二、客户关系管理对展馆服务运营的意义

（一）客户关系管理的概念

客户关系管理（Customer Relationship Management，CRM）的思想起源于美国。起初仅仅是为了专门收集客户信息，伴随着市场需要，逐渐发展到销售力量自动化系统（SFA）、客户服务系统（CSS）。IT 咨询公司 Gartner Group 明确提出 CRM 概念。Gartner Group 认为，所谓客户关系管理，就是为企业提供全方位的管理视角，赋予企业更完善的客户交流能力，使客户的收益率最大化。

CRM 是商业战略，也是一种现代的经营管理理念。它要求以客户为中心，视客户为企业的重要资源，通过人文关怀实现客户满意度的经营理念。企业通过与用户的互动来分析用户数据变化以增进对目标客户和潜在客户的了解，从而为不同客户提供个性化的服务，提高客户满意度。

展馆服务体系进行客户关系管理，就是为了获取提供全方位的客户视角，从而完善客户交流能力，提高客户收益率，其最终目的是促进展馆的整体运营。展馆服务体系的客户管理一般从属于展馆的销售系统，基本上都围绕"一个中心、两个基本点"开展，即以客户满意度为中心，以客户关系管理理念为指导思想，以 IT 信息产业作为技术支撑工具。

（二）展馆服务体系进行客户关系管理的意义

1. 客户关系管理是展馆服务管理中至关重要的一环

目前，我国的展馆运营已逐步由单一模式向综合模式转变，其对服务的运营和管理能力成为展馆发展的重要影响因素。在这种大背景下，客户关系管理将有助于展馆服务运营者进一步明确顾客需求的服务导向，加大顾客潜在需求的挖掘力度，以更高远的发展视角去进行展馆服务规划和管理。

2. 客户关系管理为展馆服务体系市场捕捉机会

客户关系管理除了提升展馆服务管理水平外，还可培养展馆运营者对市场机会的把握能力。在以顾客为导向的市场环境中，能否清晰地了解多数、

甚至每一个主（承）办方、参展商及观众的服务需求，能否适时地推出新的符合顾客需求的服务，能否在顾客未意识到需要前便提前为其量身定制新的服务，将成为每一个展馆服务运营者所面临的巨大挑战。

3. 客户关系管理为展馆创造个性化服务奠定基础

随着会展业的不断发展，展馆举办的展览数量以及规模都有了很大变化，简单的记忆和初级客户资料系统已透支展馆的处理能力，当顾客需求量增长到某种程度时，许多展馆服务运营者对顾客的掌控能力就急剧减弱，因为他们无法让每个服务人员都能有效分享客户的信息与资源，准确地把握每位顾客的服务需求，从而失去了为顾客提供差异化、个性化服务的基础，进而减弱了展馆服务管理提升的能力。客户关系管理的实施将帮助展馆服务运营者关注客户需求，通过信息化手段，收集数据并完善服务传递过程，从而使每个服务人员都能明确掌握客户的需求、服务特点，从而提升为客户提供个性化服务能力。

三、展馆服务体系的客户关系管理过程

客户关系管理的实施策略依托于客户生命周期理论，客户的生命周期可归纳为三个阶段，分别是：获得新客户、提高现有客户的利润贡献，以及与利润客户保持永久关系（见图4—7）。

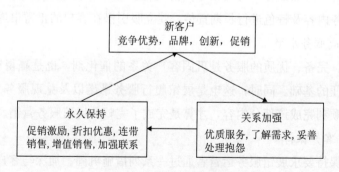

图4—7　客户生命周期

根据客户生命周期，展馆服务客户关系管理历经三个阶段，依次为客户获得、客户保持和客户忠诚。值得注意的是，客户关系管理是一个不断收窄

目标客户的过程，在每一个阶段均会有一定比例的客户流失，最后仅有少部分客户进入客户忠诚阶段。

（一）客户获得

建立客户关系是展馆服务体系实施客户关系管理的第一步，只有当展馆与客户同时认为可从与对方的交换中获得合理的利益时，这种关系才可能成功建立，因此，建立客户关系的重要原则是公平及合理。比如，会展主办方选择指定展馆举办展览。对展馆而言，展馆可获取客观的经济和社会效益，而且在某种程度上提高了展馆的知名度。对主办方而言，展馆的优质服务可增加展览的满意度，这种互利关系就是建立关系的前提。客户获得是客户关系管理的第一步，可通过以下两种方式实现。

1. 加强营销力度

及时向客户传递展馆服务的优势、特点以及给客户带来的效益等信息，让目标客户更全面、更详细地了解展馆所提供的服务，可有效增加客户选择服务的可能性。具体做法包括：在展览引进前结合展馆销售进程向会展主办方提供一体化的服务营销方案以及服务手册；展览期间通过服务评估增强主办方对展馆服务的印象，在展馆现场通过广告、广播、服务指引等多渠道向参展商及观众展示展馆的服务项目；展览后有针对性地进行客户服务体验意见收集，再一次加强客户对展馆服务的记忆。此外，展馆应通过各种媒介对展馆的服务内容及特色进行长期宣传，建立吸引潜在客户的正常渠道。

2. 提高服务水平

高效、完备、优质的服务是巩固客户关系的催化剂，也是赢得客户对展馆服务信任的基础。同时，这也是展馆履行服务承诺以及兑现服务承诺的过程，只有顺利完成该部分内容，才算是完成了完整的展馆服务营销。

（二）客户保持

客户保持要求展馆服务运营者通过一系列措施巩固、加深与客户的关系。主要有提高服务满意度、日常维持客户关系、数据管理三方面。首先，需要提高客户对服务的满意度，降低客户流失率。其次，是与客户保持联系，建立与顾客间的信任与了解。其中，了解客户的服务需求是展馆不断增进与客户关系的基础，是展馆理解、满足甚至超越客户服务期望的前提。最有效的方法是追踪客户需求，比如对会展主办单位发出服务需求征询方案，召开参展商、观众座谈会，通过问卷调查或电话访问的方式了解客户需求等。此外，还可使用顾客需求预测方法，具体内容在本书第二章已进行了详细的介绍。再者，数据管理在此阶段尤为重要，是客户管理的核心，将零散的客户转换为数据化的资源，为实现展馆运营目标提供重要基础。

（三）客户忠诚

客户忠诚是指客户对特有品牌的依恋情感，从而对此作出不理性的偏向性选择。忠诚的客户关系具有相对的稳定性，能够消除环境变化给展馆服务运营带来的冲击。在客户关系维系阶段后，仅会有少数客户转向忠诚。此时，展馆已经与客户产生了更亲密的、更个性化的关系。保持客户忠诚度最关键的就是展馆显示忠诚度的主动性，主要方式包括以下两种：

1. 加强与客户之间的互动

首先，展馆服务体系所提供的服务应延伸到展后，比如可于展后向会展主办方提供展览的服务需求情况及完成情况，协助会展主办方完成下次展览的各种决策。再者可联合展馆销售业务板块开展各种联谊活动，比如为展馆的重点客户提供个性化服务方案等。

2. VIP 激励制度

VIP 激励制度是大部分企业提高老客户忠诚度的惯用做法，主要方式包括价格折扣，免费或低成本地促销产品和服务等。但这些优惠具有排他性，只有拥有 VIP 身份的客户才可获得特殊优惠，以此凸显忠诚客户的独有身份，从而进一步加深忠诚度。对于展馆服务运营者来说，除了这些方式，还应结合展馆差异化服务策略采取一些有针对性的措施，比如建立客户档案，根据会展主办方、参展商、观众使用服务的情况进行累计积分，并根据积分的不同制定级别奖励或者提供不同的差异化服务内容，单独设立 VIP 接待室或餐饮区，从而创造具有特色的客户关系管理。

第五章　会展服务质量管理

　　会展服务质量是会展企业竞争的着力点，也是影响企业竞争优势的主要因素。完善会展服务质量管理的过程，就是权衡顾客预期服务质量与实际服务质量的过程，也是进一步提升服务质量、培养企业团队精神，创造企业核心价值的过程。本章第一节，将介绍会展服务质量管理的目的、意义，以及会展服务质量管理的适用工具及方法，为读者提供一个清晰的会展服务质量管理的概念。第二节将详细介绍会展服务质量管理体系建设的主要步骤，为会展企业创建服务质量管理体系以及实施服务质量管理提供指引；第三节将重点介绍会展服务质量评估的意义、评估原则、评估标准、评估方法及具体评估步骤等内容，旨在帮助会展企业方便、准确地分析、测量、控制、评价服务质量状况，进而有效地推进会展服务质量管理。第四节将介绍会展服务风险管理的有关内容，主要对现场服务项目的潜在风险提出相应的防范和应对措施，为会展服务实施创造安全的环境。

第一节　会展服务质量管理概述

　　会展服务质量管理是决定会展企业服务收益和竞争实力的重要因素，也是会展服务体系建设的重要保障。会展服务质量管理体现了以顾客需求为导向、全员参与、持续改进的管理思想，旨在进一步规范会展企业的服务行为、推动会展服务运营、提升客户满意度和会展企业的核心价值。

一、会展服务质量管理的概念及意义

　　服务质量管理指创建一个动态的管理机制，从确保服务质量入手，通过完善各项管理制度，加强服务管理，建立自上而下的服务质量监督检查体系，并通过循环反复运行，最终达到提高服务质量的目的。服务质量管理对会展

企业的发展有着深远的意义。

首先，服务质量管理有助于提高会展企业的核心竞争力。会展品牌是会展企业的核心竞争力，而会展服务质量则是会展品牌的重要保证。随着会展市场竞争的日益加剧，如何通过优质服务提高客户满意度，从而推动企业核心竞争力的快速增长，是每个会展企业在发展过程中将面临的重要课题，在这个过程当中，只有借助成熟服务质量管理系统和有效的管理运行模式，才能使会展企业节省管理成本，降低管理压力，达到事半功倍的管理成效。

其次，服务质量管理有助于提升客户满意度。会展企业想方设法加强服务质量、提高服务效率，其目的在于提升客户的满意度，保持客户忠诚度。服务质量管理体系以客户为关注点并以持续改进为管理理念，并将该理念渗透到明确服务岗位职责、完善服务标准、规范服务行为等方面。除此之外，服务质量管理体系还对服务的全过程实施有效控制，以确保服务质量和服务水平不断地提升，最大限度地满足客户的服务需求。

最后，服务质量管理有助于提高服务人员素质。会展业是现代服务业的典型代表，会展服务人员的素质和行为，将直接影响会展企业的形象和品牌。服务质量管理体系注重培训机制的建设，鼓励岗位成才，这种内在要求和工作机制，与会展企业对人才的需求是一致的，它可以汇聚成为提高服务人员综合素质的强大推动力，进而提高服务人员的工作积极性和主观能动性。因此，服务质量管理体系建设有利于坚持以人为本，不断提高全体员工的学习意识、质量意识和客户至上意识，实现全员素质的不断提升。

二、会展服务质量管理的适用工具及方法

目前，企业应用最为广泛的质量管理工具及方法包括：全面质量管理体系（TQM 或 TQC）、ISO 质量管理体系、六西格玛管理、卓越绩效管理等。

全面质量管理模式（TQM 或 TQC）就是指一个企业以质量为中心，以全员参与为基础，目的在于通过顾客满意和本企业所有成员及社会受益而达到长期成功的管理途径。虽然该模式一直在向制度化发展，但它始终是一种集成化工具，主要用于解决质量专题或自下而上的技术攻关。

ISO 质量管理体系是质量标准和管理方法，可以适应于任何规模和类型的企业，它的主要目的是规范企业管理，建立以产品或服务为中心的质量管理体系，并证实企业具有稳定地提供满足顾客需求和适用的法律法规要求的产品的能力。

六西格玛管理是一种管理思想与工具，能够严格、集中和高效地改善企业流程管理质量的实施原则和技术。它包含众多管理前沿的先锋成果，以"零缺陷"的完美商业追求，带动质量成本的大幅度降低，最终实现财务成效的显著提升与企业竞争力的重大突破。[①]

卓越绩效管理是指企业通过综合的绩效管理方法，为顾客和其他相关方不断创造价值，提高企业整体的绩效和能力，促进企业得到持续发展和成功。卓越绩效准则模式吸收了全面质量管理的理念，同时可与 ISO 质量管理体系、六西格玛管理形成兼容互补。

在我国，会展企业应用的服务质量管理工具及方法主要是 ISO 质量管理体系和卓越绩效管理，下面我们将对这两种工具及方法进行详细介绍。

（一）ISO 质量管理体系

1. ISO 简介

ISO 全称为 International Organization for Standardization ，即国际标准化组织。ISO 共有 200 多个技术委员会（Technical Committees，TC），2200 多个分技术委员会（简称 SC），其标准由技术委员会制定。ISO 的宗旨是"在世界上促进标准化及其相关活动的发展，以便于商品和服务的国际交换，在智力、科学、技术和经济领域开展合作"。目前，ISO 拥有 120 个国家和地区成员。

ISO 9000 是质量管理体系的标准，它不是单个标准，而是一族标准的统称。其核心标准共有以下 4 个。

（1）ISO 9000，表述质量管理体系基础知识并规定质量管理体系术语。

（2）ISO 9001，规定质量管理体系要求，用于证实组织具有能力满足顾客要求和适用的法规要求的产品，目的在于增进顾客满意。

---

① 百度百科：六西格玛管理。

（3）ISO 9004，提供考虑质量管理体系的有效性和效率两方面的指南，该标准的目的是改进组织业绩并达到顾客及其他相关方满意。

（4）ISO 9011，提供质量和环境管理体系审核指南。

ISO 9000 标准提出的八项质量管理原则被确定为最高管理者用于领导组织进行业绩改进的指导原则。包括：以顾客为关注焦点、领导作用、全员参与、过程方法、管理的系统方法、持续改进、基于事实的决策方法、与供方互利的关系。

2. ISO 9001 质量管理体系的适应范围

ISO 9001 标准已成为全球范围广泛接受的质量管理体系标准，在全球 176 个国家近 90 万家机构贯彻实施。该标准将复杂的质量管理体系细分成若干过程和要素，并对每一过程和要素进行了详细的规定，为需要建立质量管理体系的机构推荐了一套完整的实施细则。

企业通过采用 ISO 9001 标准来申请外部认证，向第三方审核机构提供了可操作的审核依据。通过 ISO 9001 认证，证明企业已经引入一个开放式的质量管理模式。通过对业务流程的策划和过程管理，使得所有业务活动自始至终得到有效的监管状态，以达到预期的业务量。通过内部审核、管理评审和持续改进，使工作效率得以提高，成本得到控制。

ISO 9001 标准为有下列需求的组织规定了质量管理体系要求：一是需要证实其具有稳定地提供满足顾客需求和适用的法律法规要求的产品的能力；二是通过体系的有效应用，包括体系持续改进过程的有效应用，以及保证符合顾客要求和适用的法律法规要求，旨在增强顾客满意。该标准规定的所有要求是通用的，适用于各种类型、不同规模和提供不同产品的组织。

3. ISO 9001 质量管理体系的应用步骤

ISO 9001 质量管理体系建设和认证大致可分为两个阶段、五个步骤完成。

一是建设阶段，也是最重要的阶段，该阶段包括以下 4 个步骤。

（1）准备工作步骤：现场评估、诊断、提交报告，服务质量体系策划，疏理流程，组建领导小组和工作小组，组织动员大会和员工培训。

（2）文件编制步骤：组织文件编写培训、文件策划、文件编写、文件修改、定稿，召开文件发布大会。

（3）运行与完善步骤：执行文件，组织试运行与内审。

（4）评估步骤：内部运行检查。

二是认证阶段，只包括一个步骤，即申请认证，内部运行检查，接受ISO 9001认证审核。

（二）卓越绩效管理

1. 卓越绩效管理简介

卓越绩效管理通过综合的组织绩效管理方法，使组织和个人得到进步和发展，提高组织的整体绩效和能力，为顾客和其他相关方创造价值，并使组织持续获得成功。相应的卓越绩效模式（Performance Excellence Model）是当前国际上广泛认同的一种组织综合绩效管理的有效工具和方法。该模式源自美国波多里奇奖评审标准，以顾客为导向，追求卓越绩效管理理念。包括领导、战略、顾客和市场、测量分析改进、人力资源、过程管理、经营结果等7个方面。其特点包括5个方面：一是四化，即目标指标化，指标数字化，管理模式化，模式个性化；二是满意，指相关方满意；三是侧重自我评价、标杆评价、对手评价三个评价；四是将结果控制变为过程控制；五是将缺陷视为改进的机会以及制度检验的镜子。

迄今为止，卓越绩效管理已成为一种世界性标准。全球已有60多个国家和地区，先后开展了卓越绩效管理的推广与普及。2004年8月30日，中国国家质监总局和国家标准化管理委员会发布了GB/T 19580《卓越绩效评价准则》国家标准和GB/Z 19579《卓越绩效评价准则实施指南》标准化指导技术文件，并于2005年1月1日起在全国实施。

2. 卓越绩效管理模式的实施流程

卓越绩效管理起源于质量管理，它将全面质量管理的系统化、标准化、程序化和规范化的体系理念推广到企业经营管理的所有领域。该模式如图5—1所示。

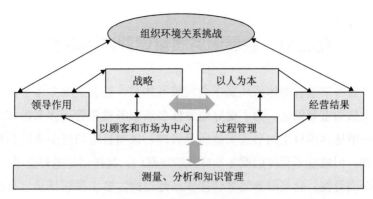

图 5—1 卓越绩效管理模式

卓越绩效管理模式的实施可大致分为 5 个步骤，如图 5—2 所示。

（1）确定目标。明确企业拟开展的卓越绩效管理的目标，使相关人员明确企业开展管理的要求。

（2）制订实施计划。指导企业对卓越绩效管理的开展，使管理者能明确项目各个步骤、实施内容、实施时间。

（3）指导、反馈和修正。解决实施卓越管理模式过程中存在的问题，并逐一修正卓越绩效管理的相关内容。如有可能，可以引入专业的咨询公司。

（4）运行、监控和修正。对卓越绩效管理模式运行过程实时监控和分析，一般可以根据管理目标的细化结果，采用表格等方式记录运行情况并和细化目标逐一比较，找到问题及时修正。

（5）绩效改进。对卓越绩效管理模式运行结果进行评估，明确绩效改进计划的跟进与实施，形成 PDCA 循环。

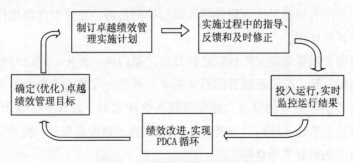

图 5—2 卓越绩效管理模式流程图

第二节　会展服务质量管理体系建设

会展服务质量管理体系从属于会展服务体系，是会展服务体系正常运作和持续发展的重要保证。为了更好地发挥会展服务质量管理体系的作用，会展企业一般选择项目组的形式实施质量管理，该项目组归属企业的会展服务体系管理，但独立于具体的服务实施或管理部门，其作用是进行公平、公正、有效的全面管控。会展服务质量管理体系建设的主要步骤包括确定目标及预算、成立项目组、确保实施资源、拟订计划、调研、建立质量方针、目标、培训、建立文件体系、运行、认证及监控、持续改进等（见图5－3），本节将按顺序对各个步骤进行介绍。

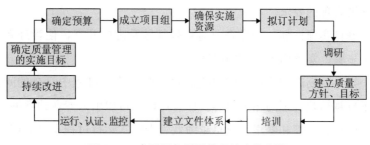

图5－3　会展服务质量管理的实施步骤

一、质量管理的实施目标

会展服务质量管理的实施目标对于整个质量管理过程尤为重要，它不但要起到引领所有管理工作达到最终质量管控的目的，还要发挥凝聚作用、激励作用和评价作用。

会展服务质量管理实施目标必须具备三层内涵：首先，它应与整体的服务运营目标一致，即满足顾客的服务需求，提升企业核心竞争力；其次，它应体现服务质量管理的价值，即提高服务管理能力、提升全员素质；再者，它需持续推进管理系统的"持续改进"，从而逐步地改善服务、提升管理，逐步实现每个质量管理子目标。

质量管理实施目标的制定还须坚持4个原则：一是系统性原则。质量目标具有时间性、多层次、多方面的特点，要使质量目标顺利实现，就必须结合部门工作特点，形成协调一致的目标系统。二是全员参与的原则。"全员参与"是质量管理八项原则之一，广泛发动员工，听取员工意见，集中员工智慧，可以增加质量目标的实效性、可操作性，便于质量目标的贯彻和实施。三是应变性原则。会展企业的内、外部条件是不断变化的，因此，质量目标也不能一成不变，而应根据条件的不断变化，对目标进行适当的调整和修订。四是优选原则。质量目标的制定必须坚持优中选优的原则，将要解决的主要问题，列出多个方案，从中选优，以达到有效性、先进性、可测量性。

二、具体的实施步骤

（一）确定预算

确定预算是建立质量管理体系的第二步。凡事预则立，不预则废。预算确定工作包括两方面：一是明确整个实施、认证过程涉及的费用预算，以便从资金的角度支持项目的开展；二是通过预算对资源进行分配，对计划进行管理。确定实施、认证的预算，不是简单地预计项目需要的收出情况，或者仅仅看作财务数字金额，而是通过预算明确项目各阶段计划的实施、项目的进度情况、相应的资源组合、通过资金变化预测和控制其他因素，等等。

实施质量管理体系及认证的预算费用根据不同的会展企业需求有所不同。其金额从几万到几十万不等。

（二）成立实施项目组

会展服务质量管理体系的建立是一项较长期的任务，它的建设进程与整个会展服务体系的建设紧密相连。整个服务质量管理体系的实施过程是一个不断循环反复的过程，囊括了大量的如调研、培训和建立文件体系等专业工作内容，而且其涉及范围遍布整个会展服务体系中的各个服务实施和管理部门，因此，为了有效推动质量管理体系建设，平衡会展服务体系内部各职能板块，一般会展企业都会采用固定项目组的形式进行质量管理体系建设。

以中国对外贸易中心（集团）客户服务中心为例，为了确保会展服务质量管理体系实施工作的顺利进行，成立了专门的质量管理项目组，项目组长期设置在综合管理部门的指定下属科室（见图5-4）。

项目组由两部分构成：一是质量管理领导小组，由企业最高领导层担任组长，各业务部门一把手任小组成员，负责质量管理体系建设、项目决策及各种部门级协调工作；二是工作组，从属于领导小组，负责项目的实施、协调、监控以及内外部资源的协调，ISO 9001 认证等工作。

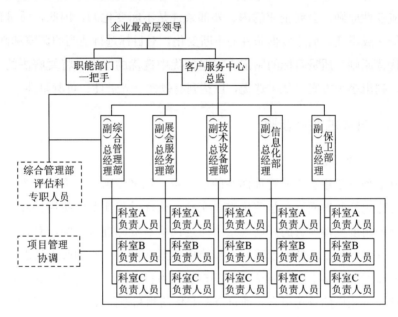

图 5-4　中国对外贸易中心（集团）客户服务中心质量管理项目组

（三）确保实施资源

项目实施资源主要是指人力、设备、材料等用于项目建设的财力及物力。由于确定实施预算时，整个质量管理体系的财务资源已基本确定，因此，这里所涉及的项目实施资源主要指人力资源，由于项目组在进行专业体系实施和认证时，人员需求将会大量增加，因此必须提前做好人力资源配置的计划。以中国对外贸易中心（集团）客户服务中心为例，在 ISO 9001 质量管理体系实施和认证期间，在各个服务实施和管理部门指定工作人员，将这些人员进行交叉组合，分配到各个质量管理实施环节中，该做法不但缓解了非常规性的人员压力，确保了各环节的人力资源，还再次体现了全员参与的管理精神。

（四）拟订计划

计划是决定项目目标和活动的有意识的、系统的过程，它不是应付危机的非正式临时措施，而是通过分析现状进而确定整个项目拟行进的路线。会展质量管理体系项目也是如此，需要通过计划明确工作内容、时间节点、控制进度。拟订计划的方法较多，比如有工作分解结构法、项目控制图法、实现价值管理法、网络模型法，等等。下面就会展质量管理体系实施项目的应用情况，简要介绍两种较为合适的计划方法——甘特图法和工作分解法。

1. 甘特图法

甘特图（Gantt chart）又叫横道图、条状图（Bar chart）。甘特图的制作方法简单、节点清晰，以图示的方式通过活动列表和时间刻度形象地表示出任何特定项目的活动顺序与持续时间。甘特图一般以横轴表示时间，纵轴表示活动（项目），线条表示在整个期间上计划和实际的活动完成情况。它直观地表明任务计划在什么时候进行，以及实际进展与计划要求的对比。管理者由此可方便地弄清一项任务（项目）还剩下哪些工作要做，并可评估工作进度。

以中国对外贸易中心（集团）客户服务中心为例，该中心按甘特图的模式制订了整个项目实施的计划。计划由 5 个阶段组成，分别为启动阶段、建制阶段、运行阶段、评价阶段和验收阶段。在各个阶段中又细分了子项目内容，比如建制阶段分为系统目标设计、流程设计、文件系统整合以及文件编写。在每个子项目方面，详细地列举了阶段性成果要求。具体如表 5—1 所示。

2. 工作分解法

工作分解法是项目管理中的一种基本方法，主要通过分解项目、定义各层次工作包从而使项目范围非常清晰。它按照项目发展的规律，依据一定的原则和规定，进行系统化的、相互关联和协调的层次分解。

工作分解法主要通过以下 4 个步骤进行。

（1）识别项目的主要组成部分。该步骤重点要明确，为实现项目目标，有哪些工作需要完成。明确后将这些工作在结构图的第二层中标出（注：第一层为项目总体目标）。

表 5—1　中国对外贸易中心（集团）客户服务中心质量管理计划表

推行计划时间表

项目阶段	项目细则	阶段性成果	推行计划时间表（W01—W36）
阶段一 项目启动 11.1—12.31	1.1 系统调查	1）管理体系+业务流程诊断计划 2）业务流程诊断报告 3）识别的业务流程图	W03—W05
	1.2 起步动员	1）推动小组的架构、职责和任命书 2）建立及发布服务理念-质量方针-价值观 3）组织项目启动大会	W05—W07
	1.3 系统框架设计	1）制定质量管理体系系统图 2）管理体系系统框架表 3）现阶段业务流程图	W07—W09
	1.4 骨干培训	1）各阶段培训计划及安排 2）培训所需要的培训教材及讲义 3）培训有效性评估报告 4）组织骨干培训考核	W09—W11
	1.5 职能分工	1）职能分工表 2）职位说明书 3）公司组织结构图（含职位关系）	W11—W13
阶段二 建制 1.3—2.18	2.1 系统目标设计	1）质量方针 2）质量目标 3）部门KPI指标及管理系统	W13—W15
	2.2 流程设计	1）管理手册清单 2）顾客服务价值链系统图 3）关键服务过程FMEA 4）服务外包方监管手册	W15—W17
	2.3 文件系统整合	1）文件增补清单 2）研讨成果记录	W17—W19
	2.4 文件编写	1）质量手册 2）流程图 3）作业指导书 4）作业流程手册 5）表格·表单	W17—W20

续　表

项目阶段	项目细则	阶段性成果	推行计划时间表																																		
---	---	---	W01	W02	W03	W04	W05	W06	W07	W08	W09	W10	W11	W12	W13	W14	W15	W16	W17	W18	W19	W20	W21	W22	W23	W24	W25	W26	W27	W28	W29	W30	W31	W32	W33	W34	W35	W36
阶段三 运行 2.19—4.22	3.1 试运行	1)体系试运行检查报告 2)体系试运行检查不符合及改进建议报告 3)主办机构、参展商、专业天天客满意度评价报告 4)5S推行计划及检查标准 5)TCS小组组织架构,活动方案及奖励办法																	█	█	█																	
	3.2 目标评价	1)目标完成情况一览表 2)质量改进立项建议书																				█																
	3.3 内部审核	1)内部审核员培训考核 2)与德国 TUV 共同签发内审核员培训证书 3)体系改进建议书(内审报告)																							█	█	█											
	3.4 正式运行	1)各个部门的运行记录 2)管理评审计划及报告 3)项目改进成果展示																										█	█	█	█	█	█	█	█	█	█	█
阶段四 评价 5.8—6.3	4.1 综合评价	1)综合评价记录 2)模拟审核全套报告 3)会议记录																															█	█	█			
阶段五 验收 6.20—7.1	5.1 成果验收	1)验收结果记录 2)认证证书																																		█	█	█

241

（2）判断。在（1）的基础上，判断能否方便地估算各组成部分的费用和时间、责任分配的可能性和合理性。如果可以则直接进入（4），否则进入第（3）步。

（3）识别更小组成部分。通过（2）判断发现，（1）中的分解内容过于粗糙，则需要进一步进行细分。细分后，重复（2）进行判断。

（4）检查工作。检查下一层次工作完成后能否解决上一层次的工作目的。并根据该目的修正相应的层次结构。

通过上述的4个步骤后，一般可形成类似图5－5的分解结构图。

（五）调研

实施会展质量管理时，调研是不可或缺的。调研的目的主要包括三个方面：一是理解会展服务内容和服务流程情况；二是挖掘会展服务中存在的一系列问题以便寻求解决措施；三是了解相关人员对实施质量管理体系的看法，同时使其明白本企业拟开展的项目情况。质量管理实施者应根据质量管理体系的结构及项目的情况选择多层次的调研方法，调研的方法可选择问卷法、访谈法、观察法、文献法、试点法、会议法等。

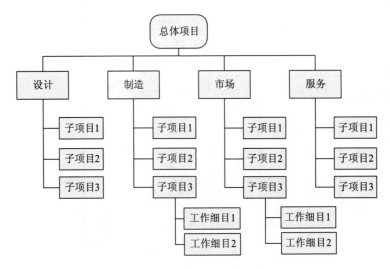

图5－5　质量管理计划图（工作分解法）

以中国对外贸易中心（集团）客户服务中心为例，采取了 3 种不同方式进行系统性调研，具体如下。

1. 访谈

项目组对客户服务中心总监、6 个部门及下设 25 个科室的管理人员和业务骨干进行访谈，详细了解各部门、各科室的职责范围以及实际工作中存在的问题，共完成访谈近 80 人/次。

2. 问卷调查

对客户服务中心部门领导、科室领导和普通员工进行管理现状的三级调查，了解各层级对于部门职责、文件规范、服务理念、整体配合等各方面工作的意见和改进建议，共发放调查问卷 250 份，回收有效问卷 248 份。

3. 实地考察

在第 108 届广交会和随后制定月份日常展览当中，项目组深入一线详细了解各类现场服务项目的运作情况。

通过上述的三种不同调研方式，项目组起草了《诊断报告》，提出了客户服务中心日常管理和现场服务当中存在的一系列问题及改进建议，并在经理以上人员和业务骨干当中进行了详细的解读。

（六）建立质量方针、目标

质量方针和质量目标是会展质量管理体系的最高准则，它体现了建立体系的会展企业的共有价值观，以及会展服务质量的努力方向。它是正式开始建立会展质量管理体系的第一步，质量方针和质量目标应包含在会展企业的管理理念中，是建立一切管理制度及所有管理工作的准则。它要求颁布实施后，全体员工遵照执行。

ISO 标准体系中就明确提出了质量方针的要求，简要归纳如下。

（1）质量方针应由最高管理者确保实施。

（2）与组织宗旨相适应。

（3）包括对满足要求和持续改进质量管理体系有效性的承诺。

（4）提供制定和评审质量目标的框架。

（5）在组织内得到沟通和理解。

（6）在持续适宜性方面得到评审。

（七）培训

对服务人员服务意识和服务能力的培训贯穿了整个质量管理体系建设项目的始终，它是整个体系服务质量得以保证的基础。因此，应该按全员培训的原则，由高层领导带头，全员参与培训考核，确保人人过关。

比如，中国对外贸易中心（集团）客户服务中心通过以下三种方式，完成了质量管理项目的前期培训任务。

一是自学。项目组整理了关于质量管理体系建设的详细资料，包括 ISO 9001 基本概念、管理原则、文件编写规范等各个方面，发放至各部门，要求每个员工特别是各级领导和业务骨干认真学习。

二是课堂式培训。项目组针对客户服务中心部门领导级、科室领导和业务骨干级、普通员工级的不同层次，分别进行了 8 场专项培训，包括 ISO 9001 标准培训、文件编写培训、企业文化培训、服务理念培训、内审员培训等，合计参加培训超过 1800 人次。

三是考试。为了进一步检验培训效果，督促各级员工自我学习，项目团队针对客户服务中心经理以上人员和全体员工分别组织了标准考试和文件考试，合计参加考试约 700 人次。

通过上述三种方式的培训，进一步加深了全体员工对 ISO 9001 标准、服务理念和客户服务中心体系文件的理解，为下一步的文件编写和体系运行工作奠定了坚实的基础。

（八）建立文件体系

文件是体系运行的基础，文件编写的质量直接决定将来体系运行的效果。它需要项目组对会展企业现行的所有操作办法、规章制度进行全面的梳理，在此基础上确定文件清单，明确各部门的文件编写任务。建立文件体系是整个项目建设过程中最为艰苦的阶段，需要项目组、各业务部门负责人员通力合作、反复探讨、反复修改。文件体系明确了职责，建立了标准，规范了流程，初步建立起整个现场服务质量管理体系的框架。

文件体系包含质量手册、程序文件、作业规程、记录表格等内容。以中国对外贸易中心（集团）客户服务中心为例，该中心所建立的文件体系包括：质量手册 1 套（含客户服务中心理念等 35 份文件）、程序文件 87 份、作业规程 484 份、记录表格 279 份。

（九）运行认证体系，实时监控运行情况

完成前述步骤之后，便可以开始运行质量管理体系。在运行过程中，一方面，要遵循"说到做到，做到有效"的原则，根据相关的质量管理工具或方法要求踏踏实实地贯彻文件；另一方面，保持一种开放的心态，调整既有的不尽合理的做法和流程，并不断修订和完善体系文件。

下面我们将简单介绍中国对外贸易中心（集团）客户服务中心的质量管理体系运行过程的具体做法，主要包括以下 4 个部分。

第一，建立现场服务的检查机制。

（1）内部三级检查：形成外包服务单位自查、归口管理部门巡查和综合管理部抽查的三级检查机制，并将机制常态化。

（2）总监质量检查：综合管理部牵头组织，客户服务中心总监带领各部门总经理对现场服务进行抽查，每月进行一次，重点针对较大规模的展览和现场服务当中的重点问题。对检查发现的问题，由综合管理部发出整改通知，并由相关责任部门及时整改后书面汇报。

第二，完善对外包服务单位的管控手段。

（1）建立外包服务供应商名录。包含公司名称、成立时间、注册资本、人员数量、广交会服务年限、联系人、联系方式、服务项目、合同期限、合同金额等，掌握外包服务供应商的基本情况。

（2）建立外包服务单位的评价机制。以季度为周期，由责任部门负责，填写《外包服务供应商评价表》，并在大型展会期间，实施外包服务供应单位的分区、分馆评价考核，督促其不断提高内部管理水平和现场服务水平，逐步建立外包服务单位从引进到日常管理以及考核评估等较为系统和完善的管理机制。

（3）加强客户服务中心和外包服务单位的日常沟通。外包服务单位每月提交工作计划至客户服务中心归口管理部门，管理部门根据工作情况每月或每季度召集本部门的外包服务单位召开例会，通报现场服务当中存在的问题以及对外包服务单位的考核和评价情况。

第三，进一步完善内部的沟通机制。

（1）质量会议：每月召开一次质量会议，由总监主持，各部门高层管理人员参加。重点根据当月展览现场服务质量评估的情况（包括客户满意度调查、客户投诉和服务质量检查等），分析现场服务中存在的重点问题，剖析原因，制定对策，跟踪改进。

（2）内部审核：抽调了若干骨干人员，进行内审员资格培训，取得内审员资格，由其检查各部门（内审员不参与本部门的检查）体系文件的运行情况。

（3）管理评审：每年进行一次，由客户服务中心总监主持，各部门高层管理人员参加，重点以 KPI 考核为导向，对客户服务中心管理体系的各项目标进行全面检讨，确定新的目标，配置资源，调整流程，实施重大改进。

（4）总监信箱：设立总监信箱，客户服务中心全体员工如有有关展览现场服务和内部管理等方面的问题和合理化建议，都可以及时向总监信箱发送电子邮件，客户服务中心总监会及时予以回复。

第四，对现场服务的经典案例定期进行通报。

及时收集和整理现场服务工作中的各类经典案例，一方面大力推广值得提倡或表扬的做法，树立现场服务工作中的榜样；另一方面，也认真总结各类经验或失败教训，避免问题的重复发生。

（十）认证审核

体系运行成功后，可进入第三方认证阶段，由第三方审核机构对体系建设和运行情况进行审核，如果符合 ISO 9001 的标准，相关机构将颁发认证证书。不同会展企业可以考虑向不同的审核机构申请认证。目前，较为著名的审核机构有 TUV 南德意志集团、TUV 莱茵和瑞士通用公证行（简称 SGS）等。如上述例子中，中国对外贸易中心（集团）客户服务中心在2011 年 6 月一次性通过了 SGS 的认证审核，并于 2011 年 7 月 11 日正式取得认证证书。

（十一）整改不符合项，持续改进，形成闭环

持续改进是质量管理体系的重要一环。ISO 9001 质量管理体系认为：组织应利用质量方针、质量目标、审核结果、数据分析、纠正措施和预防措施

以及管理评审，持续改进质量管理体系的有效性。持续改进使得质量管理体系不会因为项目建设完毕而停滞不前，而是形成自我的更新和优化。

第三节 会展服务质量评估

会展服务质量评估是服务质量管理中非常重要的一个环节，首先，它为会展企业加强服务质量管理提供了方向和思路。只有对服务质量进行客观、准确的评价，才能有效地改进服务质量，完善会展服务质量管理体系；其次，它有利于防止服务误差，顾客接触将给服务带来许多不确定因素，服务质量评估是持续改进的重要依据，可达到防微杜渐的效果，使服务质量更贴近顾客需求；再者，服务质量评估是规范整个会展服务环境秩序的重要保障，只有做到有规可循，才能实现真正的公平公允。

一、会展服务质量评估因素

从企业的角度看，会展服务质量是会展企业在为客户服务过程中，为使客户满意而提供的服务的水平，也包括企业保持这一预定服务水平连贯性的能力；从客户的角度看，客户对服务质量的理解基于对服务质量的感知，不同客户会产生不同的服务感知。因此，会展服务质量既表现在服务的本身效用上，又表现为客户对服务的满足程度（见图5-6）。

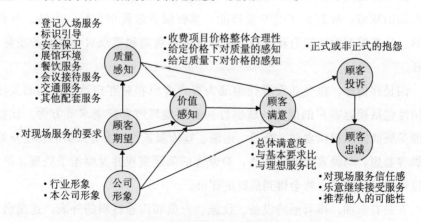

图5-6 顾客感知会展服务质量的过程

会展服务质量评估包括以下 5 个方面的维度。

一是可靠性。是指企业可靠、准确地履行服务承诺的能力，这是会展服务最重要的属性。比如，展览期间参展商所带来参展或者使用的物品、展具等是否出现丢失或损坏的状况以及安检设施的完善是衡量会展服务质量最基本的依据。会展企业应在展会的过程中严格执行各种程序和标准，尽量地减少失误，确保参展商和观众的权益不受到损害。因此，会展企业应重视可靠性，并通过各种技术和管理手段提高服务的可靠性，从而增加其经济的竞争力。

二是响应性。是企业帮助参加会展的参展商并迅速提供各种服务的愿望及反应快慢的程度。在会展服务的过程中，等候服务的时间长短是关系到顾客的感知服务质量优劣的重要因素。服务效率是顾客最关心的问题，尤其是在生活节奏快的今天，服务效率的低下可能会让参展商对服务提供者不满甚至是失去信心。因此，举办会展时，所提供的各项服务应尽可能减少参展商的等候时间。

三是保证性。是指服务提供者的专业知识和工作态度及其激发顾客信任的能力。包括完成服务的能力、对顾客的礼貌和尊重、与顾客有效的沟通、熟练的操作技能等。在会展服务的过程中，服务人员亲切友好的问候和微笑将缩短参展商与新环境之间的距离，人员熟练的工作能力和敏捷的应变能力则可使参展商放心和满意。为此，会展企业应加强对员工培训，拓宽服务人员的知识领域，提高员工的专业技能，掌握服务过程中记忆、表达、分析、理解、公关等方面的能力和技巧，从而增强参展商和观众对会展服务质量的信任。

四是移情性。指企业设身处地地为客户着想和对客户给予特别的关注。移情性包括接近客户的能力、敏感性和有效地理解客户需求等方面。比如，按照参展商需求提供食宿、交通、运输、宣传服务等。服务人员的态度友好，为顾客着想，与顾客能及时沟通，对顾客的问题重视并及时给予处理，最大限度地满足其需求，将会得到最好的评价。

五是有形性。指有形的设备、设施、人员和沟通材料的外表，这是会展企业为参展商提供细致服务的有形表现。在会展业中，有形性主要表现为展馆的设施与环境、服务人员的着装、良好形象、会展网站设计等。这些有形的服务环境可以给顾客留下直观的印象，从而影响参展商对整体服务的感知，因此，会展企业应尽可能地为顾客创造良好的硬件设施，力求给顾客美感和关爱。

二、会展服务质量评估原则及标准

（一）过程评价与结果评价相结合原则

服务的无形性、不可分离性及顾客参与的特点，使顾客满意度不仅取决于参展商对服务结果（技术性质量）的评价，也取决于对服务过程（功能性质量）的评价。所以，服务质量测评应将过程测评和结果测评结合起来，全面揭开影响顾客满意的服务质量问题。

（二）事前评价与事后评价相结合原则

服务质量的形成取决于期望和体验的对比，所以把展览开展前评价（期望）和展览结算后评价（体验）结合起来，才能正确反映顾客满意度的形成过程，找到提高服务质量的线索。

（三）以服务对象为关注的焦点原则

以顾客（服务对象）为关注的焦点是质量管理原则之一。因此，以服务对象为关注的焦点就是以顾客为关注的焦点。首先，会展企业在提供服务的过程中，应从顾客的需求出发，根据实际策划服务的程序和标准，通过不断的实践改进不合理的程序和标准；其次，培训和引导员工在现场服务过程中，树立服务第一的服务理念，最大限度上为顾客提供安全、方便、快捷、满意的服务；最后，在建立客户服务质量测评体系时，应以顾客的满意为最终测评目标。

（四）系统性原则

会展服务质量测评体系是一个完整的系统。它能反映现场服务质量的各个方面，是用若干互相联系和互相制约的指标进行衡量的整体。有的指标之间有横向联系，反映不同侧面的相互制约关系；有的指标之间有纵向联系，反映不同层次之间的包含关系。同时，同层次指标之间尽可能界限分明，避免不同指标的内在联系过于紧密，体现出很强的系统性。只有完整、系统的测评体系，才能保证测评结果的正确。

（五）可操作性原则

评估展览现场服务质量的指标众多，也许很多指标都不足以反映展会现场服务某方面的特点，而有些理想化的指标却从理论上能准确反映展览现场服务质量的特点，但这些理想化的指标所依赖的基础信息在目前条件下可能无从收集。这样，测评指标体系在设计过程中一定要考虑那些易被顾客发现和感知的方面，无论是定性测评指标还是定量测评指标，其信息来源渠道必须可靠，并且容易取得。

（六）科学规范性

对展览现场服务质量的测评，最重要的是要本着科学的态度，保证被测评的特性与所收集的材料之间有着必然的联系。与此同时，设计服务质量测评体系时，要有科学的理论做指导，使测评体系能够具有严谨合理的逻辑结构，并具有一定的针对性。

（七）简洁明确性

展览现场服务质量测评体系所包含的指标应繁简适中得当，运用的计算测评方法应简便易行。在基本能保证测评结果的真实性、全面性的前提下，指标体系尽可能简化，减少或删掉一些对评价结果影响甚微的指标。

三、会展服务质量评估方法及工具

由于服务质量具有主观性，为了准确地把握顾客对服务质量的感知，并对这些感知进行量化，必须借助于专业的服务质量评估模型。目前，在会展服务质量评估方面应用较为广泛的是全面可感知服务质量模型及 SERVQUAL 模型，其中 SERVQUAL 模型已得到了很多可靠性和有效性验证，被认为是服务企业用来测评服务质量的一种通用方法，广泛地进行实际应用。

（一）全面可感知服务质量模型

全面可感知服务质量模型于 1982 年由学者 Gronroos 在研究中提出，该模型认为服务质量的高低取决于客户对服务的评价，而客户会将他们对服务的期望同感知到的实际服务相比较，如果客户对服务的体验水平符合或超过他们预想的水平，则认为服务质量是高的；反之，认为服务质量是低的。Gronroos 认为，客户对服务质量的期望主要受 4 个方面因素的影响：市场沟通、客户需求、企业形象、公众口碑。

（二）SERVQUAL 模型

SERVQUAL 理论是 20 世纪 80 年代末由美国市场营销学家帕拉休拉曼（A. Parasuraman）、泽丝曼尔（Valarie Zeithaml）和贝瑞（Leonard Berry）依据全面质量管理（Total Quality Management，TQM）理论在服务行业中提出的一种新的服务质量评价体系，其理论核心是"服务质量差距模型"，即：服务质量取决于用户所感知的服务水平与用户所期望的服务水平之间的差别程度（因此又称为"期望—感知"模型），用户的期望是开展优质服务的先决条件，提供优质服务的关键就是要超过用户的期望值。其模型为：SERVQUAL 分数＝实际感受分数－期望分数。SERVQUAL 将服务质量分为 5 个层面：有形设施、可靠性、响应性、保障性、情感投入，每一层面又被细分为若干个问题，通过调查问卷的方式，让用户对每个问题的期望值、实际感受值及最低可接受值进行评分，并由其确立相关的 22 个具体因素来说明它，然后通过问卷调查、顾客打分和综合计算得出服务质量的分数。

近 10 年来，该模型已被管理者和学者广泛接受和采用。模型以差别理论为基础，即顾客对服务质量的期望，与顾客从服务组织实际得到的服务之间的差别。模型分别用 5 个尺度评价顾客所接受的不同服务的服务质量。研究表明，SERVQUAL 适合于测量信息系统服务质量，SERVQUAL 也是一个评价服务质量和用来决定提高服务质量行动的有效工具。

本书将主要借助该模型对会展服务质量评估进行探讨。

四、会展服务质量评估的实施

会展服务质量评估是一个从确定评估目的到评估结果推进服务质量改进的全过程，主要包括 7 个步骤（见图 5－7）。由于服务质量的无形性和评价的主观性，服务质量难以有一个统一的客观的衡量。因此，会展业服务质量评估是一个整体的评价，其中最关键的是服务提供过程和结果的评价。

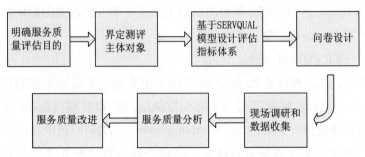

图5-7　服务质量评估实施流程示意图

（一）明确服务质量评估目的

服务质量的评估，归根到底是为了提升服务质量，这是所有质量评估行为的最终目的。在会展业，服务质量的评估目的更加明确，所有远程、现场的满意度调查，都是为了了解、掌握不同类型的顾客对会展服务各个环节的满意情况及整体服务的满意度水平，只有在这个评估基础上，会展企业才能有的放矢，有针对性地制定提高服务质量的措施。

（二）界定测评主体对象

会展服务质量测评的主体范围较广，可以是参展商、观众或者相关服务单位。选择哪种类型的顾客作为测评主体对象，与测评的服务内容直接相关。表5-2列出了不同测评服务内容的情况下的主体对象选择。

表5-2　不同测评服务内容的情况下的主体对象选择

服务内容	选择的测评主体	
	观众	参展商
安全保卫	√	√
标识引导	√	√
餐饮服务	√	√
登记入场服务	√	√
服务质量整体评价情况	√	√
广告及信息发布		√
会议接待服务	√	√
交通服务	√	√

服务内容	选择的测评主体	
	观众	参展商
配套物品提供或租赁		√
通信网络服务	√	√
现场服务种类完善程度	√	√
业务办理与投诉	√	√
服务统筹协调效率	√	√
展馆环境	√	√
展馆配套设施完善程度	√	√
展品仓储		√
展品运输		√
展位搭建		√

（三）基于 SERVQUAL 模型设计评估指标体系

根据 SERVQUAL 模型和会展服务的特点，会展服务质量评测体系可分为三个层次：目标层、准则层和子准则层。

目标层是最终的评估结果，体现了指标构建的目的和最终结果，即判断服务质量的优劣。

准则层为一级评估指标，与服务质量的六大特性一一对应，这六大特性分别为会展服务的可感知性指标、可靠性指标、反应性指标、保证性指标、移情性指标和补救性指标。

子准则层为二级评估指标，是准则层指标的进一步细化和具体化。根据会展服务的情况，大概可以分为 25 个二级评估指标（见图 5－8）。

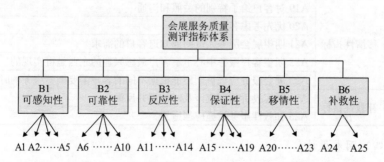

图 5－8　服务质量测评体系一级测评指标结构图

根据会展服务内容，拟定的 25 个二级评估指标见表 5-3。

表 5-3　25 个二级评估指标

序号	一级指标	二级指标
1	可感知性指标	A1 展会现场应该有现代化的设备和配套商务服务
2		A2 展会参观手册使用便捷
3		A3 展会现场的员工和服务人员应穿着得体，整洁干净，服务水平高
4		A4 展会内所提供的展览设备设施良好、标识导向清晰
5		A5 展馆内洗手间和展场环境干净、整洁
6	可靠性指标	A6 对承诺了在一定的时间内做到的现场服务项目，完成结果和承诺服务水平应该一致
7		A7 当参会人员遇到问题时，现场服务应给予帮助并尽力使其得到圆满解决
8		A8 展会的食宿、货运等其他商务服务便捷、可靠
9		A9 展会现场能够根据承诺的时间为客户提供服务
10		A10 参会人员遇到的困难能够热心帮助
11	反应性指标	A11 展会现场能准确地告诉客户准确的服务提供时间
12		A12 对于客户来说，展会现场提供的服务是迅速及时和现实的
13		A13 展会提供的服务热线应该是畅通的
14		A14 展会现场的员工和服务人员即使再忙，也应该及时回应客户的要求
15	保证性指标	A15 展会服务人员专业水平高
16		A16 客户在与展会服务人员交往时应该能够产生安全感
17		A17 展会服务人员应该有礼貌，值得信赖
18		A18 展会服务人员应该从各种机构中得到足够的支持以做好现场服务工作
19	移情性指标	A19 对客户给予特别的关照和沟通
20		A20 优先考虑客户的利益
21		A21 期望展会服务人员明确知道客户的需求
22		A22 期望客户服务中心了解客户最感兴趣的东西是可实现的
23		A23 展会服务应该被期望能根据不同的客户需要调整服务的时间
24	补救性指标	A24 顾客投诉管理应该及时处理并反馈
25		A25 补救性服务措施应当适当

（四）问卷设计

1．测量标度的选用

问卷的测量标度可以参照当前测评指标从 5 级扩展到 10 级的设计趋势，选择 10 级为标度，目的在于增加客户对指标的区分能力，以便提高评估的精度。

2. 受访对象的基本情况

受访对象与测评主体对象的界定范围相一致，根据后者的基本情况加以设计，比如包括性别、年龄、来源地区、公司性质、参加本展览的频率、是否愿意继续参加以及对现场服务的意见和建议等，基本资料主要用于背景分析及必要的相关分析。

3. 主要内容设计

问卷的内容以评估指标体系为蓝本加以设计，其内容包括服务质量测评权重以及指标内容两部分。比如，为了评估现场服务水平，可以选择服务水平、展会环境、投诉处理能力等。

下面我们引用某博览会的问卷内容简要说明会展服务的相关权重指标（见表 5－4）及问卷设计情况（见表 5－5 和表 5－6）。

表 5－4　指标权重表

名称	指标	内容	编码
客户服务质量测评模型	可感知性	展会环境、设备、服务人员的水平和完成程度	（　　）
	可靠性	可靠地履行对参展商的服务承诺的能力	（　　）
	反应性	及时帮助参展商解决问题	（　　）
	保证性	展会服务人员称职、敬业、客户有安全感	（　　）
	移情性	对参展商的关怀、提供个性化服务	（　　）
	补救性	投诉处理能力、补救性服务措施	（　　）

表 5－5　问卷设计 1——基本信息

个人情况：（以下信息仅供统计分析之用）
1. 您的性别：　　　（1）男　　　　　　（2）女
2. 您的年龄：　　　（1）20 岁以下　　（2）21～40 岁　　（3）41～60 岁
　　　　　　　　　（4）61 岁以上
3. 您来自于：　　　（1）广东　　　　　（2）中国内地（非广东）
　　　　　　　　　（3）港、澳、台　　（4）国外
企业情况：
4. 您的公司性质：（1）国有企业　　　　（2）私营企业
　　　　　　　　　（3）民营企业　　　　（4）合资企业
5. 您参加过几届＊博览会：　　（1）1 次　　　　（2）2 次　　　　（3）3～5 次
　　　　　　　　　　　　　　（4）6～10 次　　（5）10 次以上
6. 您的公司是否参加下一届＊博览会：（1）是　　　　（2）否
7. 对于本届博览会的服务，您还有什么宝贵的意见和建议：

表5—6 问卷设计2——问卷内容

类别	具体指标	服务类别	满意度情况 完全不满意为1分，完全满意为10分									
B1 可感知性 (A1—A5)	A1 展会现场应该有现代化的设备和配套商务服务	期望服务	1	2	3	4	5	6	7	8	9	10
		实际服务	1	2	3	4	5	6	7	8	9	10
	A2 展会服务手册使用便捷	期望服务	1	2	3	4	5	6	7	8	9	10
		实际服务	1	2	3	4	5	6	7	8	9	10
	A3 展会现场的员工和服务人员应穿着得体，整洁干净，服务水平高	期望服务	1	2	3	4	5	6	7	8	9	10
		实际服务	1	2	3	4	5	6	7	8	9	10
	A4 展会内所提供的展览设备设施良好、标识导向清晰	期望服务	1	2	3	4	5	6	7	8	9	10
		实际服务	1	2	3	4	5	6	7	8	9	10
	A5 展馆内洗手间和展场环境干净、整洁	期望服务	1	2	3	4	5	6	7	8	9	10
		实际服务	1	2	3	4	5	6	7	8	9	10
B2 可靠性 (A6—A10)	A6 对承诺了在一定时间内做到的现场服务项目，完成结果和承诺服务水平应该一致	期望服务	1	2	3	4	5	6	7	8	9	10
		实际服务	1	2	3	4	5	6	7	8	9	10
	A7 当客户遇到问题时，现场服务应给予帮助并尽力使其得到圆满解决	期望服务	1	2	3	4	5	6	7	8	9	10
		实际服务	1	2	3	4	5	6	7	8	9	10
	A8 展会的食宿、货运等其他商务服务便捷、可靠	期望服务	1	2	3	4	5	6	7	8	9	10
		实际服务	1	2	3	4	5	6	7	8	9	10
	A9 展会现场能够根据承诺的时间为客户提供服务	期望服务	1	2	3	4	5	6	7	8	9	10
		实际服务	1	2	3	4	5	6	7	8	9	10
	A10 客户遇到的困难能够热心帮助	期望服务	1	2	3	4	5	6	7	8	9	10
		实际服务	1	2	3	4	5	6	7	8	9	10
B3 反应性 (A11—A14)	A11 展会现场能准确地通报客户准确的服务提供时间	期望服务	1	2	3	4	5	6	7	8	9	10
		实际服务	1	2	3	4	5	6	7	8	9	10
	A12 对于客户来说，展会现场提供的服务是迅速及时和现实的	期望服务	1	2	3	4	5	6	7	8	9	10
		实际服务	1	2	3	4	5	6	7	8	9	10
	A13 展会提供的服务热线应该是畅通的	期望服务	1	2	3	4	5	6	7	8	9	10
		实际服务	1	2	3	4	5	6	7	8	9	10
	A14 展会现场的员工和服务人员即使再忙，也应该及时回应客户的要求	期望服务	1	2	3	4	5	6	7	8	9	10
		实际服务	1	2	3	4	5	6	7	8	9	10

类别	具体指标	服务类别	满意度情况 完全不满意为 1 分，完全满意为 10 分									
B4 **保证性** **（A15—A18）**	A15 展会服务人员专业水平高	期望服务	1	2	3	4	5	6	7	8	9	10
		实际服务	1	2	3	4	5	6	7	8	9	10
	A16 客户与展会服务人员交往时应能产生安全感	期望服务	1	2	3	4	5	6	7	8	9	10
		实际服务	1	2	3	4	5	6	7	8	9	10
	A17 展会服务人员应该有礼貌，值得信赖	期望服务	1	2	3	4	5	6	7	8	9	10
		实际服务	1	2	3	4	5	6	7	8	9	10
	A18 展会服务人员应该从各种机构中得到足够的支持以做好现场服务工作	期望服务	1	2	3	4	5	6	7	8	9	10
		实际服务	1	2	3	4	5	6	7	8	9	10
B5 **移情性** **（A19—A23）**	A19 对客户给予特别的关照和沟通	期望服务	1	2	3	4	5	6	7	8	9	10
		实际服务	1	2	3	4	5	6	7	8	9	10
	A20 优先考虑客户的利益	期望服务	1	2	3	4	5	6	7	8	9	10
		实际服务	1	2	3	4	5	6	7	8	9	10
	A21 期望展会服务人员明确知道客户的需求	期望服务	1	2	3	4	5	6	7	8	9	10
		实际服务	1	2	3	4	5	6	7	8	9	10
	A22 期望客服联络中心了解客户最感兴趣的东西是可实现的	期望服务	1	2	3	4	5	6	7	8	9	10
		实际服务	1	2	3	4	5	6	7	8	9	10
	A23 展会服务应该被期望能根据不同的客户需要调整服务的时间	期望服务	1	2	3	4	5	6	7	8	9	10
		实际服务	1	2	3	4	5	6	7	8	9	10
B6 **补救性** **（A24—A25）**	A24 客户投诉管理应该及时处理并反馈	期望服务	1	2	3	4	5	6	7	8	9	10
		实际服务	1	2	3	4	5	6	7	8	9	10
	A25 补救性服务措施应当适当	期望服务	1	2	3	4	5	6	7	8	9	10
		实际服务	1	2	3	4	5	6	7	8	9	10

（五）现场调研和数据收集

数据的收集方法有很多，一般常用方法包括面访法、问卷调查法、网上调查、电话调查等方法，问卷调查法又可以采用不同的方式发放问卷。具体在会展项目现场服务满意度调查中，针对主办方和承办方，可以选用面访法进行，针对参展商和观众，可以选用发放调查问卷、电话及网上调查的形式。一般会展项目均拥有相对稳定的参展商和观众等客户，数据的收集可充分利用展览官方网站，利用客户网上申报资料的时候随机进行网上问卷调查方式，或者利用客户联络中心等现有的资源进行电话调查等方式。

根据会展服务调研的特点，本文整理出几种调研方法供读者参考（见表5—7）。

表5—7　调研方法

方法		方法简述	优点	缺点
询问法	个人访谈	与顾客面对面单独交谈进行调研	直观、灵活、启发性强、真实	费时、受主观影响明显、受情绪影响较大、对调研人员的调查技巧和设计能力要求较高
	集体访谈（座谈会）	召集部分顾客面对面交谈进行调研	直观、灵活、启发性强、真实	受会议气氛、领导言语的影响较大，容易出现"羊群效应"
	函件（邮件）调查	将设计好的问卷发给顾客，由顾客填好后寄回	成本低、调查面大、不受地域限制	回收率低、问卷答案不规范、问卷答案空项多
	电话访谈	通过电话渠道，与顾客实时交谈进行调研	直观、灵活、启发性强、真实、成本低、调查面大、不受地域限制	对顾客数据的有效性要求高、对调研话术要求高、对调研人员的调查技巧和话务技巧要求较高
观察法	直接观察法	调研人员在顾客不知情的前提下，在现场对后者的行为、反应进行调查	调查资料真实可靠	不能了解顾客的心理状态
	行为记录法	调研人员在顾客不知情的前提下，通过对顾客行为数据的收集和记录，对后者的行为、反应进行调查		
抽样法		从顾客数据随机抽样进行调查，并将调查结果推导至全部数据的调查方法	对大规模调查样本来讲，调查成本较低、灵活	对顾客数据要求高、偏差明显、抽样调查结果不如全体调查准确

（六）服务质量分析

1. 数据整理方法

（1）数据整理。数据整理主要是针对问卷数据中的缺失值和异常值的处理，一般低于20％的数据缺失可以采用均值替代法（King，1998），异常值的最常用处理方法是将该值直接从数据表中删除。

（2）数据描述性统计及分析。整理数据后，可选择合适的数据分析软件，如 Excel 或 Spss 等，将数据录入软件，首先对数据进行描述性的统计，得出数据的最大值、最小值、均值、方差等统计结果，根据统计结果，结合统计的各指标内容，可以进行数据的整体描述性分析。

（3）相关分析。相关分析可以确定各指标之间的影响程度，是满意度分析中较常运用的分析项目，如对感知服务质量的各项测量数据与整体满意度的数据进行相关性分析，可得到各指标的影响程度大小或重要性。

（4）重要性—表现分析。重要性—表现分析（Importance-Performance Analysis），简称 IPA 分析，得出相关分析各指标的重要程度后，结合各指标的满意度数据，可运用 IPA 分析，得出现场服务的优势和劣势，并可以确定现场服务各个过程和指标应采取的策略，如关注、提高、维持、忽略等。

（5）回归分析。如有必要，可以采用回归分析的方法，确定各指标间相互依赖的定量关系。通过相关分析可以得到感知服务质量的各项指标与顾客满意度这一变量相关程度，通过回归分析，则可以得到变量之间到底是哪个变量受哪个变量的影响，影响程度如何。

（6）因子分析。如有必要，还可以用因子分析使数据简单化，从大量可观测的数据中总结出相对较少的简明信息，即因子。利用因子分析，可以研究各指标间的相关模式，尤其适用于比较不同竞争对手间在满意度指标上的优劣势等差异，进而为企业决策提供参考。

在会展服务质量测评数据整理中，数据整理和数据描述性统计及分析是属于数据分析的必要环节，而其他的方法，则需要根据实际的数据情况加以运用。比如，"展会服务人员专业水平"和"展客商在与服务人员交往时的安全感"、"服务人员的礼貌"存在相关关系，需要对相关度进行分析，而与

"是否优先考虑展客商的利益"则不一定相关。

2. 差距分析评价法

服务质量差距模型又称为 5GAP 模型，该模型是 20 世纪 80 年代中期到 90 年代初，美国营销学家帕拉休拉曼（A. Parasuraman），泽丝曼尔（Valarie Zeithamal）和贝瑞（Leonard Berry）等人提出的。5GAP 模型是专门用来分析质量问题的根源。该模型如图 5-9 所示。

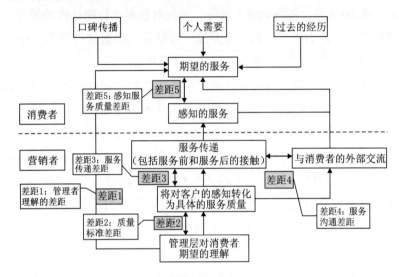

图 5-9　服务质量差距模型（5GAP）

5GAP 模型认为，顾客差距（差距 5）即顾客期望与顾客感知的服务之间的差距，这是差距模型的核心。要弥合这一差距，就要对以下 4 个差距进行弥合：差距 1——不了解顾客的期望；差距 2——未选择正确的服务设计和标准；差距 3——未按标准提供服务；差距 4——服务传递与对外承诺不相匹配。

该模型认为的差距可能原因见表 5-8。

表 5—8 产生差距的可能原因

差 距	产生差距的可能原因
管理者认识的差距	对市场研究和需求分析的信息不准确
	对期望的解释信息不准确
	没有需求分析
	从企业与顾客联系的层次向管理者传递的信息失真或丧失
	臃肿的组织层次阻碍或改变了在顾客联系中所产生的信息
质量标准差距	计划失误或计划过程不够充分
	计划管理混乱
	组织无明确目标
	服务质量的计划得不到最高管理层的支持
服务交易差距	标准太复杂或太苛刻
	员工对标准有不同意见，如一流服务质量可以有不同的行为
	标准与现有的企业文化发生冲突
	服务生产管理混乱
	内部营销不充分或根本不开展内部营销
	技术和系统没有按照标准为工作提供便利
营销沟通的差距	营销沟通计划与服务生产没统一
	传统的市场营销和服务生产之间缺乏协作
	营销沟通活动提出一些标准，但组织却不能按照这些标准完成工作
	有故意夸大其辞，承诺太多的倾向
感知服务质量差距	可能是上述众多原因中的一个或者是它们的组合

3. 乘积标度法和 SERVQUAL 评价法

以 SERVQUAL 模型为基础的评价法已在银行业、零售业、维修服务业、图书馆、医院、教育等数十个行业内得到了检验和良好的运用。在会展服务方面，通过对其进行适当的调整和修改，同样是行之有效的评价方法。

（1）使用乘积标度法对第一级指标 B1 至 B6 的服务质量评价进行权重分析。以会展服务指标体系为基础，对各指标进行两两比较，确定权重。该权重可以由专家确定，也可以通过乘积标度法对会展服务权重加以确定，下面主要介绍该方法的运用。

对重要性差异进行标度，重要性差异"相同"的指标度均取为1，重要性差异"稍微大"的指标度取值为1.354，重要性差异比"稍微大"还要"稍微大"的指标度取值为1.354×1.354，依此类推。例如，确定指标B1与指标B2之间的重要性差异属于"相同"或"稍微大"，若"相同"则权重为WB1：WB2＝0.5：0.5；若B2的重要性比B1的重要性"稍微大"时，则权重为WB2：WB1＝1.354：1＝0.58：0.42；若B2的重要性比B1的重要性比"稍微大"还要"稍微大"时，则权重为WB2：WB1＝（1.354×1.354）：1＝0.65：0.35。依此类推，依据两两属性的比值，即可得出5个属性的权重。

（2）使用SERVQUAL评价方法对第二级指标A1至A25的服务质量评价进行分析。确定第一级指标的权重后，第二级指标可以考虑采用SE-RVQUAL分数赋予权重。在对会展业服务质量进行评价时，服务质量评价指标的确定有以下两种情况。

①同权重下的服务质量评价。对于第二级指标，采取等权重的方式评价。其数学表达式为

$$SQ = \frac{1}{n} \sum_{i=1}^{n} (P_i - E_i)$$

式中，SQ为服务质量；P为参展商对服务的实际值；E为参展商对服务的期望值；n为参展商数。

也就是说，如果会展服务中的SQ值为正值，说明参展商对会展服务的实际值达到了其期望值水平；反之，就是说参展商对展会服务的实际值没有达到其期望值水平。SQ差距越大，参展商对展会提供服务的满意程度就越低，那么，展会的举办方就要采取一定的措施改进和完善自身的服务质量。

②不同权重下的服务质量评价：

$$SQ = \sum_{j=1}^{5} W_j \frac{1}{n} \sum_{i=1}^{n} (P_{ji} - E_{ji})$$

式中，SQ为总的感知质量（$j＝1，2，3，4，5$）；P_{ji}为第二级第j个指标下问题i在参展商实际体会方面的分数；E_{ji}为第二级第j个指标下问题i在参展商期望值方面的分数；W_j为每个指标的权重，也就是参展商对各项服务相对重要性评分；n为在第j个指标下问题的总数。

然后，把调查样本中的所有参展商的评估分数进行算术平均，就得到了平均的服务质量分数：

$$AVSQ = \frac{\sum\limits_{i=1}^{N} SQ_i}{N}$$

式中，AVSQ 为平均服务质量得分；SQ_i 为第 i 个参展商的服务质量得分；N 为问卷中的参展商的数目。

对于所得到的平均服务质量分数，当 AVSQ=0，即 $P_i=E_i$ 时，表示展商对服务的实际值和期望值是一致的，得到了相符的服务质量；当 AVSQ>0 且 $P_i \gg E_i$ 时，表示参展商对服务的实际体会值比期望值高出很多，得到了过高的服务质量；当 AVSQ>0 且 $P_i > E_i$ 时，表示参展商对服务的实际体会值比期望值略高一些，这种情况既满足了参展商的期望，又不至于给举办方带来太大的成本压力；当 AVSQ<0，表示参展商不满意提供的服务，因此其认为服务质量较差。

（七）服务质量改进

会展服务质量的改进，与会展服务质量分析的结果息息相关，可以说，没有会展服务质量的分析，就不可能有会展服务质量的改进措施，或者说行之有效的改进措施。

从普遍性上讲，会展企业应该尽可能在提高技术质量、感情质量、关系质量、环境质量和沟通质量这几个方面加以研究。根据一般的会展服务情况，表 5-9 简要地列出相应的改进措施。

表 5-9　会展服务质量评估发现的部分问题及相应改进措施

问　题	改进措施
针对服务水平差	加强培训，提高服务人员的业务水平和技能水平
针对配套服务差	引进餐饮、物流、商务等相关服务，完善展会的配套设施服务水平。如在开展期可设临时的室外休息区，室内闲置区域可多摆放临时座椅，为客户提供更贴心的人性化服务；餐饮的设置方面可充分考虑利用外部资源，采取选择高效、高质的快餐服务供应商，解决就餐难问题；停车难方面可以考虑与交通部门协调，充分利用周边可利用的区域，提高交通管理人员的协调指挥能力，并通过多种宣传途径，建议客户尽量选择公用交通工具参加展会

续　表

问　题	改进措施
针对办展水平差	完善业务流程，提高展会的办展水平和服务水平
针对投诉处理不及时	投诉管理应该及时处理并反馈
针对登记入馆效率差	视天气情况搭建临时棚；在开幕第一天，建议加派服务人员，加快办理速度；加强网上预约的宣传，增加快速办证通道；在消费型展览期间，可简化入场手续，如采用车展刷卡入场的方式等；专业展方面因填写资料较多，提前加强网上预约的宣传，增加网上填写的比例，可以提高速度，并增强展会官方网站的宣传作用
针对供应商服务差	加强对服务供应商的管理。从制定服务标准，加强培训和监督管理入手，进行必要的绩效考核等方面提升其服务水平

第四节　会展服务风险防范

展览现场是人流、物流、车流高度集中的场所，也是各类突发事件、服务纠纷的高危区域。为此，展览需根据不同的风险级别和类型，制定系统的防范体系和各类相应措施，以提高对各类突发事件和服务纠纷的快速处置能力，确保在发生各类不良事件时能有序、有效地开展应急救援，最大限度地减低展览的损失和不利影响。

一、会展服务风险的含义及主要类型

会展服务风险是指在展览服务的各个环节中，由于不可控因素或人为事件造成的人员伤害、财产损失、名誉损害和法律纠纷等各类潜在风险。这里所指的服务风险主要指展览现场各项服务受外来因素影响而产生的风险，不包括会展服务运作过程中因信息不对称、管理不善或判断失误引起的管理风险。

总的来说，会展的风险包括四大类：一是物质损失风险，包括各种财产和物资从运输、安装、参展、拆除、再运输的整个过程中，由于自然灾害或意外事故引起的直接经济损失。二是财务损失风险，包括财产和物资在上述过程中遭受物质损失，或会展所在地发生诸如战争、恐怖袭击、环境污染、疾病暴发等灾难性事件，导致会展推迟或取消，给组织者或参展者造成的损失。三是法律责任风险，包括会展组织者或参展方在展览过程中由于疏忽或过失，造成其他方的财产损失或人身伤亡，根据法律规定需要承担的赔偿责任。四是人员损失风险，包括会展企业、参展商的员工或临时雇用人员、观众等在展览过程中由于自然灾害或意外事故受到的人身伤害。

由于这些风险多数发现在会展现场，而整个会展现场的各个环节都与会展服务有关，因此很难明确界定哪些属于会展服务风险，哪些属于非会展服务风险。如果从服务管理的角度进行分析，每个会展服务项目都可能存在风险。为了使读者更好地理解服务与相应风险之间的关系，我们根据各项具体服务的内容，将与会展服务项目对应的、出现的频率相对较高、须引起重视并采取提前预警措施的风险归纳如下。

（1）与安保服务有关的风险：物品被盗风险、突发火灾风险、突发爆炸事件风险、突发死伤事件风险、突发反动宣传风险等。

（2）与交通服务有关的风险：交通事故风险。

（3）与展位搭建服务有关的风险：展位安全事故风险。

（4）与展品搬运服务有关的风险：展品丢失或损坏风险。

（5）与办证服务有关的风险：证件办理事故风险。

（6）与餐饮服务有关的风险：食物中毒风险。

（7）与信息化服务有关的风险：业务系统和网络故障风险。

（8）与医疗服务有关的风险：突发传染病风险。

（9）与设备设施服务有关的风险：设备故障风险。

其他还有可能关系到所有服务行为的风险，如自然灾害风险等，这里不再赘述。

二、会展服务风险的特性

（一）意外性

意外性是会展服务风险的起因性特征，受该特性影响，当风险发生的时候，往往会带来混乱和惊恐，这对会展企业的风险预警准备工作以及风险处理能力都是很大的考验。

（二）危害性

危害性是会展服务风险的结果性特征。重大的会展服务风险不但会导致服务终止，还可能影响整个展览的举办，甚至造成巨大的经济损失和社会负面影响。

（三）紧急性

紧急性是会展服务风险的实践性特征，一方面是指风险发生的时间较紧急，另一方面指会展企业为了减少损失，必须进行紧急应对，比如突然疾病的紧急处理等。

（四）不确定性

不确定性是会展服务风险的本质性特征。会展企业很难预料风险何时发生，从何处发起，其危害有多大，范围有多广，持续时间有多长，损失有多少等，只有树立全面的风险管理理念和应急管理体系，加强预测预报及综合治理，才能防患于未然，确保会展服务及展览的顺利举办。

三、会展服务风险管理原则

会展服务风险管理是会展企业对可能导致损失的会展服务的不确定性进行预测、识别、分析、评估和有效的处理，并以最低的成本为会展的顺利完成提供最大的安全保障的科学管理方法。

会展服务风险管理具有 4 个原则：一是目标一致性原则。会展服务风险管理是整个会展风险管理的一部分，也是整个服务管理的一部分，因此，其目标制定必须与会展企业的服务管理目标一致。二是经济性原则。指要以最经济和合理的方法达到会展服务安全管理的目标，并将相关成本降到最低。三是全面性考虑原则。会展服务风险管理的计划和实施应该全面考虑各种法律、法规，从而保证会展服务风险管理的每一步骤都具有合法性。四是适度满意性原则。指不管采用何种方法，投入多少资源，会展活动的不确定性风险都是存在的。因此，只要会展的风险管理能达到适当的要求，基本令人满意就可以了；没有必要为了一味追求风险管理的效果，而无限制地追加资源投入，以免造成不必要的浪费。

四、会展服务风险管理实施

（一）前期风险管理

为了全面地掌控和防范所有现场服务项目可能出现的风险，会展企业应对整个会展服务体系实施安全管理，遵从"统一管理，逐个落实"的原则，降低对逐个服务项目进行风险管理的费用，提高风险处理效率。

（1）构建风险管理组织。设置综合协调组织，负责整个服务体系的风险管理。根据可能出现的风险设置相应的应急处理工作组。如广交会成立现场服务突发事件应急处置办公室，下设突发火灾应急处置工作组、突发爆炸事件应急处置工作组、突发群死群伤事件应急处置工作组、突发反动宣传应急处置工作组、证件办理突发事件应急处置工作组、突发食物中毒应急处置工作组、突发传染病应急处置工作组、突发展位安全事件应急处置工作组、突发业务系统和网络故障应急处置工作组、突发设备故障应急处置工作组、突发自然灾害应急处置工作组、突发交通事故应急处置工作组共 12 个工作组，各工作组根据职责划分，在内部成立若干专业小组。

（2）建立风险预警机制。风险预警管理是对会展服务全过程中各个风险事件发生的事前、事中和事后的各个环节进行监测、识别、评价、预测、预控并矫正不良发展趋势的过程。预警管理过程通常包括 5 个步骤：风险辨识、风险测定、风险对策、风险措施和管理效果评估。

（3）建立服务风险数据库。认真梳理服务项目和工作流程中可能出现的服务风险，通过对风险的鉴定和评估，提前对风险进行预防和控制，才能进行全面防范和制定预警机制。

（4）编制应急预案。为有效地控制事故后果，采取抢救行动和补充措施，编制应急预案，指导事故状态下的应急行动。如广交会根据相关法律法规以及展览情况，制定了 12 份突发性应急处置预案。

（5）加强业务能力和风险技能培训。应提前对从业人员进行教育和培训，使从业人员了解服务过程中可能产生的各种危机，从而树立员工的危机意识和风险处理能力。

（6）投入足够的人力、物力进行预防。除购买保险外，展会还应投入必要的设备和人员以保证危机时的快速反应，如加强对各类设备设施的更新和检修、配备灭火自动预警装置、安排足够的安保人员和安保设备、医疗队驻会以快速处理人员伤害或食物中毒事件等。

（7）加强对重点服务项目的风险防范。交通、医疗卫生、安保、餐饮等服务项目是涉及面较广，最容易发生风险项目的服务内容，会展企业必须加大这些服务项目的风险防范力度，部分项目还可提前进行风险防范模拟演练。

（二）中期风险管理

中期风险管理主要指风险事件发生过程中会展企业的应对措施，主要包括以下方面。

（1）及时发布风险信息。要适时地向社会公众发布客观、准确、诚实、透明的风险信息。在发布信息时，会展活动举办方企业既不能夸大事实，也不能为了达到某种目的而隐瞒或扭曲事实真相。只有这样才能最大限度地防止谣言和小道消息的散布，并消除参展商和观众的恐惧心理。

（2）控制风险发展态势。对风险事件应高度重视，快速反应，按照突发事件应急机制，尽力补救，避免现场推诿责任，扯皮延误使损失进一步扩大。

（3）采取应急措施化解风险。安保及交通服务的风险应急措施主要包括人员疏散、区域警戒、伤员治疗、秩序维护等；餐饮服务的风险应急措施包括人员救治、事故源地强制性管理、食品及工具封存、事故调查、秩序维护等；医疗服务的风险应急措施包括监测和疫情报告，落实预防控制措施，及时发现病例，迅速救治患者，隔离密切接触者等；展位搭建服务的风险应急措施包括人员疏散及救治、现场警戒、展位修复、事故报告；其他服务的风险应急措施主要包括故障识别、故障排查以及现场服务秩序管理。

（三）后期风险管理

后期风险管理指风险事件发生后会展企业进行的风险管理，主要包括事后恢复、事后总结以及风险预防机制的更新升级，在这个过程中，还应在会展服务中不断深化安全理念。

（1）事后恢复。对受损客户进行安抚，并及时修复受损设施设备。对出现诉讼的风险事件，应及时收集证据、认真应诉。

（2）事后总结。风险事件消除后，应对风险事件进行详细、全面的总结，在总结过程中可通过座谈会、问卷调研、意见征询等方式，了解顾客对风险预防的意见建议以及相关的服务改善措施。

（3）风险预防机制的更新升级。风险事件总结后，会展企业应认真回顾风险处理过程中的每一环节，针对当前的风险预防系统进行全面的分析，重新修正预防系统的失误，并进行相应的改进或调整，以便建立一个新的更有效的预防机制，加强风险管理预案的指导性和可操作性，为下一次展览的风险防范做好充足准备。

（4）深化安全理念。安全理念融合了会展企业对健康与安全的关心，是企业对安全的态度、行为及价值观和信念的体现，它包括风险防范的管理规范，人员对安全的态度与行为，在服务运作过程中对安全的时刻反思等。会展企业应不断将安全理念深化到服务管理中，以减少人为管理疏忽和过失，提高风险管理的绩效。

第六章　信息化在会展服务中的应用

21世纪是信息化的时代。作为商业活动的重要形式之一，会展的发展与信息化紧密相连，信息化技术的发展，影响着会展服务的方式、效率和成本。本章第一节将说明什么是会展信息化，并重点说明信息化在改变会展服务方式、促进会展服务创新、提高会展服务效率、降低会展服务成本等方面的意义。随后，将围绕会展服务的发展需求，向读者介绍如何进行会展服务信息化的综合规划。第二、三节从实际应用的角度向读者展示信息化技术在会展服务上的应用，主要包括会展服务过程的信息化应用，以及会展服务设备设施的信息化应用，旨在为读者提供清晰、具体的信息化应用知识。最后，第四节结合当前信息化技术的发展情况，回答信息化技术在会展服务上的发展趋势，主要认为会展服务信息化应用将经历从局部向整体、从简单向复合的发展过程，体现出向个性化和自助式发展、向集成化发展、向大数据发展等特点。

第一节　会展服务信息化概述

一、会展信息化

一般认为，信息化是20世纪60年代由日本学者梅棹忠夫首先提出来的，而后被译成英文传播到西方，西方社会从70年代后期才开始普遍使用的"信息社会"和"信息化"的概念。在我国，对信息化并没有统一的定论，有的认为，信息化就是计算机、通信和网络技术的现代化；有的认为，信息化就是从物质生产占主导地位的社会向信息产业占主导地位的社会转变的发展过程；1997年召开的首届全国信息化工作会议，则将信息化定义为：信息化是指培育、发展以智能化工具为代表的新的生产力并使之造福于社会的历史过程。在此基础上，我们可以将会展信息化定义为：会展信息化是指会展利用现代信息技术，通过信息资源的深入开发和广泛利用，不断提高会展经营、管理、决策的效率和水平，进而提高会展经济效益和企业竞争力的过程。

（一）会展信息化的发展

中国第一次提出信息化概念是在 20 世纪 70 年代。当时人们还很难看出信息化的本质，特别是它和自动化之间的区别。随着技术潜力的日益发挥，信息化的概念才开始确定下来。在 80 年代中期和后期，随着连接、集成、网络、存取和友好界面等技术的融合，信息化的概念得到更加清晰的阐明和广泛的推广，有越来越多的人对它产生了兴趣。

根据信息技术在会展行业的应用情况，我们可以将截至目前的会展信息化进程归纳为 4 个阶段：起步阶段，推进阶段，发展阶段，高速发展阶段。会展信息化的发展进程及其典型特征见表 6—1。

表 6—1　会展信息化发展进程及典型特征

阶段	时间	典型特征
起步阶段	1982—1992 年	使用电话、传真、信函沟通、交流，并传递商业文件
推进阶段	1993—1998 年	会展企业开始普及计算机，会展活动从手工记载逐渐由计算机所取代
发展阶段	1999—2001 年	互联网飞速发展，电子商务成为现实，并大幅促进国际贸易
高速发展阶段	2002 年至今	移动商务的出现，使电子商务产生质的飞跃，会展信息化步入无线时代

（二）会展服务引入信息化的意义

中国的会展业正处于快速发展的高峰时期，拥有巨大的潜力，也面临巨大的挑战，目前展览市场竞争激烈，表现在展览城市之间、企业之间、项目之间、人才之间的全方位竞争"白热化"。高科技含量、信息化程度将成为各城市会展行业软件条件中的核心竞争力。信息化技术的引进，使会展的服务水平更上一层楼，具体体现在以下几个方面。

1. 改变会展服务方式

信息技术的发展，突破了会展服务的传统方式。它使会展的服务方式不再局限于面对面和信函往来的沟通渠道，而是拓展至面对面、网络、电话、邮件等全方位的服务方式。借助信息技术,越来越多的会展服务实现了顾客自助,提高了顾客参与服务的程度,如展位网络申请、注册预登记等。

2. 促进会展服务创新

现代服务业生产效率的改善在很大程度上取决于服务的创新程度。服务创新程度又取决于技术能力、人力资源能力和组织能力,其中技术能力是创新的重要条件。对于会展服务来说,技术能力也是信息化能力,它是服务创新的保障,是服务实施的重要手段,主要体现在:第一,信息化的应用促进了会展服务人员的整体效能,实现了人力资本的创新;第二,信息化的应用改变了会展服务流程,从而引导了组织的创新;第三,会展服务创新不同于制造业,它不仅包含了服务内容的创新,还包含了服务过程的创新,当引入信息化手段时,这种创新将更加容易实现。例如,在申请展位的服务方面,过去需要通过书函多次来回确定,而引入网络技术后,参展商可以通过网站申请,这不但提高了服务效率、降低了服务成本,还增强了参展商的服务应用体验。

3. 提高会展服务效率

会展服务所涉行业众多,整个展览过程穿插着分散、各异的服务项目,信息化技术的引入,极大地提高了服务的效率。一方面,优化了整个服务体系流程。比如,可以通过网络技术促进服务前台和后台的连接,并使各服务项目之间的沟通衔接更加紧密。另一方面,服务渠道更加完善。除了传统的面对面服务,还可提供呼叫中心、官方网站、邮件等全方位、全天候的服务渠道,顾客的服务需求及时得到了反映,服务效率也相应得到提高。再者,促进会展企业与顾客的交流。信息化的广泛应用,使得会展企业信息、服务信息、行业动态等的信息发布和交流效率空间提高,会展企业能够更及时了解、掌握顾客的需求变化,从而促进了服务效率的提升。

4. 降低会展服务成本

信息技术在加快沟通速度和增加信息渠道方面具有重要的优势,这有利于采用信息化技术的企业节省服务成本、提高服务产出。会展服务具有典型的交互式活动特点,其服务过程涉及大量的服务人员与顾客之间的交流,而信息技术作为会展服务的重要载体和传递工具,极大地节省了会展服务的运营成本。比如，顾客服务咨询服务可采用电话自动应答语音系统，从而降低服务人员投入成本。

二、会展服务信息化的综合规划

尽管会展的信息化应用与发展只是近半个世纪才兴起的新生事物，但是在经历信息化浪潮的熏陶后，现代会展信息化已经迅速发展，从最早期的插钉板、分类板的信息化应用雏形，到现代商业社会中已普及应用的信息查询系统、互联网应用等，会展信息化应用的范围越来越宽泛。与此同时，会展服务体系的构建也对会展服务信息化建设提出了更高的要求，即在完善各项服务的信息化模板的前提下，综合规划会展服务信息化应用，促进信息化环境下的会展服务体系建设。

（一）规划意义和目标

会展业服务对象广、服务环节多，流程复杂，情况多变，只有做好会展服务的信息化规划，描绘信息化建设的"蓝图"，制定科学、可行的实施策略，全面提高信息化水平，对核心管理和运营领域实行全面信息化管理，才能实行精细化的成本核算和运营管理，提高效率，降低成本；才能建立快速反应机制，深入挖掘客户需求，进一步提升服务水平，持续提升客户满意度。

会展服务信息化的预期，是提高会展服务的效率，构建智慧型会展服务体系。一方面，在获取展客商服务需求后，自动调配对应资源完成服务及服务反馈；另一方面，服务人员随时掌握各项服务情况、动态控制服务的进程；此外，积累、分析和挖掘各类服务数据、展客商资料、展客商行为数据，实现服务的持续改进，为会展企业的服务策略和决策提供依据，提高效率。

面对内容繁多、流程复杂的会展服务，可以通过构建一个基于信息化技术的会展综合服务平台来实现（见图6－1）。通过服务平台，发现、识别、挖掘不同的"客户服务需求"，随需而变聚合功能，为不同的客户群体提供针对性的服务；通过细化展前、展中、展后的服务行为，调动相关服务部门的资源提供一系列支持性活动；通过服务数据监测和评估，建立分析机制，保障全过程的服务质量，进而持续改进和优化流程。

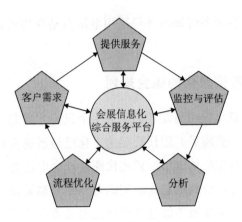

图6-1 基于信息化的会展综合服务平台

(二) 会展服务信息化体系的组成要素

会展服务信息化建设是一项长期、庞大的工作，它涉及的要素很多，这些要素之间相互制约、相互依存，主要包括如下：

1. 信息化人才

在宏观规划中，信息化人才是会展信息化建设的主要动力。信息化建设是以信息技术广泛应用为主导，信息资源为核心，信息网络为基础，信息产业为支撑，信息人才为依托，法规、政策、标准为保障的综合体系。随着会展服务信息化的日益推进，会展信息化人才短缺问题开始暴露出来，这是因为会展服务实施信息化的进程中，要求信息化人才不仅具备信息化技术，还必须对会展服务内容有着深刻的理解。与此同时，中国会展业的市场化运作程度较低，从业人员的素质良莠不齐，大部分属于半路出家。真正既有扎实的理论功底又熟悉会展业实践与网络技术的复合型人才较少。

为了改变这种局面，需要充分利用各种手段和教育途径，建立一支高素质、专业配套、层次合理的会展信息化人才队伍。一名合格的会展服务信息化人员，需要融会贯通多方面的知识与能力，需要理解和掌握会展业知识、会展服务知识、IT知识、互联网知识等，需要及时了解和更新最新技术的发展动态，并在会展服务上加以利用。

2. 信息基础设施

信息基础设施是会展服务实现信息化的基础条件，可以分为两个方面，一是社会环境的信息基础设施，二是展馆环境的信息基础设施。

其中，社会环境的信息基础设施建设有赖于政府机构，目的是构建一个由通信网、计算机、信息资源、用户信息设备与人构成互联互通、无所不在的信息网络，以便加强不同机构和用户通过网络沟通交换信息和资源共享。例如，英国政府投资一亿英镑用于研制英国国家网格（UK NATIONAL GRID），将主要大学的超级计算机联网，构造统一的服务平台，进行资源共享和信息集成。社会环境的信息基础设施是展馆环境信息基础设施存在的前提，如果没有前者，后者的架设只是局域网，也就是说展客商只能来到展馆区域才能利用信息设施。

从物理层面看，每个国家的信息基础设施（NII）都是由信息资源系统、用户信息设备、本地网络和长途网络四大部分组成的。从区域范围角度看，展馆环境可以说属于本地网络。由于展馆面积普遍较大，需要在展馆内部构建信息基础设施，才能满足会展服务的需求。比如建立统一数据库、架设AP，等等。

3. 信息核心技术

会展行业信息化的核心技术包括：会展信息的资源库、具备规模体系的会展信息化应用、会展数据的分析和挖掘技术等。客观来说，与境外的展览业巨头相比，中国的会展信息化核心技术仍不完全具备。

4. 采集和分析能力

会展是整个社会大市场的浓缩，是了解市场、采集信息的最佳地点，也是重要的市场信息的集散地，各种信息都会从多种渠道汇集到会展中。因此，强大的信息采集和分析能力，是构建基于信息化的会展服务体系不可忽略的。

首先，信息采集在广度和深度上还需要拓展。信息采集面向的对象至少要包含主（承）办方、参展商、观众、政府以及其他相关的服务单位。信息采集的内容不仅只是基本信息——比如针对参展商的企业名称、地址、电话、邮编、传真、企业性质、产品、市场等，还应该包括社会经济环境及变化情况、政府政策情况、行业发展情况、与会人员的行为轨迹，等等。

其次，信息分析需要进一步加强。面对庞大的会展服务信息以及收集回来的第一手资料，需要通过信息分析、数据挖掘，将有价值的部分提取出来，才能真正为会展服务决策提供依据。与国外相比，目前国内会展企业对数据的挖掘较为粗放，有待进一步细化和提升。

5. 数据安全保障能力

数据资源是会展企业的重要的核心竞争力之一，因此数据安全的重要性不言而喻。如何确保数据安全，预防数据泄露，是各会展企业不得不面对的重要课题。在实施会展服务信息化过程中，如果无法很好地解决这个问题，会展服务的信息化就只能是一句空话。目前数据安全技术越来越成熟，会展服务过程的数据安全可以采用数据安全技术，比如数据泄露防护体系、信息安全保障体系、数据资产管理、异地灾备系统、虚拟化及云安全服务等。

6. 管理机制和法律法规

如前文所述，会展服务信息化是一项长期、系统性的工程，会展企业在进行信息化服务平台综合规划过程中，应制定相应的管理机制加以约束。此外，应综合运用法律、法规等手段，规范和协调服务信息化平台各要素之间的关系，为会展服务信息化发展提供快速、持续、有序、科学的保障。

第二节　会展服务管理的信息化应用

会展服务的信息化应用主要包括两个方面：一方面是会展服务过程中的信息化应用，即会展服务管理的信息化应用，比如，会展服务体系构建中的信息化应用、展位申请服务的信息化应用等；另一方面是会展服务设备设施的信息化应用，主要指展馆用于支持服务活动开展的设备设施的信息化应用，比如展馆消防系统智能化、通信系统智能化等。本节我们将重点介绍会展服务管理的信息化应用。

一、会展服务管理信息化

会展服务管理的过程是一个分析、计划、组织和控制的过程，它包含两方面的流程，即会展服务流程和会展信息流程，其中，会展服务流程我们在本书第二章已进行了详细介绍；会展信息流程即会展服务管理的信息化应用，它是以计算机网络和现代通信技术为工具和手段，具有对会展信息进行加工处理、存储和传递等功能，同时具有预测、控制、组织和决策作用的应用。[①]

会展服务管理的信息化应用的作用主要体现在三个方面：一是可以对会展服务过程中的各项具体工作的开展进行调节，促进其按计划有序进行；二是可以科学地改变顾客的服务接触程度，促进客户服务体验；三是可以掌握会展服务过程中各项具体工作的状况和最终结果，并为会展服务的发展提供科学参考。

按照管理活动的层次不同，会展服务管理的信息化应用可分为三大类：战略型信息化应用、管理型信息化应用以及业务型信息化应用。其中，战略型信息化是指用信息技术来支持和体现会展企业的竞争策略，使企业获取或维持竞争优势的信息化应用，它侧重于创造性地开展业务活动和增加利润的方法，比如决策支持系统、专家系统等；管理型信息化应用指对会展企业的服务部门所实施的工作进行计划和监控，确保会展服务活动高质量完成的信息化应用，比如会展服务体系的信息化应用；业务型信息化应用指为了提高会展服务具体工作环节效率的信息化应用，比如展具租赁服务的信息化应用。值得一提的是，会展服务管理的信息化应用往往不能严格进行分类，比如，战略型的信息化应用有时候也具有管理控制和业务处理的功能。

（一）会展服务管理信息化的目标及特点

会展服务体系信息化主要是为会展企业提供全面、可靠的信息化管理、电子商务和电子政务平台，协助提升企业竞争力，充分发掘企业潜力。[②] 管理信息化建设具有一个中心，两个重点，即以服务顾客为中心，以创新服务管理、提高整体服务运营效率为重点。会展服务管理信息化需具备以下三个方面的特点：

1. 以服务价值链管理为核心

将顾客需求、企业内部的业务活动、供应商的资源整合在一起，形成一个完整的服务价值链，并对价值链上的各个环节以及业务流程进行有效管理。

2. 充分利用电子商务

新电子商务时代要求会展企业充分利用网络技术及信息集成技术，将服

[①] 许传宏：《会展服务管理》，北京大学出版社，2012 年。

[②] 陈明：《会展业信息化平台建设探讨》，《商场现代化》，2008 年第 52 期。

务价值链管理、客户关系管理、企业办公自动化等功能全面集成优化，实现信息流、业务流等有效移动和优化，实现敏捷化企业运营管理。

3.体现服务体系的整体性功能

会展服务体系信息化应充分结合通信技术和网络技术，要在会展业相关组织内外部建立起上下畅通的有效信息交流沟通平台，这一平台既要确保会展服务体系构建主体及时掌握情况，获得作为决策基础的准确信息，又能保证指令的顺利下达和执行。

以杜塞尔多夫博览中心为例，该中心使用了一套整合的信息处理系统来保证服务信息的流动。[①] 系统的基本功能与目前大多数公司所用于处理商务的标准相似，其显著特点是：信息可以无间隙地传播，使整个服务过程顺畅、及时、完整（见图6-2）。

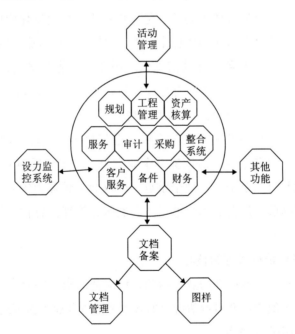

图6-2　杜塞尔多夫博览中心信息系统

---

① 曼弗雷德·基希盖奥格等：《博览管理——博览、会议和活动的策划、执行与控制》，上海财经大学出版社，2008年，第158页。

（二）会展服务管理的信息化应用

一般来说，会展服务管理的信息化可采用企业管理信息化系统，主要包括企业级应用系统、个人生产和团队工作软件两种（见图6-3）。

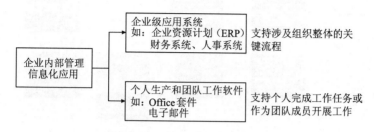

图6-3　企业管理信息化系统

其中，企业级应用系统主要是为了实现组织内部彼此独立的不同应用系统和相应的数据库之间的集成化访问、数据共享和互联互通，以此提高服务过程的效率，降低成本，缩短服务周期，提高服务质量。同时可以通过电子方式连接到企业外部的合作伙伴，如供应商或顾客，使之及时掌握会展企业的服务动态。在实现项目团队协同、部门协同、企业与合作伙伴协同、业务流程与办公流程协同、跨越时空协同的同时，也需注重知识的收集、积累与继承，最终实现企业及员工、企业及合作伙伴的协同发展。最常见的企业级应用系统包括企业资源计划软件（Enterprise Resource Planning，ERP）、供应链管理软件（Supply Chain Management，SCM）等。

个人生产和团队工作软件仅由个人或相互合作的人员使用。最典型的例子是 Microsoft Office 办公软件。

二、会展服务管理信息化的具体应用

会展企业应紧密围绕参展商和观众需求进行会展服务信息化应用规划。一般可以按会展项目的时间进程，即组展、筹展、开展、撤展为主线进行划分（见图6-4）。

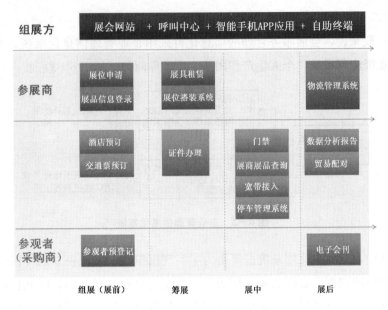

图6-4　会展服务信息化渠道

（一）会展服务信息化渠道

会展服务的信息化需借助一定的渠道才能实现，随着信息化技术的发展，这种渠道从一开始的人工服务、远程的纸函服务，逐渐变化为电话、邮件、网站、呼叫中心、自助终端等。下面我们将重点介绍展会网站、呼叫中心、自助终端及智能手机客户端在会展服务中的应用。

1. 展会网站

网站是会展服务的主要渠道之一。网站通过互联网手段，用更为便捷的方式跨越时间和地域的限制，让更多的关注会展的人可以更加便捷地了解会展的资讯，从而达到宣传展会营销推广的作用。同时，网站往往是会展在线服务汇聚的大平台，无论是展位申请、参展商展品预登记，还是进馆预登记等服务，往往都可以在网站中提前实现，以节省时间，降低成本。此外，会展网站还是整个会展的门面，关系到展客商对展览以及会展企业的直接印象。近些年，部分商贸类的会展也适时开发了具有电子商务功能的配套网站，多数命名为"网上展会"或"在线展会"，加强了会展网站在会后功能的延伸，以期达到"永不落幕的会展"效果。

会展网站的规划与会展服务一样，大都以顾客的需求为导向，尽量采用简洁的设计、明晰的结构，并注重操作性和整体化。为了使展客商对网站一目了然，会展网站一般会根据服务对象进行划分，比如根据参展商、参观者（观众）、媒体等身份来组织网站的架构和内容（见图6－5至图6－7）。

图6－5 中国进出口商品交易会官方网站（截图）

图6－6 汉诺威通信和信息技术博览会（CEBIT）官方网站

图6－7 美国国际消费电子展（CES）官方网站

在建设会展网站时，组办机构应亲自对各项业务流程进行规划，并在网站建成时邀请使用者进行体验并提出修改意见。在日常的网站管理中，应由指定部门对网站维护进行统筹，及时根据服务情况变化更新网站信息。与此同时，会展网站还需提供建立长期的调研及反馈机制，以便及时根据顾客需求调整服务内容。

2. 呼叫中心

呼叫中心（Call Center）于 20 世纪 90 年代被引入中国。经过十多年的发展，已被广泛使用，它是指综合利用先进的通信及计算机技术，对信息和物资流程优化处理和管理，集中实现沟通、服务和生产指挥的系统。它是客户关系管理应用的一个主要"客户接触点"。一方面，它充分利用现代通信与计算机技术，为客户提供快捷、高效的呼叫、回函、传真、邮件处理等服务内容；另一方面，它可以自动灵活地处理各种媒介呼入和呼出业务需求；此外，它还承担着企业捕获客户信息的重任。随着技术的发展和业务的需要，呼叫中心正朝着"综合联络中心"方向高速发展，并有越来越多的呼叫中心正从成本中心转向利润中心，为企业的发展注入直接的动力。

近几年，呼叫中心渠道逐渐为会展企业所青睐，并且成为会展的主要服务渠道之一。比如，广交会于 2009 年成立客户联络中心，每届广交会期间向几十万海内外客商提供相关的资讯、业务服务。

会展企业在发展初期，可通过将现有服务电话整合为统一的客服专线，提高客户服务效率，避免出现客户咨询被拒绝或被转接等情况，形成良好的"顾客—会展企业"沟通平台。发展到一定阶段后，会展企业可以考虑适时开通平台业务受理功能，建立一站式服务呼叫中心。对现有数据库进行初步整合，形成依托知识库的客户关系管理（CRM）系统以及流畅的工作流业务系统，部分业务可通过网上申请、网上支付、现场（网上）确认等步骤实现全网络服务受理。最后，会展企业还可建立服务渠道与服务营销相结合的客户管理中心，通过数据库累积和过滤，形成初步的知识库管理模式以及较成熟的 CRM 管理系统，进一步整合服务和营销渠道，提升数据挖掘和潜在客户挖掘能力，为企业创造更大利润。

3. 自助终端

自助终端是完全由顾客通过计算机显示终端（计算机系统的输入、输出设备），智能化来进行各种业务往来。自助终端设备一般由人机界面组成，由客户根据提示进行操作，如银行 ATM 机、地铁售票机等。自助终端的开发大大方便了顾客，提高了服务效率，因此被各行各业广泛应用，会展行业也不例外。

2010 年，广交会在现场引入自助终端设备，实现展位图、参展商产品数据的查询，观众还可以通过打票机自行打印参展商列表。随后，广交会还不断完善自助终端功能，陆续添加了路线导向、交通查询、餐饮查询等多项服务内容（见图 6—8）。

图 6—8　广交会现场自助终端设备

4. 智能手机客户端（APP）

近几年，随着智能手机的推陈出新，中国智能手机的普及率已经达到了 66％，伴随而来的是智能手机客户端（APP）应用的蓬勃发展。部分知名展览如广交会、香港贸易发展局、德国汉诺威工博会等已陆续推出了官方的智能手机客户端，为顾客提供在线资讯检索、展商企业查询以及在线酒店预订等服务，受到了顾客广泛好评（见图 6—9）。

（二）具体服务项目的信息化应用

展览筹备期间，会展主办方主要进行项目筹备、项目推广、客户资料收集等工作，因此，该阶段的信息化应用重点是信息发布、信息收集与整理。展览期

图 6—9　广交会 APP 页面

间，会展服务提供者主要利用信息化技术解决服务需求集聚问题，进而提升服务项目的客户满意度。展览结束后，会展主办方主要利用信息化进行参展商和观众的数据整理，对展览情况进行总结分析，并采用信息化手段进行展后回访。下面，我们将介绍几种常见的会展服务项目信息化应用。

1. 展位申请服务

随着信息化技术的发展，会展的展位申请已越来越便利，大部分展会均已实现展位网站自助申请服务。该自助服务的主要流程包括：参展商通过官方网站登记参展意向、企业资料、展品类别及数量等资料，并根据网站指引申请参展；随后，会展主（承）办方核实申请信息，并沟通确定展位。以广交会为例，2008年开始广交会全面在网上接受企业的参展申请，企业只要通过登录"参展易捷通"便可完成申请手续，每届有超过2.5万家企业在网上申请展位，申请展位数量超过10万个。展会申请页面如图6-10所示。

图6-10 广交会网站"参展易捷通"的展位申请页面

部分展览会根据展览性质调整该项服务的参展商资格审核环节，但该环节在服务流程中属于后台操作部分，并不影响网站的自助流程设置。比如，广交会的展位申请模式与其他展览略有区别，参展企业申请的展位审核需要先经过交易团环节，但对于参展企业来说，其申请服务的操作与其他会展并没有本质上的区别。

2. 办证服务

参展商、观众办证服务可分两大项内容：一项是预登记服务，顾客可通过网站提前进行办证信息录入和申请；另一项是证卡制作服务，主要指现场证卡制作。

其中，预登记服务主要是方便观众参观设置的，主要服务流程包括：观众了解会展信息后，可在其官方网站填写相关资料以及观展意愿；经审核可获取证件预登记号或主办方寄放的证件。预登记服务可缩短观众现场填写资料和办理证件的时间，使其有更多参观洽谈时间。此外，展览主办方通过预登记服务还可以缓解现场服务压力，并可提前掌握意向观众数量，从而更好地进行现场服务设置（见图6—11)。

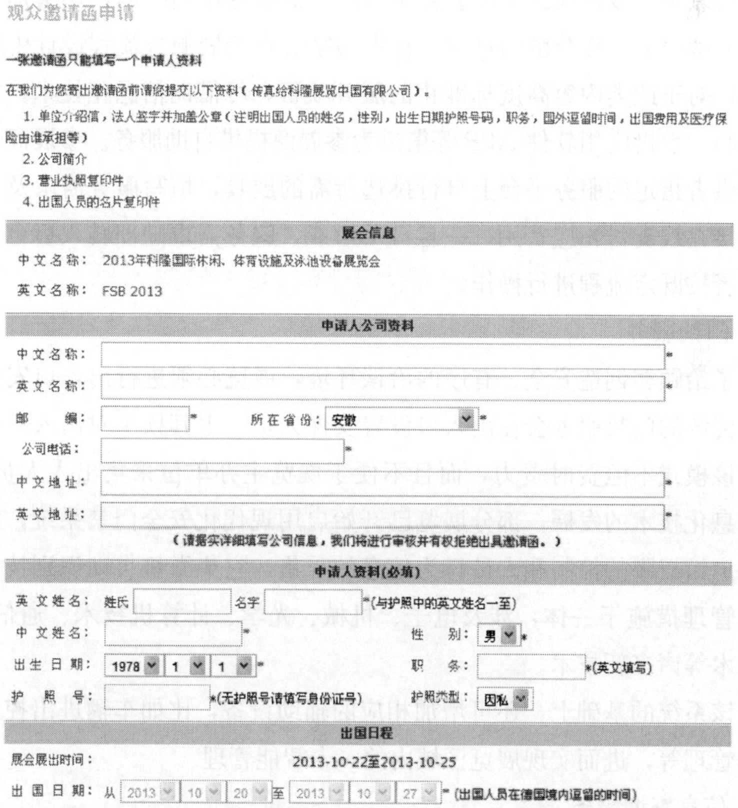
观众邀请函申请

一张邀请函只能填写一个申请人资料

在我们为您寄出邀请函前请您提交以下资料（传真给科隆展览中国有限公司）。

1. 单位介绍信，法人签字并加盖公章（注明出国人员的姓名，性别，出生日期护照号码，职务，国外逗留时间，出国费用及医疗保险由谁承担等）
2. 公司简介
3. 营业执照复印件
4. 出国人员的名片复印件

展会信息

中文名称：2013年科隆国际休闲、体育设施及泳池设备展览会

英文名称：FSB 2013

申请人公司资料

中文名称：*

英文名称：*

邮　编：*　所在省份：安徽*

公司电话：*

中文地址：*

英文地址：*

（请据实详细填写公司信息，我们将进行审核并有权拒绝出具邀请函。）

申请人资料(必填)

英文姓名：姓氏　名字　*(与护照中的英文姓名一至)

中文姓名：*　性　别：男*

出生日期：1978　1　1*　职　务：*(英文填写)

护　照　号：*(无护照号请填写身份证号)　护照类型：因私

出国日程

展会展出时间：2013-10-22至2013-10-25

出国日期：从 2013 10 20 至 2013 10 27 *(出国人员在德国境内逗留的时间)

图6—11　德国科隆国际休闲、体育设施及泳池设备展览会的观众登记表

一般情况下，办证服务信息化可采用信息采集系统和制卡系统，其中信息采集系统主要是对信息进行采集，并实现纸质到电子文档的转换；制卡系统可为现场制卡的顾客提供高速条码卡打印工具。证件或票据一般采用 IC 卡芯片技术，这种芯片的安全性较高，芯片本身具有比较高的防伪性能，再配上芯片读写时的加密传输技术，证件信息难以被非法分子获取，而且 IC 卡还可多次使用，已办理 IC 卡证件的顾客在重复参展时，只需要申请激活证件即可。目前，广交会已采购商证、工作人员证制作上广泛利用该项技术，并取得相当不错的成效。

3. 展具租赁服务

传统的展具租赁服务模式要求参展商到现场租赁点排队申请服务，并在现场进行缴费，该种模式不但会耗费参展商的服务申请时间，还会加大服务提供者分解服务工作分解的难度。在本书第二章会展服务流程设计中我们曾介绍过，对于此类内容高度标准化的服务项目，可借助信息化技术，如网站呼叫中心，手机应用软件 APP 等渠道为参展商提供自助服务。参展商只需在服务提供者指定的服务平台上自行挑选所需的展具，填写服务需求及基本资料，直接在线支付相应费用。一旦订单形成，服务需求随即转入后台，由服务提供者按既定流程进行操作。

4. 门禁服务

为了给顾客创造安全、有序的洽谈环境，展览必须进行出入口安全防范管理，传统的门禁服务会在出入口设置安保人员，由其挨个对出入人员进行检查，该模式不但费时费力，而且不便于展览主办单位采集出入人员信息。随着信息化技术的发展，部分展览已开始启用现代化安全门禁系统，实现对人员进出馆权限的控制和人员行为信息的采集，它集微机自动识别技术和现代安全管理措施于一体，涉及电子、机械、光学、计算机技术、通信技术、生物技术等诸多新技术。

在该系统的基础上，还可增加相应的辅助设备，比如车辆进出控制、餐饮收费管理等，进而实现展览区域内的一卡智能管理。

5. 信息查询服务

参展商、观众的信息查询服务内容主要包括展览情况、参展商及展品信息、服务信息及所在展馆及城市信息等，其中参展商及展品信息查询服务是现场指引的最重要补充，不但会提高观众的参观效率，还会提升展会品牌形象。参展商及展品信息查询服务可通过两种方式实现：一种是网络查询，观众只要输入关键字便可得到查询结果，另一种是触摸屏系统，为观众提供更为直观的人机交互输入方式。此外，展览还可利用二维码定位系统，帮助观众记录有兴趣重返的展位位置信息。

6. 互联网接入服务

目前，许多展馆大都为与会展客商提供了互联网接入服务（又名宽带接入服务），方便他们随时与外界进行信息联系。互联网接入主要有有线宽带和无线宽带两种方式。有线宽带速率高，使用稳定，但接入成本高，施工难度大且较为耗时，因此收费相对较高。无线宽带使用方便，接入成本低，覆盖范围广，已成为展馆内互联网接入的发展趋势。但目前无线宽带由于用户增长速度迅猛，单个无线 AP 访问用户数量的限制，以及无线信号干扰等问题，使得无线宽带的稳定性较差，有时会出现网络接入慢或掉线等问题，客户体验相对不足。因此，如何为展客商提供无线接入的服务，是值得思考的一个问题。

7. 酒店预订服务

随着信息化技术的发展，酒店在线预订形式开始被广泛使用。采购商可以通过互联网、电话、智能手机客户端等多种方式在展会开幕前使用酒店预订平台，查询酒店信息，并完成酒店预订服务。通过酒店预订平台，采购商可了解到酒店的各类信息，如酒店所处位置、品牌、价位、房型、最近装修时间和用户评价等各类信息，方便选择所喜欢的酒店并进行预订，并可以通过在线支付进行房费的交纳。与传统的旅行社预订方式相比，酒店在线预订则显得信息更透明，预订更方便快捷。图 6－12 是德国汉诺威网站中预订酒店的网页。

8. 贸易匹配服务

贸易匹配（又名"贸易撮合"或"贸易配对"），是近几年在会展中广泛使用的信息化服务之一。贸易匹配主要通过供采信息交互的形式，在展会现场将采购商的采购需求与参展商所能提供的展品相配对，以解决供采双方的

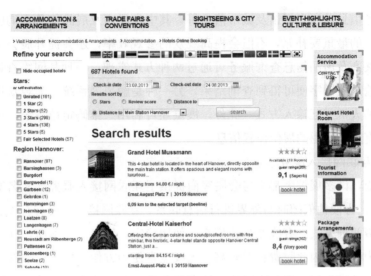

图6—12　德国汉诺威网站中预订酒店的网页

需求。贸易匹配可以有多种形式进行实现。一是可以借助展会现场或网站的供应/采购信息发布平台，由参展商或采购商主动发布信息。二是可以由会展主办方成立专门贸易匹配团队，帮助筛选、发布更为精准的供采信息，并主动联络供采双方，促成贸易配对，提高成功率。

9. 电子会刊

电子会刊（又名电子杂志），以其制作精美、查找快捷、携带方便、绿色环保等优势，越来越受到采购商的青睐。作为新型的会展信息服务载体，电子会刊借助图、影、音等生动的表现形式，汇集了参展商名录资讯、热点产品、行业趋势等，帮助采购商更方便地掌握最新的会展资讯。电子会刊也有以下几种表现形式：一是多媒体光盘。会刊整体被收录进光盘中，需要时通过计算机设备进行查阅。二是通过会展现场下载纯电子会刊文件到随身携带的U盘或直接在网站线

图6—13　中国进出口商品交易会会刊

上浏览。随着技术的深入与推进，光盘式的电子会刊已日渐消亡，而纯电子会刊则更受广泛关注。图 6—13 为中国进出口商品交易会的电子会刊。

三、数据库技术在会展信息化中的应用

在会展过程中，进行信息挖掘，构建会展信息数据库是非常有必要的。作为会展组织者经常会因为会展业务处理中遇到的一些烦琐数据而头痛不已，通过会展信息数据库的构建，能够提高工作效率、缩短工作流程，加强管理监控、减少工作失误，降低会展成本、提升经济效益，从而为整体提高会展组织业务管理和收益水平奠定坚实的基础，提高竞争力。

（一）会展数据库设计

人们在总结信息资源开发、管理和服务的各种手段时，认为最有效的是数据库技术。数据库技术的应用在会展行业中已越来越广泛。数据库设计是指对于一个给定的应用环境，构造最优的数据库模式，建立数据库及其应用系统，使之能够有效地存储数据，满足各种用户的应用需求。会展数据库的设计包括 6 个阶段：需求分析、概念结构设计、逻辑结构设计、数据库物理设计、数据库实施、数据库运用和维护。设计步骤如图 6—14 所示。

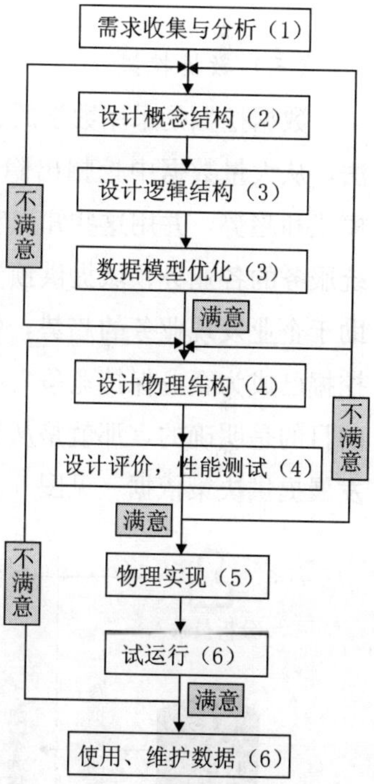

（二）数据库体系

在数据仓库没有建立关联性、实现集成化的情况下，会展服务过程中的独立数据难以得到充分利用，从而造成了一定的信息焦虑。为了打破这个发展屏障，就需要建立数据仓库。数据仓库是一个面向主题的、集成的、相对稳

图 6—14 会展数据库的设计步骤

定的、反映历史变化的数据集合，用于支持管理决策。独立的数据通过抽取、清洗、装载、刷新转入到数据仓库，从而使各种独立的数据在某一主题下形成具有关联性的整体，为以后数据挖掘打下良好基础（见图 6—15）。

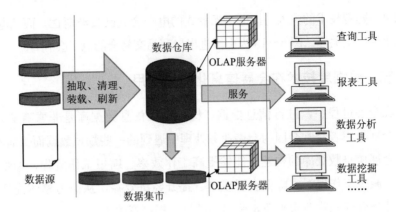

图6—15　数据仓库的体系结构

（三）数据挖掘

数据挖掘是采用数学的、统计的、人工智能和神经网络等领域的科学方法，从大量数据中挖掘出隐含的、先前未知的、对决策有潜在价值的关系、模式和趋势，并用这些知识和规则建立用于决策支持的模型，为商业智能系统服务的各业务领域提供预测性决策支持的方法、工具和过程。数据挖掘有助于企业发现业务的趋势，揭示已知的事实，预测未知的结果，因此，数据挖掘已成为企业保持竞争力的必要方法。对于会展服务体系来说，数据挖掘的目的是明确的，那就是从数据中挖掘出顾客需求及服务价值，为会展服务发展提供决策依据（见图6—16）。

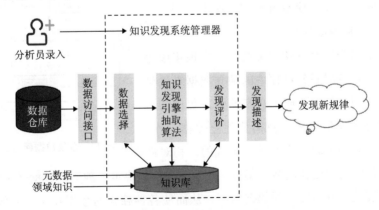

图6—16　数据挖掘体系结构图

案例:

广交会采购商综合业务平台

中国对外贸易中心(集团)(简称外贸中心)目前已经实现了展前、展中、展后等主要业务的电子数字化,但由于早期在软件开发时采用不同技术和平台,且技术标准和数据规范不统一,"信息孤岛"普遍存在且升级拓展空间有限,已难以满足外贸中心未来发展对信息化的要求,因此,外贸中心拟建设一个统一的广交会业务平台,对贯穿于广交会招商、组展和服务的每个环节进行信息化支撑,平台内容包括采购商综合业务、参展商综合业务和展会服务三大板块,平台建设采用分步骤实施方式,先期从采购商综合业务板块入手,后续开展参展商综合业务和展会服务两大板块建设。以下介绍的是第一板块——采购商综合业务平台。

1. 平台建设的目标

总体目标:建设采购商综合业务平台,以"客户为中心"的理念为引导,以采购商数据管理为基础,打造涉及采购商展前、展中、展后的一体化管理及服务平台。

具体目标如下:

(1)建设采购商综合业务系统,通过整合采购商在展会价值链中的相关数据,强化对采购商数据的共享、分析、利用,同时为广交会邀请方式变革(从面向企业到面向个人)、改善邀请针对性及关怀等进行有效的信息化手段保障。

(2)通过对服务资源的整合,为采购商提供网上一站式的展会现场服务、增值服务的预订办理及后台保障,既方便采购商又为中心增收提供新的渠道。

(3)建设全新的现场办证系统,一揽子解决办证系统技术老化、现场办证环节效率低、无系统分析等功能。

2. 平台业务需求

平台业务需求如图6—17所示。

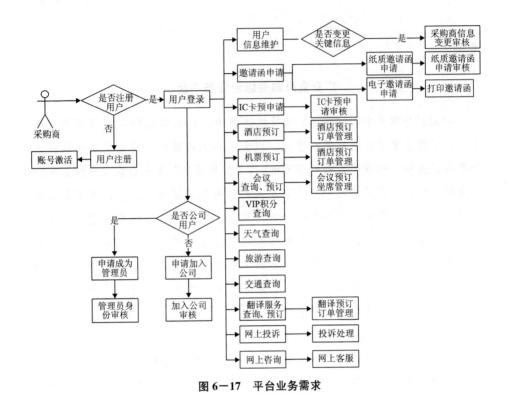

图 6-17 平台业务需求

3. 业务功能模块

业务功能模块如图 6-18 所示。

4. 预期效果

实现对采购商业务全生命周期管理，满足采购商业务链各用户的个性化需求，初步建立客户服务综合评价体系，全面提升客户关系管理（CRM）水平，把信息化重点转移到为提高招商工作的准确性服务，以及提高组展工作针对性上来，不断提高招商组展质量。

对外，通过广交会网站、手机、iPad、现场、客户联络中心等服务窗口，向国内、国际采购商提供预申请 IC 卡、邀请函申请、展商展品查询、酒店预订、投诉报障、咨询等一系列专业的展会服务。

对内，各级管理和业务人员均可实现按权限便捷地访问业务进展情况、随时掌握各项业务运行情况、纠正异常、动态控制业务的发展，将服务结果及时反馈给客户。

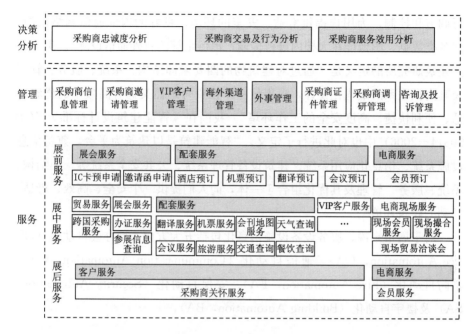

图 6—18 业务功能模块

同时，强化了数据采集和更新，提升数据质量，实现信息共享。特别是实现对采购商历史行为、服务和联络数据的采集和记录，为进一步的采购商行为分析、精准营销、科学决策等奠定了良好基础。

第三节 会展服务设备设施的信息化应用

如本书第二章所述，会展服务设备设施是展馆用于支持服务活动开展的设备设施，是各项会展服务开展的基础，此前，我们已经对会展服务设备设施的设计进行了介绍，这一节我们将重点介绍如何构建智能建筑，利用信息化技术提高会展服务设备设施利用率，加强对设备设施的状态监控，为会展提供安全、舒适、节能、坏保的环境。

各个国家对智能建筑的阐述不尽相同，但本质基本一致，如新加坡对智能建筑的定义是"一栋智能大厦必须具备下列条件：先进的自动化控制系统，该系统能够通过中央控制室对温度、湿度、灯光、保安、消防及各类设备进行调节和控制，为用户提供舒适、安全的环境；良好的内部通信网络设施，使各类数据、图像能在大楼内进行传输；提供足够的对外通信设施"。美国智能建筑研究所的定义是"通过对建筑物的四要素即结构、系统、服务、管理及其内在联系的最优化设计，来提供一个投资合理而又拥有高效率的优雅舒适、便利快捷、高度安全的工作环境"。我国在《智能建筑设计标准》（GB 50314－2006）中也对此进行了定义，"智能建筑是以建筑为平台，兼备信息设施系统、信息化应用系统、建筑设备管理系统、公共安全系统等，集结构、系统、服务、管理及其优化组合于一体，向人们提供一个安全、高效、舒适、便利的建筑环境"。

对于展馆来说，服务设备设施信息化包括五大方面，即办公自动化（Office Automation，OA）、通信自动化（Communication Automation，CA）、消防自动化（Fire Automation，FA）、安保自动化（Security Automation，SA）及楼宇自动化（Building Automation，BA）。

一、办公自动化

这里的办公自动化并不是一般意义的无纸化办公自动化，根据国标《智能建筑设计标准》的有关定义，信息化应用系统主要包括工作业务应用系统、物业运营管理系统、公共服务管理系统、公众信息服务系统、智能卡应用系统和信息网络安全管理系统等其他业务功能所需要的应用系统。在会展服务应用方面，办公自动化主要包括 POS 收费系统、触摸屏系统、排队系统、智能卡管理系统、物业管理系统等。这些自动化系统必须具备两方面的基本功能：一是提供快捷、有效的业务信息运行的功能；二是具有完善的业务支持辅助的功能。

二、通信自动化

展馆的通信自动化系统主要包括以下六大项。

一是通信接入系统和电话交换系统。这是必备的基础系统，为建筑物提供快捷便利的通信服务，常见的就是有线电话、传真。主要包括用户交换设备、通信线路网络及用户终端设备三大部分。用户交换设备采用程控数字用户交换机；通信线路网络采用结构化综合布线系统；用户终端设备包括电话机、传真机等。用户终端设备通过用户交换设备的市话中继线连接全国乃至全球电话网络。

二是综合布线系统。是通信电缆、光缆、各种软电缆及有关连接硬件构成的通用布线系统，能支持多种应用系统。即使用户尚未确定具体的应用系统，也可进行布线系统的设计和安装。

三是信息网络系统。常说的计算机网络系统，一般包括有线网络和无线网络。

四是移动通信系统。主要包括对讲机系统和移动手机通信系统。在我国大部分展馆，移动手机通信系统通常由电信运营商中国电信、中国移动、中国联通投资建设，而展馆则提供相应场地并收取相关管理费。

五是广播系统。它是展馆信息、特别公告、紧急通知、寻呼等语言信息播放的重要手段，也是参展人员获取信息的主要途径之一。平时以语言广播为主，播放背景音乐为辅，同时在发生火灾事故时，兼做火灾应急广播。由于展厅现场可能产生较大的噪声干扰，如撤展、机械展时展厅噪声较大，在设计展厅广播音响时可以考虑设置"环境噪声探测器"，达到自动音量控制的目的。

六是会议系统。包括视频会议系统；会议设备总控系统；会议发言、表决系统；多语种的会议同声传译系统；会议扩声系统；会议签到系统、会议照明控制系统和多媒体信息显示系统等。可根据实际使用需求为多功能厅、大会议室、小会议室配置相应会议系统。对多个会议室相对集中的区域，也可以配置会议设备集中管理系统，通过内部局域网集中监控各会议室的设备使用和运行状况。

三、消防自动化

消防系统是保障会展财产和人员生命安全的重要系统，包括火灾自动报警与消防联动控制系统。其基本原理是：由探测器或报警按钮给出信号，经火灾报警控制器进行智能判断，确认为"火警"后，向消防联动控制器发出信号，消防联动控制器随即控制各种联动装置，如启动消防泵、打开排烟装置、启动报警器、火灾事故广播、火灾事故照明等。

消防系统主要包括湿式灭火系统、气体灭火系统、防排烟系统、防火卷帘。

（1）湿式灭火系统。主要原理是用水灭火，一般分为消防栓系统和自动喷淋系统。

（2）气体灭火系统。主要是使用气体灭火，灭火气体有卤代烷、七氟丙烷、烟烙烬、二氧化碳等。由于卤代烷是一类含有氟和氯的有机物，其中最常用的是三氯氟甲烷和二氯二氟甲烷等。氟氯代烷与臭氧发生作用，使臭氧层受到破坏，我国已于 2005 年停止使用卤代烷灭火剂。气体灭火系统主要应用在一些特殊场合，即不适宜用水灭火，如中控室、计算机房、通信机房、变压器室、高压配电房、低压配电房、档案室、柴油发电机房。

（3）防排烟系统。就是设置防排烟和通风设施，及时消除烟气危害。

（4）防火卷帘。就是当火灾发生时，将起火部位隔绝，防止火焰和烟雾蔓延和扩散，减少过火面积，减少财产损失和人员伤亡。适用于展厅和通道等地方的防火隔热。

四、安保自动化

安防系统主要包括：视频监控系统、防盗报警系统、周界报警系统、门禁系统、停车场管理系统、电子巡更管理系统。

（1）视频监控系统。实时监视各展厅、通道、展馆周边的景物和人员来往情况，并进行全天候录像保存。另外，与防盗、消防报警系统等安全技术防范系统联动运行，提高展馆安全防范能力。

（2）门禁系统。指一种人员进出的数字化管理系统。常见的监控功能有：对人员身份的管理；实现门禁状态的实时检测；储存通行信息；证卡制作；系统联动等。

（3）停车场管理系统。实现对出入停车场的车辆进行出入控制和监视，以及行车指示、停车计费等综合管理，还有空余泊位数量显示、分层车辆统计与在位车辆数量显示等。

五、楼宇自动化

楼宇自动化的目的概括来说就是实现对展馆设备的远程自动控制、监视、测量，减轻维护和操作人员的劳动强度，提高设备的管理水平，从而减少人力投入，延长设备使用寿命，降低故障率，减少维护及营运成本。

其工作原理简单来说就是：通过计算机、综合布线、直接数字控制器、执行器、传感器等实现对现场设备的监视、控制、测量，如图6—19所示。

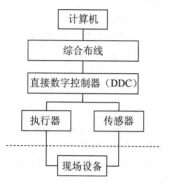

楼宇自动化一般包含暖通空调、给排水、供配电、照明、电梯等监控子系统。由于涉及操作安全问题，供配电、电梯系统只需实现监测功能。

楼宇自动化的主要功能包括：一是对建筑机电设备测量、监视和控制功能，确保各类设备系统运行稳定、安全和可靠并达到节能和环保的管理要求；二是具有对建筑物环境参数的监测功能；三是可实现数据共享，

图6—19　楼宇自动化工作原理

以生成节能及优化管理所需的各种相关信息分析和统计报表；四是具有良好的人机交互界面及采用中文界面；五是可共享所需的公共安全等相关系统的数据信息资源。

案例：

广交会展馆按照国家5A智能化建筑标准设计，是建筑技术与信息技术完美结合的现代化建筑。其中，广交会展馆A区的楼宇自动化情况见表6—2。

表6—2　广交会展馆A区楼宇自动化情况

序号	区域	系统名称	系统功能及现状
1	A区	自控系统（BAS）	·冷源系统设备运行情况的监视 ·238台冷风柜、72台新风机组、57台送风机、147台排风机、78台排烟风机的启停控制及手自动、运行、故障状态的监视，其中冷风柜和新风机组控制要求高，增加了很多传感设备，辅助其优化节能运行 ·29部垂直梯、47部手扶电梯、16部水平梯的运行及故障状态监视 ·114台排水泵的运行及故障状态监视、33个集水井和27个集粪池的高液位监视 ·生活用水池和消防用水池的高低液位监视 ·六楼天花水沟高液位监视

序号	区域	系统名称	系统功能及现状
2	A区	照明监控系统	实现对 A 区展厅、珠散、走廊、外围等区域的照明回路控制，受控回路总计有 1517 路
3		中低压系统	实现了对 A 区展馆 18 个中压电房的高压进线端、中压出线端等位置电力数据的实时读取，共计 146 个多功能表
4		信息发布系统	系统实现了对 A 区珠散两个 LED 屏幕： • 控制终端远程开关机 • 远程开关屏体 • 节目内容远程播放
5		机房 UPS 系统	采用日本东芝原装进口 UPS，容量为 125kVA 设备两套，并配备两组德国阳光电池作应急电源输出，每组配 490AH，2V 的电池 170 个。为 A 区中控室内机房设备及控制系统等提供不间断电源
6		远程抄表系统	实现对 A 区总用水量的远程数据读取。每小时更新一次

第四节　会展服务信息化的发展趋势

会展服务信息化既是中国会展业与国际接轨的一个重要衡量标准，也是会展业发展的必然趋势。会展服务信息化发展有两层含义：一是充分掌握信息化应用的发展信息，包括行业最新动态、理论研究成果以及服务业的最新信息化应用技术等；二是要在会展业中充分利用信息技术，以提高行业管理和活动组织的效率。

在未来会展业发展过程中，会展服务的管理和组织模式、市场环境将不断变化，从而推动会展服务信息化建设不断优化、升级、扩展和升迁，会展服务信息化应用也将经历从局部向整体、从简单向复合的发展过程，主要的发展趋势集中体现在以下三大方面。

一、向个性化和自助式发展的趋势

如前文所述，会展服务信息化应与会展服务一样，以顾客的需求为发展导向，因此，会展服务的发展趋势也同样体现在会展信息化应用中。首先，会展服务将充分利用信息化技术实现个性化转变，在这个过程中，数据库技术以及网络技术显得特别重要，它们可协助会展服务提供者对顾客需求信息进行收集和研究，从而创造出更多个性化的服务内容。与此同时，会展服务信息化应用也是服务个性化的重要表现手段，比如利用智能手机客户端提供展品搜索，并辅以具有创意的软件指引，可充分体现展览与众不同的风格。其次，随着会展服务标准化程度的提高，自助服务的占比将越来越大，这也将促进自助型信息化应用技术的不断发展。

二、向集成发展的趋势

在会展服务信息化应用初步阶段，信息化技术只是局限地被应用于部分服务项目甚至是部分服务环节中，随着服务项目数据资源的不断积累，每个独立的应用系统将出现不相连不兼容现象，数据资源无法被充分利用，最终出现信息孤岛现象。因此，只有通过系统集成、应用整合，才能打破信息孤岛，实现数据共享，建立完整、统一的客户视图，深入挖掘客户的需求，实现对会展服务体系全生命周期的管理。

此外，随着会展服务体系建设的推进以及信息化技术的发展，会展服务将全面实现一站式，在该模式下，顾客可以突破时间和地域限制，通过一个网页、一个电话，或是一个现场服务点便可以同时申请多项不同的会展服务，

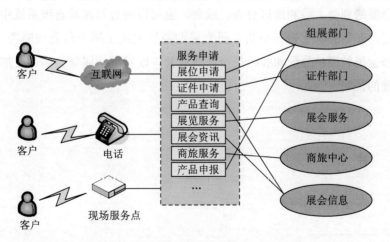

图6—20　会展服务信息化应用的集成趋势

由系统自动无缝链接后台不同服务处理系统，分门别类地将服务需求传递给对应的服务人员。会展服务信息化应用的集成趋势为会展服务体系描绘了一幅完整、清晰、高效的发展蓝图（见图6－20）。

三、会展数据向大数据发展的趋势

21世纪被誉为信息化的世纪。在经历了社交网络、电子商务、移动通信、云计算等阶段，我们又迎来了大数据的浪潮。因为信息技术的持续创新，特别是云计算的广泛应用，使得人类的一切行为都可以以数据形式"被记录"和"被量化"。在大数据时代，海量数据的采集已使数据采集模式突破了采样随机性和数量限制，跨越到了采集"全体数据"；为了确保预测趋势的时效性，允许采集的数据纷繁混杂，甚至在一定程度上不精确；我们也已不再追求简单的数据的采集、存储和简单应用甚至因果关系，而更看重数据与数据之间的相互联系，关注是否可以从一组海量数据中推导出事物的发展趋势，以便于提前应对。[①]

对于会展业来说，最关心的可能要数每一届的到会采购商预测。在早几十年的时候这种预测几乎不太可能。现如今，可以通过多种终端和软件应用，将海量数据进行采集和汇总。例如，会展网站可以通过研究网站日志和IP来源，分析一段时期关心会展的人士，主要分布在哪些国家和地区，以预测下一届会展的到会人数和地区分布。或者，也可以通过对现场查询系统中，被搜索过的产品关键字进行分析，研究采购商更关注于哪个行业或哪类产品，下一届会展的展位分配和展区是否需要调整，以对下一届展会做出更加迅速和准确的预测。

---

① ［英］维克托·迈尔—舍恩伯格：《大数据时代》，周涛译，2013年。

第七章　会展服务发展与展望

随着全球经济重心的转移，会展东移已成为当今世界会展产业格局调整的重要特征。我国作为世界第二大经济体，会展业发展也迎来了蓬勃发展的良机。同时，随着改革开放的深入发展，近年来，国家对会展业的大力扶持，使我国会展业无论在展会数量、展会规模、展馆建设各方面都实现了跨越式的发展，走在世界前列，会展业在国民经济的比重也逐步提升。

如今，全球进入服务经济时代，会展服务作为会展成功举办的重要支持，也逐渐受到业界的重视。在短短的数十年里，会展服务经历了从无到有，从业余到专业化的过程，一改以往重场馆重主办，轻服务配套的格局，不少组展商与场馆已经视会展服务为重要竞争力之一。消费者意识和理念的觉醒，为服务业的发展带来了新机遇，也带来了新的挑战。

迈入 21 世纪，以信息通信技术变革为首的高新技术发展，从服务经济走入体验经济的理念转变，冲击了传统服务方式。以跨国公司扩张为标志的全球经济一体化，更打破了服务的地域限制。在以上各种背景与因素影响下，会展服务将迎来新一轮发展。

第一节　会展服务的发展趋势

一、集约化

会展服务是劳动密集型产业，自 20 世纪快速发展以来，借助中国的人口红利优势，获得了迅猛发展。近年来，在国际金融危机以及我国人口红利逐渐消失的大环境下，会展业发展初期的粗放式会展服务也逐渐走向了集约化。集约化是优化资源、提升服务效率，获得可持续发展竞争力的关键，也是会展服务转变发展方式，实现质量和效益同步增长的必然趋势。

会展服务集约化是由会展服务管理体系建设的特点决定的，与资源的配置和利用、服务供应链、管理优化程度、技术进步等要素相关，其关键在于提高服务效率，并获取更多的服务效益。会展服务集约化主要体现在 4 个方面：一是通过服务设计和能力规划，优化会展服务流程。根据实际情况，科学合理地对服务流程中不能为顾客创造足够大价值的服务项目或服务环节进行删除、压缩、整合、外包，集中精力配备人手做好关键服务。二是通过信息化技术拓宽集约化管理空间。信息化技术的真正价值在于它创造了新的工作方式和经营规则，从而给集约化管理带来了新的机会，因此，利用信息技术推动服务体系建设，促进服务流程的进一步优化，是集约化管理的关键所在。三是通过资源配置优化，提高服务效益。服务集约化的一个重要体现在于服务运营要素的统一调配，以及人力资源的有效利用，使服务资源向着高效率、高效益的区间流入，从而达到增加总效益的目的。四是顺应顾客需求，实现服务创新。只有提高会展服务对顾客的价值贡献，才能为会展业的发展创造更广阔的市场，使会展企业在激烈的竞争中处于强有力的地位，这也是会展服务集约化的出发点和最终目的。

二、专业化

随着会展业的发展，会展服务也将朝着专业化方向发展，专业化主要体现在 4 个方面：其一，服务内容专业化。会展企业将越来越重视目标市场的细分以及会展服务的设计、规划，根据服务策略和标准对顾客需求进行分类，设计满足各种需求类别的服务，并进一步丰富服务内涵，延长服务链，促进客户满意度的进一步提升。其二，服务管理专业化。在体系化建设的要求下，会展服务运营管理、服务质量管理、服务评估等行为将逐步专业化。其三，服务供应商专业化。从过去由其他行业涉足兼营会展服务，转变为以会展服务为主营业务的企业增多。以展位搭建服务为例，以往多由装饰公司、设计公司进行，如今已出现专业的展示设计公司，并且逐步获得了市场的肯定，市场占有额逐步加大。其四，服务外包行为专业化。随着会展服务专业化、精细化要求的不断提高，会展企业将进一步优化服务外包行为，通过服务外包引进先进的技术与专业服务，以提升会展服务的质量。在这个过程中，会展企业的服务外包决策、外包服务组织管理及质量监控等行为将日趋专业化。

专业化是衡量一个行业成熟程度的重要指标，会展服务迈向专业化也是会展服务业步向成熟的必经之路。在专业化基础上，会展服务企业也逐渐形成自身的品牌，实现品牌化。

三、精细化

在服务业竞争全球化与白炽化的时代背景下，服务精细化已成为服务竞争力获取的重要方式。服务精细化的精髓在于分解与落实，是企业在服务具体化与细节化的基础上，提供更为极致服务的理念。随着服务业的发展，精细化管理已经成为大势所趋，也是企业获取服务竞争力的重要举措。

精细化服务，首先在于"细"。企业在战略目标的指导下，将服务设计与服务传递的过程进行更为细致的分解，更加关注细枝末节的"小事"。比如，根据工作内容和服务区域进行横纵向交叉细分，基于此，工作人员的分工和职责越发精细，工作内容与环节也更加具体与明确。随着会展业的发展和对会展服务的要求日益提高，"细"化会展服务越来越受到会展服务供应商的重视。会展企业服务逐步走向全方位，服务改进或补救也更加实时化。

"精"是精细化服务的重点。在细化的基础上，"精"主要体现在对服务内容进一步加深。将服务细节做得更为极致。未来，在整体服务理念提升的大环境下，会展服务必将越来越重视顾客的需求，提供无微不至的服务。例如，主办方通过手机应用服务平台，在开展前1～2天向展客商推送交通情况、住宿信息等商务旅途服务，体现人性化服务；由于展客商来自全国甚至全世界各地，除展馆指示牌外，主办方还可为展客商提供电子查询服务、手机移动端服务等信息化指引，减少展客商的适应时间，为其提供更加优良的洽商环境。精细化服务以及无微不至的服务理念，也充分地体现了优质会展的魅力。

四、定制化

随着服务业的发展以及会展企业竞争的加剧，会展服务也逐渐向更广的角度发展，以更多的内容和形式满足顾客多样化的需求。定制化也是会展服务发展的趋势，是会展企业增强竞争力，创造更大服务价值的有效途径。

服务定制化是客户根据展会的规模、人流量、展客商类型等因素，获得相应配套的差异化服务。既包括发生在展览现场的租赁、广告、保安、清洁、展品运输、仓储、展位搭建等基础服务，也包括餐饮、旅游、住宿、交通、运输等相关行业的配套服务。定制化服务体现在三个方面：服务时空定制化，在人们希望的时间和希望的地点得到服务；服务方式定制化，根据个人爱好或特色进行服务；服务内容定制化，服务不再是单一模式的千篇一律、千人一面，而是各有所求，各取所需，各得其所。客户或经销商在展会洽谈时，根据多样化的要求，积极地给予配合，提供人性化的展中服务，满足其需求，从而赢得更多的客户。

定制化为会展服务带来了丰厚的增值效应。会展服务的多元需求，使会展服务定制化难度加大。定制化服务的基础在于对客户需求的准确判断，因此，必须开展广泛深入的客户调研，同时，借助数学模型进行详细而精密的数据分析，才能精确掌握客户的需求。在这里，服务数据化促进了服务的定制化，服务定制化又加强了服务数据化的需求，这两种趋势的关系是相辅相成的。

五、数据化

持续提高是未来服务发展的重要导向之一，企业将越来越重视服务质量的不断提高。进入信息化时代，互联网等信息技术与会展服务的融合将逐步增大。数据化成为服务持续提高的依据与基础，会展业与信息技术的交融主要应用于服务管理、数据库建立、提供服务便利等三个方面。

在服务管理方面，定制服务管理软件，高效率处理展会筹备期间各项信息与事项，科学化、便捷化管理客户资料，实现实时管理与动态管理。例如，运用服务系统及时完善举办会议参会人员信息等技术将得到普及。

在数据库建立方面，不仅局限于顾客资源的积累，更是利用展客商数据与反馈建立模型，分析现有服务质量与顾客行为偏好，为会展服务的整体质量提高提供重要依据。定量化、标准化、数据化分析，协助企业进行精准判断，进行有针对性的改进与优化，将是会展服务发展的重要趋势。

在提供服务便利方面，数据挖掘技术有助于跟踪分析用户的操作习惯、历史记录、选择倾向，以及数据中的隐性关联，以此为基础为客户提供更符合需求的服务。例如，分析顾客的参展历史记录，为其推荐更符合其需求的展会、住宿、交通。另外还可根据客户的使用记录，自动为顾客填充表单，节省顾客时间。近年来，微博、微信、手机应用等移动平台的技术突破，逐渐应用于会展服务领域，为会展服务的便利性提供了支持。

随着信息技术的发展与用户需求的多样化，数据将成为服务设计与质量管理的重要依据。数据化是当今服务业发展的重要趋势，而对于资源导向型的会展业，数据化将成为提升竞争力不可或缺的优势资源。

六、绿色化

迈入 21 世纪，环境保护成为全球关注的重要议题。各行各业都倡导环保，并在实践中积累各行业节能环保的系列经验。项目会展是一个短期行为，展棚往往只能存在一段极短的时间。展位此起彼落、瞬息变换，当展会落幕，曾经繁华的展厅将被夷为平地，造成了大量的浪费，据统计，通常展览会产生的垃圾面积占总展出面积的 50%，有人戏称"一个展览会的结束就是一个垃圾场的诞生"。与此同时，包含化学材料的建材，其搭建与拆卸都对环境造成不同程度的污染。时至今日，国内外会展业已开始探求这一高能耗产业新的、绿色的发展模式。

绿色会展就是要实现节能减排，循环经济。"低碳环保生活"（low-carbon-life），是指从节电、节气和回收三个环节来改变生活细节，尽量减少生活作息时所耗用的能量，减低碳特别是二氧化碳的排放量，从而减少对大气的污染，减缓生态恶化。在德国、美国、日本等发达国家，低碳概念被逐渐运用到会展之中，会展业本着遵循维护地球、永续经营的理念不断向前迈进。会展产业的未来趋势将是更加重视环保，避免不必要的污染与浪费，还给地球纯净的空间。绿色会展的概念涵盖广泛，涉及采用大众运输、减少纸张印刷、减用纸杯、展览摊位的设施材质可否回收等，这些也都是当前备受关注的环保焦点。比如，博闻集团（United Business Media，UBM）是会展服务环保事业的先行者。如今，博闻集团已向全球的自办展览会提倡绿色会展概念。从不铺地毯着手，减少不必要的浪费，引导参展商参与环保实践。经过多年的努力，这一环保举措已逐渐被参展商所接收。同时，限制特装展位高度，保障安全与减少废料的举措也逐步实施。另外，减少纸张消耗也是必然趋势，西安世园会提出不组织开幕式活动，通过使用手机门票的形式节约资源，这些都表明绿色会展符合低碳环保的生活理念。

未来，会展服务环保化将从会展整个产业链上倡导低碳生活，注重物品循环节能功效，让人类在大自然中不断追求绿色和蓝色的回归。

第二节　会展服务发展的机遇和挑战

未来 30 年，随着世界经济重心的转移和会展东移格局的调整，国家对会展业扶持的不断加强，我国会展业将不断地改革优化和提升，会展服务的相关产业链也将日益完善，会展服务业将迎来新的机遇和挑战。

首先，中国会展业的蓬勃发展将为会展服务提供更广阔的发展空间。"十一五"期间，中国会展业作为一种新的经济业态，逐步实现了年均增长率20％以上的快速发展，成为世界展览市场的亮点。2011 年，中国会展业年产值已达 2482 亿元人民币，拉动效益 2.23 万亿元。未来的中国会展业在世界会展产业大格局中将占据更为重要的地位，目前，支持会展业发展的决策已经写入《国民经济和社会发展第十二个五年规划纲要》，决策明确提出要"促进会展业健康发展"，可以预见，中国会展业的蓬勃发展，将为会展服务的发展创造良好的环境和广阔的空间。

其次，国家加大会展服务的发展力度，将为会展业发展增添强劲的动力。2011 年，我国出台了《服务贸易发展"十二五"规划纲要》（以下简称《规划纲要》)，对今后一个时期中国服务贸易发展的总体目标、战略任务、重点领域等作了全面部署，根据世界服务贸易发展趋势，按照"突出重点、明确目标、统筹安排"的原则，选择 30 个领域作为"十二五"时期的发展重点，会展服务成为其中之一。同时，针对会展服务领域的发展特点和现实需要，《规划纲要》细化了会展服务领域的发展目标和重点工作，明确提出了"十二五"期间发展的量化指标，将有力地推动会展服务的迅速发展。

此外，现代服务业的不断完善，将为会展服务的发展打下坚实的基础。

党的十八大提出"加快传统产业转型升级，推动服务业特别是现代服务业发展壮大"，这预示着服务业将通过深化改革，强化需求导向，不断提高服务质量与效率，提高在国民经济中的占比。在这大背景下，与会展有关的服务业将不断地改革完善，从而推动整条会展服务链的快速发展。

在这新一轮的发展机遇中，会展服务的发展同样面临着很多挑战，能不能抓住机遇、深化改革、推进发展成为会展服务赢得主动、赢得优势、赢得未来的关键所在。

一、进一步推动会展服务体系建设

随着会展业和会展服务的发展，会展服务的多元化发展特征越来越明显，主要体现在服务内容多元化、提供主体多元化、服务对象多元化、顾客服务需求多元化等方面。会展服务特征对会展服务的管理模式和管理制度都提出了新的要求，要求会展服务工作的出发点和落脚点都应从多元化特征出发，系统性、综合性、全方位、多视角地推动会展服务的发展。从行业的角度，政府应加快职能转变，着力培育会展相关产业和优化服务。充分利用会展活动带来的人才、信息、资金和技术，推动产业联动发展。加速构建以交通运输、通信、金融、物流、娱乐、旅游、餐饮、住宿、教育等为支撑；以策划、设计、广告、印刷、装修等为配套的产业集群，形成行业配套、产业联动、运行高效的会展服务体系，促进地方经济发展。从会展企业的角度，应加强内外部资源整合，以顾客需求为导向，构建结构合理、执行顺畅、上下衔接、监督有力的会展服务体系，提升企业的核心竞争力。

二、进一步完善会展服务体系发展的长效机制

会展服务体系的长效机制，就是通过创建规范、稳定的制度体系，优化会展服务发展的内外部环境，推动会展服务体系稳步快速增长；是会展企业发展的制度性保障，也是激发会展服务体系内部凝聚力和驱动力、外部影响力和吸引力，提升会展业竞争力的迫切需要。会展服务体系的外部环境主要指行业环境和市场环境，政府或行业协会应建立健全激励机制和淘汰机制，一方面，对会展服务供应链上的服务供应商进行严格的把控，比如制定准入

资质和服务考核机制，对不具备服务资质或服务质量差的服务供应商及时淘汰；另一方面，要树立服务典型，对服务体系健全的展览项目或者会展企业进行表彰、奖励及宣传，发挥榜样作用，引领重视服务之风。内部环境指会展企业确保服务体系稳步发展的成长机制，包括系统的服务设计和规划机制、有效的执行机制、规范的质量监控机制、完善的服务创新机制等。

三、进一步提升服务评估的能力

随着会展服务的发展，服务评估的作用越来越重要，无论是会展行业还是会展企业，都将充分利用相关的审计和量化分析来保证展览数据的真实性与价值，并将服务评估作为服务质量改进以及展览提升的重要环节。对于会展行业而言，应尽快统一服务评估标准，在业内形成完善的服务评估体系。目前已有部分会展城市开始着手服务评估方面的建设，比如，上海会展行业协会已开始组织对展馆的服务进行统一测评。对于会展企业来说，目前所采用的评估指标主要以硬性指标为主，侧重量化分析，随着顾客服务需求的多元化，为提高服务的灵活性和适应性，会展企业应更加重视评估的软性指标，即企业对展会的评估不仅仅限于展览面积、观众人数，对服务的评估也不仅仅限于顾客满意度，应逐步将定性分析纳入，科学并客观地评估和呈现服务的质量。

目前，会展业的评估主要有三种方式：企业自身评估、行业协会评估以及独立第三方评估。随着会展服务评估逐步公正性与科学化，第三方评估机构所发挥的作用将越来越大，服务评估的方式将转变为以独立第三方评估为主，尤其是行业协会评估项目，在评估范围逐步扩大，对象逐步增加的情况下，为提高评估效率，将更倾向于雇请第三方评估机构进行测评。

四、进一步加强会展服务的理论体系建设

目前，我国关于会展服务的理论研究总体还处于自发状态，理论研究滞后于实践，缺乏系统的理论体系。随着会展服务体系及相关保障体系的逐步完善，会展服务理论体系的重要性将更加凸显，它不但能引领行业或企业提高服务管理水平，提升服务质量和效率，还是政府部门在会展服务的政策制

定、科研管理、人才培养等方面的理论依据。会展业在构建服务体系的过程中，应重视会展服务理论体系的建设，采用产学研相结合的方式，借鉴国内外先进经验，随时跟踪会展服务的发展动态，探索其运行规律和监管模式，研究会展服务发展的政策和行业法律法规建设，逐步构建完善的会展服务理论体系。

五、进一步加速会展服务人才储备

行业的竞争就是人才的竞争，国际会展业的竞争实际上也是人才的竞争。目前，由于我国的国情及服务性行业进入门槛低等原因，我国会展从业人员素质良莠不齐，特别是熟悉会议、展览、旅游业务、掌握国际惯例、富有运作经验的专业人才十分缺乏。从业人员的素质直接影响到会展服务的质量，顺应发展要求，会展业应加速会展服务管理人才以及从业人员的储备，比如，在国内各大高校开设会展专业并努力与国际会展教育接轨，培养熟悉国际会展业惯例、精于会展业市场开拓、善于会展组织与管理的专业人才队伍，推进会展业的产业化发展，促进会展业的国际化发展和市场竞争力的提高。

附　　录

附录 A

展览场馆运营服务规范（SB/T 10852－2012）

1. 范围

本标准规定了展览场馆运营服务应具备的基本要求、安全要求、内部部门设置、功能设置及配套设施、工程管理、现场管理、配套服务等方面的要求。

本标准适用于提供展览场馆运营服务的组织机构。

2. 规范性引用文件

下列文件对于本文件的应用是必不可少的。凡是注日期的引用文件，仅注日期的版本适用于本文件。凡是不注日期的引用文件，其最新版本（包括所有的修改单）适用于本文件。

GB 2894	安全标志及其使用导则
GB 13495	消防安全标志
GB 50034	建筑照明设计标准
GB 50222	建筑内部装修设计防火规范
GB/T 10001.1	标志用公共信息图形符号　第1部分：通用符号
GB/T 17242	投诉处理指南
GB/T 19001	质量管理体系要求
GB/T 28001	职业健康安全管理体系要求
GA 654	人员密集场所消防安全管理
JGJ 64	饮食建筑设计规范

3. 基本要求

3.1　资质要求

3.1.1　应具有独立法人资格，能够承担民事责任。

3.1.2　应自有或租赁与展会规模相适应的展厅及相关设施。

3.1.3　应有健全的生产经营组织结构和规章制度。

3.1.4　具有承担展览组织活动风险的能力。鼓励通过 GB/T 19001、GB/T 28001 等管理体系认证。

3.1.5　展馆的建筑及运行管理应符合国家消防、安全、卫生、环境保护等有关法规和标准。

3.2　安全要求

3.2.1　应符合 GA 654 的规定。

3.2.2　应设置疏散通道、安全出口、消防车通道、应急广播、应急照明等应急设施，并配有显著、醒目的疏散指示标志，标志应符合 GB 2894 和 GB 13495 的规定。

3.2.3　场馆所有展厅出入口、主要通道、贵重展品储存库、停车场出入口以及卸货区等处均应安装监控摄像机，不得存在盲区。

3.2.4　应配置监控设备、安检门或 X 光物品检测仪等安全检测仪器。

3.2.5　应按规定配置消防设施和器材、设置消防安全标志，并配备消防安全管理员，定期对消防设施和器材进行检查和维护保养，加强对易燃易爆物品、灯光、电线等物品的安全管理，确保会场的消防安全。

3.2.6　应建立和健全安全管理制度和安全保卫工作方案，并建立有效的执行和监督机制。

4.　内部部门设置及主要职责

运营服务单位内部宜设置以下部门，或设置和以下部门职责类似的部门。

4.1　销售部

4.1.1　负责场馆的销售工作，完成总经理赋予的销售任务。

4.1.2　定期对市场环境进行调查分析，及时调整销售策略和销售价格，确保完成销售计划。

4.1.3　负责销售合同的谈判与签订。

4.1.4　定期和不定期拜访重点客户，及时了解和处理问题。

4.2　运营协调部

4.2.1 合同签订后，与销售人员进行信息交接，充分了解展览及相关活动信息及主（承）办单位的需求。

4.2.2 协助主（承）办单位制定《参展指南》，组织召开有主（承）办单位和服务商参加的展前协调会。

4.2.3 协助主（承）办单位、布展工程公司、参展商查看场地，并帮助主（承）办单位制订进馆、撤馆计划。

4.2.4 协助主（承）办单位办理公安、消防等部门的报批手续。

4.2.5 协助主（承）办单位协调现场出现的问题，保证布展工程、展览、会议、餐饮等各项活动的顺利进行。

4.2.6 负责收集整理、分析展会数据和会议记录等资料，做好归档工作，完成展会承接工作总结。

4.3 展览现场部

4.3.1 展会前期，按照场馆规定对各参展单位的展台设计图纸进行审核，对布展工程面积及证件需求进行统计，办理布展工程施工证、车证等各种证件，与主场布展工程单位签订安全责任书。

4.3.2 施工期间，配合安保部、工程部监督、检查展览现场的布展工程施工情况，纠正不符合作业规定和安全生产要求的行为。

4.3.3 开展期间，安排巡视检查人员，排除现场可能出现的各种安全隐患，发生突发事件应及时处理。

4.3.4 撤馆期间，负责撤展管理工作，检查场地，撤展完毕后验收场馆。

4.4 工程部

4.4.1 负责场馆内水、电、气、空调、照明及所有硬件的维修维护工作，保证设备设施的正常运行，确保场馆日常工作顺利开展和所有展会安全进行。

4.4.2 按主（承）办单位和参展商申请提供水、电、气接驳服务。

4.4.3 配合安保部、展览现场部监督检查展览现场的施工情况，纠正不符合作业规定和安全生产要求的行为。

4.4.4 依据主（承）办单位或参展商的需要，提供电话线、网线及光纤接驳、AV 灯光音响、投影、吊挂、舞台搭建等服务。

4.4.5　应建立 7×24 小时值班制度，明确值班人员和值班时间。

4.5　安保部

4.5.1　建立、健全保安、交通、消防、安全生产等各方面的规章制度，监督、检查施工单位的执行情况。

4.5.2　配合工程部、展览现场部监督、检查展览现场的施工情况，纠正不符合作业规定和安全生产要求的行为。

4.5.3　进行治安巡查，保障公共财产、个人财产安全及参展人员和工作人员的人身安全。

4.5.4　进行消防安全检查，防止消防火灾事故发生。

4.5.5　制订完善的场馆管理区内的交通管制方案，指挥交通，引导车辆的指引和停放。

4.5.6　应建立 7×24 小时值班制度，明确值班人员和值班时间。

4.6　财务部

4.6.1　编制财务计划，监督、检查计划的执行情况。

4.6.2　做好经济预算，控制成本费用。

4.6.3　加强财务分析，提供决策参考。

4.6.4　坚持会计监督，维护财经纪律。

4.6.5　安排人员在规定的服务点位收取和退回费用。

5.　功能设置及配套设施

5.1　展厅场地

5.1.1　装修设计应符合 GB 50222 的规定。

5.1.2　标识应规范、准确、齐全、醒目，符合 GB 2894 的规定。

5.1.3　设计布局应便于展品布置，宜采用无柱大空间。

5.1.4　具有一定层高，以满足较高设备的安装。

5.1.5　地面设计规格通常基于一层 $5t/m^2$，其他楼层 $0.5\sim1.5t/m^2$ 的负载量。

5.1.6　应设置吊点以满足悬挂结构或物件的需要。

5.2　会议室

5.2.1 具有与经营规模、接待能力相适应的规格不等的大、中、小型会议室或演讲厅。

5.2.2 根据会议需求，可提供服务物品。可提供的服务用品包括但不限于：投影仪、幕布、写字板、音响设备、鲜花绿植、杯具。

5.3 贵宾室

5.3.1 可根据主（承）办单位的需要提供贵宾室。

5.3.2 贵宾室宜设置单独门厅，并有独立的卫生间和服务间。

5.4 出入口

5.4.1 具备展品进出和工作人员、参展人员出入的通道，应做到人流物流分开、工作人员和参展人员分开。

5.4.2 应设置紧急出口或安全出口，出口标志必须清楚醒目，应符合GB 2894和GB 13495的规定。

5.5 通道

5.5.1 宽度应考虑人流、物流、防火和安全等因素；一般主通道宽度不应小于4.5米，其他通道不应小于3米。

5.5.2 应保证畅通，不允许展品、废弃物等堆放在通道上。

5.5.3 应设置紧急通道和消防通道，并保证畅通。

5.5.4 宜设置残障人士专用通道。

5.6 卸货区

5.6.1 宜设在室内，或有顶棚的室外。

5.6.2 区域要足够大，以利于多辆货车同时卸货、装货，能满足5吨（含5吨）以下的货车掉头。

5.6.3 配备便于布展、撤展和货物运输的运输、装卸设备和设施。

5.6.4 货门要足够宽，能满足大型展览展示物品或货车进入展厅。

5.7 停车场

5.7.1 布局合理、规模适当、设施完善，分设机动车进出口与人员通道。

5.7.2 应有规范、显著的交通指示标志，如车场进出标志、限速标志、限高标志、方向标志等。

5.7.3　应配备安全防范设备，如监控系统、防爆设备、防火设备等。

5.8　商务中心

5.8.1　应配备网络、传真、打字、复印、装订、国际和国内长途直拨电话等设备。

5.8.2　应具有旅游、票务、商务咨询、零售区等服务项目。

5.8.3　保证至少有一台电脑安装英文操作系统。

5.8.4　宜配备十人以下（含十人）小型会议室。

5.9　广播设施

5.9.1　应配备在展会期间播放背景音乐、展会通知及紧急事件通知的广播音响设施。

5.9.2　广播系统要有足够的声压级，声音清晰，声场均匀。

5.9.3　广播系统要有优先控制功能。紧急事件发生，消防和保卫室优先控制广播系统，强制进行应急广播。

5.10　信息标志

5.10.1　应具备功能明确的指示系统，如指路标、导视牌、展室牌、展馆分布图、楼层分布图、展位分布图，并为举办单位预留展会指示系统空间。

5.10.2　标志应规范、准确、醒目，并符合 GB/T 10001.1 的规定。

5.11　其他设备设施

5.11.1　配备数量适宜的办公室、洽谈室、展览服务中心、休息室等。

5.11.2　应配备供主（承）办单位、主场布展工程商、货运服务商、海关、商检、动植检疫、卫生检查、知识产权、公关等部门使用的临时办公场所。

5.11.3　宜配备供主（承）办单位或参展商使用的专门库房，以用于存放先行抵达的展品、资料等物资或存放撤展后等待物流公司来收取的展品，也可用于存放展会期间展品的包装箱。

5.11.4　宜配备参展商用于宣传展品及企业形象的广告牌、灯箱、彩旗、充气拱门以及气球、汽艇等设施。

6. 工程管理

6.1　为展位服务的公共设施

6.1.1 公共服务设施包括但不限于：电箱或三相电源插座、电话和电脑线、压缩空气、饮用水、排水和燃料供应。

6.1.2 应设置地下管沟，方便设备管线的排布、管理、维修以及调整。

6.1.3 管线和电缆的位置、标识、阀门和开关应符合安全要求。

6.2 照明设施

6.2.1 应符合 GB 50034 的要求。

6.2.2 应在配电房、水泵房、消防中心、重要办公室与会议室、疏散走道等设应急照明灯，在疏散通道及公共出口设疏散指示标志灯。

6.2.3 应对所有标准摊位的照明及电源安装提供服务。

6.3 通信系统

6.3.1 根据展会主（承）办单位或参展商的要求，可在展位、会议室、办公用房等场所提供直线电话、国际直拨电话。

6.3.2 在地下层及其他移动通信盲区，宜设置移动通信中继收发设备。

6.4 供电

6.4.1 应保证供电系统满足不同展会活动的电力要求。

6.4.2 展厅内应设有足够的电源接口和插头。

6.4.3 场馆运营单位应对展厅用电及安装灯箱提前审核，审核合格后，派出专门电工指导装接电源。

6.4.4 展厅内使用的电器应符合安全要求和场馆运行方的要求，电器安装时应保证线路连接可靠，并充分考虑通风及散热，不得与易燃物直接接触。

6.5 电梯

6.5.1 在人流密集区安装足够的自动手扶电梯，实际使用时，根据具体流量情况确定电梯不同的运送方式。

6.5.2 应设置货物运输电梯，大宗、大件展品或货物应通过货物电梯运输，禁止用自动扶梯和客梯运送货物、设备或家具等。

6.5.3 宜设置食品专用电梯。

7. 现场管理

7.1 主（承）办单位进场

7.1.1 审核主（承）办单位递交的法人执照、展会批文、消防批准文件及治安批准文件。

7.1.2　审核展位平面图及展位设计图，并保证其符合场馆安全管理规定。

7.1.3　与主（承）办单位签订（治安、消防、施工）安全责任书。

7.2　施工单位进场

7.2.1　审核或配合主场布展工程商审核展览工程设计方、施工方的资质。

7.2.2　审查或配合主场布展工程商审查展位结构、材料、安全用电等项目，审查合格后发放施工证，所有施工单位凭证方可进场。

7.2.3　与施工单位签订施工安全责任书。

7.3　布展工程

7.3.1　在场馆进行的布展工程工作包括但不限于：展位画线、地毯铺设、参展商报道和进场、展位搭建协调、现场施工管理和验收、展位楣板的制作、现场安全保卫、消防和安全检查、现场清洁和布展垃圾的处理。

7.3.2　应对布展工程实施过程的安全、消防、作业规范和出入人员进行全程监督，对违规情况进行整改跟踪。

7.4　开展

7.4.1　全程监督展会开馆前的各项工作，协调展会开幕式环节中的相关事宜。

7.4.2　展会控制包括但不限于：观展线路、人流量、各展位情况；应对突发事件的处理，保证展会现场的安全、有序；做好过程中的沟通、协调、记录工作。

7.4.3　闭馆前，应在保证安全的前提下，切断水电气、安全门及通道的锁闭；并保证展会夜间的安全。

7.5　撤展

7.5.1　在场馆的撤展工作包括但不限于：展位的拆除、参展商租用展览器材的退还、参展商展品的处理和回运、场馆的清洁和撤展安全保卫等。

7.5.2　场馆运营方应监督参展商或承建商按规定的程序进行展位的拆除，并检验场馆设施设备是否有损坏。

7.5.3 场馆运营方宜督促参展商将临时租用的展览器材及时退还场馆，并应对所有出馆展品进行查验。

7.5.4 场馆运营方或指定的布展工程商宜在撤展结束后 6 小时内处理完场馆内的垃圾。

7.5.5 履行合同结算工作。

7.6 交通管理

7.6.1 展会活动开始前，应就活动期间的交通问题与当地交管部门进行沟通，并取得交管部门的支持。

7.6.2 统一发放"车辆通行证"，无"车辆通行证"的车辆一律不允许进入场馆区。

7.6.3 在重要的道路出口和交叉路口设置清楚、明显且足够多的指示信号灯和指示标牌，引导车辆按规定的路线行驶。

7.6.4 设计车辆行驶路线时，应把人流和车流分开。

7.7 现场保洁管理

7.7.1 应随时保持场馆内外环境整洁，地面无废弃物，及时清除场内的所有垃圾和污垢。

7.7.2 每天展会闭馆后，应对地面、墙面和为客人提供的公共用品（如电梯扶手、柜台、门把手和水龙头等）进行清洁、消毒；特殊时期应对场馆内部进行空气消毒。

7.7.3 场馆内应张贴醒目的禁烟标志，有条件的场馆宜设置吸烟室，吸烟室应及时清扫，避免烟头、烟灰污染其他地方。

7.8 现场安全管理

7.8.1 协助主（承）办单位制订安全、保卫方案，并保障方案的实施。

7.8.2 展台设计、制作及安装应符合安全操作要求，无安全隐患。

7.8.3 布展基本结束后（一般在开幕的前一天），场馆运营方应会同主（承）办单位以及公安消防部门，组织以防火为主的安全大检查，对查出的隐患应立即进行整改。

7.8.4 展会期间加强巡视，维护参展人员的人身及财产安全。

7.8.5 针对活动特点，制定公共卫生、治安事件、设施设备突发故障等各项突发事件应急响应预案。

8. 配套服务

8.1　信息咨询服务

8.1.1　设置信息咨询台，要求信息咨询台的工作人员能详细解答参展人员提出的展位布置、场馆所提供的服务、当地旅游景点、展馆周边交通、住宿、就餐、购物等方面的问题。

8.1.2　咨询台应配置足够的信息资料以供参展人员索取，信息资料宜准备多种语言版本。

8.2　物品寄存或保管服务

8.2.1　应提供保管箱服务，用于衣帽存放和小件物品寄存。

8.2.2　严格办理寄存手续，严格按照手续要求存放和提取物品，并说明贵重物品丢失的免责范围。

8.2.3　严格检查存放的物品，不得寄存有毒有害品、易燃易爆品、具有腐蚀性的物品。

8.3　餐饮服务

8.3.1　宜提供包括快餐服务、咖啡厅服务、饮用水供应、小食品售卖等多种形式的餐饮服务。

8.3.2　餐厅和厨房的建筑设计应符合 JGJ 64 的规定。

8.3.3　应确保饮食安全。为展会活动提供的餐饮应经过卫生防疫部门的许可，食品留样 24 小时。

8.3.4　餐饮工作人员应持卫生健康证上岗。

8.4　投诉与意见反馈

8.4.1　定期或不定期收集和整理各方的反馈意见和建议，按照 GB/T 17242 的要求，建立完善的客户投诉处理制度。

8.4.2　处理顾客意见或建议时应积极热情、认真及时、记录完整。

8.5　网络和信息服务

8.5.1　应配备智能化网络信息系统，并宜提供包括无线宽带网、有线宽带网在内的多种上网服务。

8.5.2　应保证活动期间网络运行质量，确保网络安全、畅通、稳定。

附录 B
物流服务相关管理规定

一、广交会展品集货运输管理办法

为进一步加强广交会展品集货运输管理，促进筹撤展集货运输秩序有序、交通畅顺，确保撤换展工作顺利完成，制定本办法。

第一条 展品集货资格申报适用范围

展品集货运输资格申报适用范围：在广交会从事"门对门"一站式展品集货运输服务的运输公司或其他运输单位（下称运输商）。

运输商必须按照《广交会展品集货运输管理办法》的规定，为参展商提供规范、专业、高效的"门对门"一站式展览运输服务。

交易团和参展企业应推荐经广交会审核合格的运输商为集货运输单位。

第二条 申请集货资格的条件

1. 具备一定资质，能独立提供运输服务的运输商或其他运输单位。

2. 参加广交会展品集货管理工作的运输商，须提供经交易团推荐公函原件。

3. 具备相关资质、受参展企业委托的其他运输商，凭参展企业推荐函，直接向主办部门提交申请。

4. 在同一个展期内，同一个展区（A、B、C区中任一个展区）展品总货量不低于 100 立方米。

第三条 资格审核须提交的资料

1. 运输商应提交经年检的营业执照复印件，并在复印件加盖公司印章。

2. 由交易团指定或推荐的运输商，应提交所在组团单位加盖印章的推荐公函原件。

3. 由参展企业自行委托的运输商，须提交各参展企业加盖印章的推荐函原件（若委托的参展企业过多，所提交的推荐函应不少于 80 家）。

4. 由运输商指定的现场负责集货管理的负责人或业务经办人，应提交（或出示）运输商出具的授权委托书（该委托书为格式文件，必须按要求填写），若上述现场人员出现变更，其授权委托书须重新提交。

第四条　申请程序

申请单位按要求备齐资料，统一交至客服中心展会服务部储运科。详细办理程序，请登录广交会网站下载或查阅《服务指南》关于《广交会撤展展品集货申报工作须知》。

第五条　资格审定和公布

1. 由中国对外贸易中心（集团）客户服务中心（下称客服中心）负责对参加展品集货运输商的资格进行审核确定。

2. 审核内容为核实申请资料是否齐全、属实，是否全部满足必备的展品集货资格条件。

3. 在收齐申请资料后 15 个工作日内完成审核工作，并在广交会网站（www. cantonfair. org. cn）公示通过资格初审的运输商名单，若无重大异议，上报审批。

4. 审批后，在广交会网站正式公布通过资格审核的运输单位名单，并向各交易团发出通知。

第六条　现场集货管理要求

运输商应严格遵守广交会展品集货运输、搬运服务及安全等各方面管理规定，承担所承接展品集货运输的安全第一责任。

1. 一期的车辆与工程机械（4.0、5.0、6.0、8.0、12.0 户外展区）、大型机械与设备（6.1、7.1 展区）不纳入展品集货申报范围。

2. 大会如设置集货车辆轮候区，车辆应按规定提前进入轮候区轮候。

3. 遵守大会保卫办车辆停放区域的规定。

4. 各运输商未经广交会有关部门许可，不得在 A、B 区展馆二、三层车道、A、B 区中央通道及展厅通道和门口两侧空地集货，不得在统一划定的展品集货区域之外停车集货装运。

5. 每期撤展当天，展厅展品清空时间为当日的 21：00。在 21：00 后客服中心将组织搬运人员强行清理展厅内尚未清出的展品。

6. 装货停车位只限于运输商装货临时使用，装货点有使用时限，时限过后车位将自动转为其他撤展车辆停放位置，不再为某一家运输公司专用。每期撤展当天，各运输单位应及时安排货车到场，在规定时段内组织完成展品装车工作并按时离场。不得占用空车位堆放货物。不得擅自改变停车位置长时间停车装货。

7. 凡不办理撤展车证、车辆不按时到达集货停车位的，其车位自动转为其他撤展车辆停车位。

8. 每期撤展当天，所有集货运输单位的货车司机不能离车，货车司机的手机号码应醒目写在车头显眼处，以便现场检查并及时联系司机本人。

9. 每期撤展当天，禁止各运输商将货物堆放在车头前面及车道，可利用A、B区展场南路后排对出5米宽的空地，包括人行道堆放货物，以减少主车道交通阻塞。

10. 对于货量较多的运输商，当货量达到装满一辆货车时，须及时联系调度后续货车进馆，加快展品装运。若在撤展当天，车辆因故延迟至撤展开始后5个小时才能进入展馆，运输商须提前向广交会有关部门报告，大会将根据现场情况引导车辆到达停车位置。

11. 各运输商的标志牌统一挂靠车头显眼位置。

12. 必须告知参展商装货区货车停车的位置，并提前联络大会承运商预约叉车、工人等。

13. 每期撤展当天，各集货运输商的负责现场工作的人员必须按时到场，协助交通协管员引导该单位货车到达停车位，配合大会做好回运货物堆放、理货和疏导工作。

14. 各运输商应在公平竞争的原则下，承接在广交会的展品集货运输业务，不得采取非正当竞争手段，损害参展商与同行的利益。各运输商必须遵守以下规定：

（1）不得随意划圈占地，占用同行的装货点，乱摆乱放阻塞交通。

（2）装货点一律不得转让第三方使用。

（3）装货停车位实行"谁使用，谁管理"。现场秩序员须佩戴明显的标识（由各运输商自制），以方便大会现场管理人员识别。

（4）每期撤展时间内确保专人在现场负责管理、协调装货点的秩序，在规定的撤展时间内完成每期展品集货运输工作。若通宵作业，需留人值守尚未装车的展品。

（5）各运输单位务必严格按照每期规定的撤展时间节点及要求做好展品运输工作。客服中心组织检查时，若发现运输商有违反集货规定、影响展馆交通秩序的，将被列入黑名单，在《广交会通讯》上通报批评，并进行相应的处理。

15. 凡申报办理广交会撤展集货人证、车证的运输商须详细阅读并签署《广交会办证工作承诺书》，自觉服从大会工作人员的管理、监督并遵守以下规定：

（1）广交会证件实行办证实名制，各运输单位办证必须严格审核申请人身份证原件并对审核结果负责。广交会撤展集货办证数量将根据实际情况从严控制。

（2）办理广交会展品集货运输人证、车证的申请人必须为集货运输单位授权委托书中的现场集货负责人。

（3）凡申办广交会集货证件的运输单位，必须按大会规定使用证件：

驻会服务证和理货证不得为无关人员办证，不得将指标另做他用。如将指标另作他用者，将以1∶2的比例相应扣减该运输商下届广交会办证指标，违规人员还需按每天200元补交该证件有效期内的全部费用。

驻会服务证和理货证必须注意保管，在广交会结束后交回客服中心展会服务部储运科，如出现遗失，必须出具公司公函说明原因，大会将以1∶1的比例扣减该运输商下届广交会的办证指标，给予口头警告，并按每个驻会服务证100元及每个理货证50元处以罚款。

严重违规的将取消其办证资格。

第七条　资格审核的时效

广交会展品集货运输商资格审核，采取"优存劣退、每届复核、每年审核"的办法。

1. "每届复核"即每届广交会期间对获得展品集货资格的运输商，客服中心相关主管部门均进行现场检查记录，凡因违规造成投诉而影响严重者，即时取消当届广交会展品运输集货资格。

2. "每年审核"即每年终组织一次广交会展品集货运输商资格审核。对获得资格后连续两届未能在广交会提供集货运输服务的单位,客服中心将不予受理该运输商下一年度的展品集货资格申请。对符合条件且通过审核的新运输商可纳入广交会展品集货运输商名单。

3. 根据《广交会展品集货运输单位评估办法(试行)》的标准,由客服中心有关部门在每个年审年度内(一年两届),按 100 分满分制,对集货运输商的服务进行评估。若集货运输商在前一届评估结果在 60 分以下(不含 60 分)的,客服中心将取消其下一届的展品集货资格及不再受理其下一年度的展品集货资格申请;若运输商在后一届评估结果在 60 分以下(不含 60 分)的,客服中心不再受理该运输商下一年度的集货资格申请。

第八条　附则

本办法自批准之日起施行。原规定与本办法相抵触或不符的,以本办法为准。本办法的解释权归中国对外贸易中心(集团)客户服务中心。

二、广交会车辆进出展馆管理规定

第一条 参展单位自运展品的运输车辆进入展馆应符合以下条件：

1. 凭广交会发放的有效车证；

2. 在车证规定的时间段内；

3. 有参展商带车。

第二条 装卸货时限要求：

1. 运输车辆进院后须服从广交会车管部门的调度。运输车辆装卸货不得超过 2 小时，1.75 吨以下（含 1.75 吨）驶上展馆二、三层展厅的运输车辆装卸货限定在 1 小时内驶离。司机不准离车。

2. 由于集装箱体积大，移动慢，在馆内停放，将会严重影响撤换展工作，因此广交会不受理集装箱在馆内吊卸及存放业务，集装箱车辆进入展馆筹、撤展区域以 2 小时为限，装卸货后应立即驶离。

3. 筹撤展运输车辆须服从交通人员指挥，按指定位置停放及装卸货；筹、撤展期间，展馆筹撤展区内车位停满时，参展单位的运输车辆应暂停在停车区等候，听从交通人员指挥进展区装卸货。

行驶路线：

（1）由新港东路进入各装卸区。

（2）由阅江路进入各装卸区。

（3）进入各装卸区的运输车辆，可根据停放位置选择展场中路、展场西路、展场东路、会展南二路和会展南三路，由新港东路、阅江路或凤浦路驶离展区。

第三条 车辆通行和停放限制

1. 筹、撤展期间，载客车辆一律不准在展馆区域马路停放。

2. 筹、撤展期间，超过 10 米长的车辆不得直接驶上二、三层展厅，须到停车场过车驶入。

3. 筹、撤展（换展）期间驶上二、三层展区车辆每批限制在 40 辆以下，一小时内驶离展馆。

4. 会展期间所有车辆不准驶上二、三层展区。

第四条 车辆行驶管理规定

1. 筹、撤展期间客、货运车辆

（1）车证的查验放行

所有筹、撤展货运车辆凭展馆统一核发的筹、撤展车证并按车证上所注明的时间在指定区域装卸货物。

筹、撤展期间，交易团、商会以及中心各单位公务用车均凭展馆内停证查验放行。

（2）车辆的行驶路线、停放位置安排以及相关要求

货运车辆。由新港东路调头（往西行驶）右转进入展品所在展馆指定货车停放区域（展馆南路），依次为 1、2、3、4、5、6、7、8、9、10、11、12、13 号馆，车辆装卸货后，可根据停放位置，从展场中路、展场西路和展场东路，由新港东路、阅江路或凤浦路驶离展馆；进入 C 区车辆由会展南二、三路进入。双塔路大货车轮候区，专停放 6.0、8.0、5.0 馆。

载客小车。持证小车由新港东路左转（往北行驶）进入展场中路下客，由阅江东路左转经会展西路进入展馆地下车库指定区域停放。

无广交会车证小车可在会展东路、会展西路下客后驶离。

（3）相关要求

运输车辆应根据展品所在馆号，选择指定的货车停车位置停放，司机不得离车。

运送展品的车辆一律不许进入展馆（机械及设备展区除外），只可停在展馆大货车停车区装卸货，由参展商自行或委托展馆搬运人员运进或运出展厅。

凡进入展馆地下停车场停放的小车均由展馆西面唯一入口经过车底防爆安检后进入，驾驶员须持有展馆有效凭证。

禁止车辆在停车场过夜停放。

2. 展览期间车辆

广交会展馆展览期间各类车辆须凭有效证件，按规定路线进出展馆。具体如下：

（1）车证发放管理

展馆设内停证，此证仅供车辆进出及停放广交会车场之用。

（2）车证的查验放行

交易团、商（协）会及有关单位公务用车凭内停证经安检后放行。交易团接送巴士及酒店接送巴士凭展馆停车证放行。

展馆穿梭巴士可凭展馆核发的内停证放行，但必须在展场外下客后，空车进入停车点。

（3）车辆行驶路线

交易团巴士。由新港东路右转会展东路进入 B 区大车停车场，下班时可由会展东路、新港东路驶离。

酒店接待巴士。酒店接待巴士由新港东路进入阅江路或展场西路下客，下客后即驶离，经阅江路、会展东路或会展西路驶离会场，下午经新港东路进入会展西路、阅江路、展场西路、展场南路货车停车区车位上客，从展场中路、新港东路离场。

停放北面广场的车辆由展场中路或展场东路进入停车点，离场时由展场中路或展场东路转新港东路驶离。

穿梭巴士。展馆设有广交会展馆展场南路停车点至市区的亚洲国际大酒店、东方宾馆、华厦大酒店、中信广场等四条免费穿梭巴士，由新港东路、会展西路、展场西路、展场南路专用车位上客，按规定时间发车，经展场中路、新港东路返回市区各线路停车点。

出租车。新港东路左转（往北行）驶往展场中路出租车站临时停靠，上落客后驶离会场。展馆出租车站仅供的士临时停靠上下客之用，上下客后应立即驶离，不得在此停留等客。

附录 C
展会安保服务相关文件

保安服务管理条例

第一章　总　　则

第一条　为了规范保安服务活动，加强对从事保安服务的单位和保安员的管理，保护人身安全和财产安全，维护社会治安，制定本条例。

第二条　本条例所称保安服务是指：

1. 保安服务公司根据保安服务合同，派出保安员为客户单位提供的门卫、巡逻、守护、押运、随身护卫、安全检查以及安全技术防范、安全风险评估等服务；

2. 机关、团体、企业、事业单位招用人员从事的本单位门卫、巡逻、守护等安全防范工作；

3. 物业服务企业招用人员在物业管理区域内开展的门卫、巡逻、秩序维护等服务。

前款第 1 项、第 3 项中的机关、团体、企业、事业单位和物业服务企业，统称自行招用保安员的单位。

第三条　国务院公安部门负责全国保安服务活动的监督管理工作。县级以上地方人民政府公安机关负责本行政区域内保安服务活动的监督管理工作。

保安服务行业协会在公安机关的指导下，依法开展保安服务行业自律活动。

第四条　保安服务公司和自行招用保安员的单位（以下统称保安从业单位）应当建立健全保安服务管理制度、岗位责任制度和保安员管理制度，加强对保安员的管理、教育和培训，提高保安员的职业道德水平、业务素质和责任意识。

第五条　保安从业单位应当依法保障保安员在社会保险、劳动用工、劳动保护、工资福利、教育培训等方面的合法权益。

第六条　保安服务活动应当文明、合法，不得损害社会公共利益或者侵犯他人合法权益。

保安员依法从事保安服务活动，受法律保护。

第七条　对在保护公共财产和人民群众生命财产安全、预防和制止违法犯罪活动中有突出贡献的保安从业单位和保安员，公安机关和其他有关部门应当给予表彰、奖励。

第二章　保安服务公司

第八条　保安服务公司应当具备下列条件：

1. 有不低于人民币 100 万元的注册资本；

2. 拟任的保安服务公司法定代表人和主要管理人员应当具备任职所需的专业知识和有关业务工作经验，无被刑事处罚、劳动教养、收容教育、强制隔离戒毒或者被开除公职、开除军籍等不良记录；

3. 有与所提供的保安服务相适应的专业技术人员，其中法律、行政法规有资格要求的专业技术人员，应当取得相应的资格；

4. 有住所和提供保安服务所需的设施、装备；

5. 有健全的组织机构和保安服务管理制度、岗位责任制度、保安员管理制度。

第九条　申请设立保安服务公司，应当向所在地设区的市级人民政府公安机关提交申请书以及能够证明其符合本条例第八条规定条件的材料。

受理的公安机关应当自收到申请材料之日起 15 日内进行审核，并将审核意见报所在地的省、自治区、直辖市人民政府公安机关。省、自治区、直辖市人民政府公安机关应当自收到审核意见之日起 15 日内做出决定，对符合条件的，核发保安服务许可证；对不符合条件的，书面通知申请人并说明理由。

第十条　从事武装守护押运服务的保安服务公司，应当符合国务院公安部门对武装守护押运服务的规划、布局要求，具备本条例第八条规定的条件，并符合下列条件：

1. 有不低于人民币 1000 万元的注册资本；

2. 国有独资或者国有资本占注册资本总额的 51% 以上；

3. 有符合《专职守护押运人员枪支使用管理条例》规定条件的守护押运人员；

4. 有符合国家标准或者行业标准的专用运输车辆以及通信、报警设备。

第十一条　申请设立从事武装守护押运服务的保安服务公司，应当向所在地设区的市级人民政府公安机关提交申请书以及能够证明其符合本条例第八条、第十条规定条件的材料。保安服务公司申请增设武装守护押运业务的，无须再次提交证明其符合本条例第八条规定条件的材料。

受理的公安机关应当自收到申请材料之日起 15 日内进行审核，并将审核意见报所在地的省、自治区、直辖市人民政府公安机关。省、自治区、直辖市人民政府公安机关应当自收到审核意见之日起 15 日内做出决定，对符合条件的，核发从事武装守护押运业务的保安服务许可证或者在已有的保安服务许可证上增注武装守护押运服务；对不符合条件的，书面通知申请人并说明理由。

第十二条　取得保安服务许可证的申请人，凭保安服务许可证到工商行政管理机关办理工商登记。取得保安服务许可证后超过 6 个月未办理工商登记的，取得的保安服务许可证失效。

保安服务公司设立分公司的，应当向分公司所在地设区的市级人民政府公安机关备案。备案应当提供总公司的保安服务许可证和工商营业执照，总公司法定代表人、分公司负责人和保安员的基本情况。

保安服务公司的法定代表人变更的，应当经原审批公安机关审核，持审核文件到工商行政管理机关办理变更登记。

第三章　自行招用保安员的单位

第十三条　自行招用保安员的单位应当具有法人资格，有符合本条例规定条件的保安员，有健全的保安服务管理制度、岗位责任制度和保安员管理制度。

娱乐场所应当依照《娱乐场所管理条例》的规定，从保安服务公司聘用保安员，不得自行招用保安员。

第十四条　自行招用保安员的单位，应当自开始保安服务之日起 30 日内向所在地设区的市级人民政府公安机关备案，备案应当提供下列材料：

1. 法人资格证明；

2. 法定代表人（主要负责人）、分管负责人和保安员的基本情况；

3. 保安服务区域的基本情况；

4. 建立保安服务管理制度、岗位责任制度、保安员管理制度的情况。

自行招用保安员的单位不再招用保安员进行保安服务的，应当自停止保安服务之日起 30 日内到备案的公安机关撤销备案。

第十五条　自行招用保安员的单位不得在本单位以外或者物业管理区域以外提供保安服务。

第四章　保 安 员

第十六条　年满 18 周岁，身体健康，品行良好，具有初中以上学历的中国公民可以申领保安员证，从事保安服务工作。申请人经设区的市级人民政府公安机关考试、审查合格并留存指纹等人体生物信息的，发给保安员证。

提取、留存保安员指纹等人体生物信息的具体办法，由国务院公安部门规定。

第十七条　有下列情形之一的，不得担任保安员：

1. 曾被收容教育、强制隔离戒毒、劳动教养或者 3 次以上行政拘留的；

2. 曾因故意犯罪被刑事处罚的；

3. 被吊销保安员证未满 3 年的；

4. 曾两次被吊销保安员证的。

第十八条　保安从业单位应当招用符合保安员条件的人员担任保安员，并与被招用的保安员依法签订劳动合同。保安从业单位及其保安员应当依法参加社会保险。

保安从业单位应当根据保安服务岗位需要定期对保安员进行法律、保安专业知识和技能培训。

第十九条　保安从业单位应当定期对保安员进行考核，发现保安员不合格或者严重违反管理制度，需要解除劳动合同的，应当依法办理。

第二十条　保安从业单位应当根据保安服务岗位的风险程度为保安员投保意外伤害保险。

保安员因工伤亡的，依照国家有关工伤保险的规定享受工伤保险待遇；保安员牺牲被批准为烈士的，依照国家有关烈士褒扬的规定享受抚恤优待。

第五章　保安服务

第二十一条　保安服务公司提供保安服务应当与客户单位签订保安服务合同，明确规定服务的项目、内容以及双方的权利义务。保安服务合同终止后，保安服务公司应当将保安服务合同至少留存2年备查。

保安服务公司应当对客户单位要求提供的保安服务的合法性进行核查，对违法的保安服务要求应当拒绝，并向公安机关报告。

第二十二条　设区的市级以上地方人民政府确定的关系国家安全、涉及国家秘密等治安保卫重点单位不得聘请外商独资、中外合资、中外合作的保安服务公司提供保安服务。

第二十三条　保安服务公司派出保安员跨省、自治区、直辖市为客户单位提供保安服务的，应当向服务所在地设区的市级人民政府公安机关备案。备案应当提供保安服务公司的保安服务许可证和工商营业执照、保安服务合同、服务项目负责人和保安员的基本情况。

第二十四条　保安服务公司应当按照保安服务业服务标准提供规范的保安服务，保安服务公司派出的保安员应当遵守客户单位的有关规章制度。客户单位应当为保安员从事保安服务提供必要的条件和保障。

第二十五条　保安服务中使用的技术防范产品，应当符合有关的产品质量要求。保安服务中安装监控设备应当遵守国家有关技术规范，使用监控设备不得侵犯他人合法权益或者个人隐私。

保安服务中形成的监控影像资料、报警记录，应当至少留存30日备查，保安从业单位和客户单位不得删改或者扩散。

第二十六条　保安从业单位对保安服务中获知的国家秘密、商业秘密以及客户单位明确要求保密的信息，应当予以保密。

保安从业单位不得指使、纵容保安员阻碍依法执行公务、参与追索债务、采用暴力或者以暴力相威胁的手段处置纠纷。

第二十七条　保安员上岗应当着保安员服装，佩戴全国统一的保安服务标志。保安员服装和保安服务标志应当与人民解放军、人民武装警察和人民警察、工商税务等行政执法机关以及人民法院、人民检察院工作人员的制式服装、标志服饰有明显区别。

保安员服装由全国保安服务行业协会推荐式样，由保安服务从业单位在推荐式样范围内选用。保安服务标志式样由全国保安服务行业协会确定。

第二十八条　保安从业单位应当根据保安服务岗位的需要为保安员配备所需的装备。保安服务岗位装备配备标准由国务院公安部门规定。

第二十九条　在保安服务中，为履行保安服务职责，保安员可以采取下列措施：

1. 查验出入服务区域的人员的证件，登记出入的车辆和物品；

2. 在服务区域内进行巡逻、守护、安全检查、报警监控；

3. 在机场、车站、码头等公共场所对人员及其所携带的物品进行安全检查，维护公共秩序；

4. 执行武装守护押运任务，可以根据任务需要设立临时隔离区，但应当尽可能减少对公民正常活动的妨碍。

保安员应当及时制止发生在服务区域内的违法犯罪行为，对制止无效的违法犯罪行为应当立即报警，同时采取措施保护现场。

从事武装守护押运服务的保安员执行武装守护押运任务使用枪支，依照《专职守护押运人员枪支使用管理条例》的规定执行。

第三十条　保安员不得有下列行为：

1. 限制他人人身自由、搜查他人身体或者侮辱、殴打他人；

2. 扣押、没收他人证件、财物；

3. 阻碍依法执行公务；

4. 参与追索债务、采用暴力或者以暴力相威胁的手段处置纠纷；

5. 删改或者扩散保安服务中形成的监控影像资料、报警记录；

6. 侵犯个人隐私或者泄露在保安服务中获知的国家秘密、商业秘密以及客户单位明确要求保密的信息；

7. 违反法律、行政法规的其他行为。

第三十一条　保安员有权拒绝执行保安从业单位或者客户单位的违法指令。保安从业单位不得因保安员不执行违法指令而解除与保安员的劳动合同，降低其劳动报酬和其他待遇，或者停缴、少缴依法应当为其缴纳的社会保险费。

第六章　保安培训单位

第三十二条　保安培训单位应当具备下列条件：

1. 是依法设立的保安服务公司或者依法设立的具有法人资格的学校、职业培训机构；

2. 有保安培训所需的师资力量，其中保安专业师资人员应当具有大学本科以上学历或者 10 年以上治安保卫管理工作经历；

3. 有保安培训所需的场所、设施等教学条件。

第三十三条　申请从事保安培训的单位，应当向所在地设区的市级人民政府公安机关提交申请书以及能够证明其符合本条例第三十二条规定条件的材料。

受理的公安机关应当自收到申请材料之日起 15 日内进行审核，并将审核意见报所在地的省、自治区、直辖市人民政府公安机关。省、自治区、直辖市人民政府公安机关应当自收到审核意见之日起 15 日内做出决定，对符合条件的，核发保安培训许可证；对不符合条件的，书面通知申请人并说明理由。

第三十四条　从事武装守护押运服务的保安员的枪支使用培训，应当由人民警察院校、人民警察培训机构负责。承担培训工作的人民警察院校、人民警察培训机构应当向所在地的省、自治区、直辖市人民政府公安机关备案。

第三十五条　保安培训单位应当按照保安员培训教学大纲制订教学计划，对接受培训的人员进行法律、保安专业知识和技能培训以及职业道德教育。

保安员培训教学大纲由国务院公安部门审定。

第七章　监督管理

第三十六条　公安机关应当指导保安从业单位建立健全保安服务管理制度、岗位责任制度、保安员管理制度和紧急情况应急预案，督促保安从业单位落实相关管理制度。

保安从业单位、保安培训单位和保安员应当接受公安机关的监督检查。

第三十七条　公安机关建立保安服务监督管理信息系统，记录保安从业单位、保安培训单位和保安员的相关信息。

公安机关应当对提取、留存的保安员指纹等人体生物信息予以保密。

第三十八条　公安机关的人民警察对保安从业单位、保安培训单位实施监督检查应当出示证件，对监督检查中发现的问题，应当督促其整改。监督检查的情况和处理结果应当如实记录，并由公安机关的监督检查人员和保安从业单位、保安培训单位的有关负责人签字。

第三十九条　县级以上人民政府公安机关应当公布投诉方式，受理社会公众对保安从业单位、保安培训单位和保安员的投诉。接到投诉的公安机关应当及时调查处理，并反馈查处结果。

第四十条　国家机关及其工作人员不得设立保安服务公司，不得参与或者变相参与保安服务公司的经营活动。

第八章　法律责任

第四十一条　任何组织或者个人未经许可，擅自从事保安服务、保安培训的，依法给予治安管理处罚，并没收违法所得；构成犯罪的，依法追究刑事责任。

第四十二条　保安从业单位有下列情形之一的，责令限期改正，给予警告；情节严重的，并处1万元以上5万元以下的罚款；有违法所得的，没收违法所得：

1. 保安服务公司法定代表人变更未经公安机关审核的；

2. 未按照本条例的规定进行备案或者撤销备案的；

3. 自行招用保安员的单位在本单位以外或者物业管理区域以外开展保安

服务的；

4. 招用不符合本条例规定条件的人员担任保安员的；

5. 保安服务公司未对客户单位要求提供的保安服务的合法性进行核查的，或者未将违法的保安服务要求向公安机关报告的；

6. 保安服务公司未按照本条例的规定签订、留存保安服务合同的；

7. 未按照本条例的规定留存保安服务中形成的监控影像资料、报警记录的。

客户单位未按照本条例的规定留存保安服务中形成的监控影像资料、报警记录的，依照前款规定处罚。

第四十三条　保安从业单位有下列情形之一的，责令限期改正，处 2 万元以上 10 万元以下的罚款；违反治安管理的，依法给予治安管理处罚；构成犯罪的，依法追究直接负责的主管人员和其他直接责任人员的刑事责任：

1. 泄露在保安服务中获知的国家秘密、商业秘密以及客户单位明确要求保密的信息的；

2. 使用监控设备侵犯他人合法权益或者个人隐私的；

3. 删改或者扩散保安服务中形成的监控影像资料、报警记录的；

4. 指使、纵容保安员阻碍依法执行公务、参与追索债务、采用暴力或者以暴力相威胁的手段处置纠纷的；

5. 对保安员疏于管理、教育和培训，发生保安员违法犯罪案件，造成严重后果的。

客户单位删改或者扩散保安服务中形成的监控影像资料、报警记录的，依照前款规定处罚。

第四十四条　保安从业单位因保安员不执行违法指令而解除与保安员的劳动合同，降低其劳动报酬和其他待遇，或者停缴、少缴依法应当为其缴纳的社会保险费的，对保安从业单位的处罚和对保安员的赔偿依照有关劳动合同和社会保险的法律、行政法规的规定执行。

第四十五条　保安员有下列行为之一的，由公安机关予以训诫；情节严重的，吊销其保安员证；违反治安管理的，依法给予治安管理处罚；构成犯罪的，依法追究刑事责任：

1. 限制他人人身自由、搜查他人身体或者侮辱、殴打他人的；

2. 扣押、没收他人证件、财物的；

3. 阻碍依法执行公务的；

4. 参与追索债务、采用暴力或者以暴力相威胁的手段处置纠纷的；

5. 删改或者扩散保安服务中形成的监控影像资料、报警记录的；

6. 侵犯个人隐私或者泄露在保安服务中获知的国家秘密、商业秘密以及客户单位明确要求保密的信息的；

7. 有违反法律、行政法规的其他行为的。

从事武装守护押运的保安员违反规定使用枪支的，依照《专职守护押运人员枪支使用管理条例》的规定处罚。

第四十六条 保安员在保安服务中造成他人人身伤亡、财产损失的，由保安从业单位赔付；保安员有故意或者重大过失的，保安从业单位可以依法向保安员追偿。

第四十七条 保安培训单位未按照保安员培训教学大纲的规定进行培训的，责令限期改正，给予警告；情节严重的，并处1万元以上5万元以下的罚款；以保安培训为名进行诈骗活动的，依法给予治安管理处罚；构成犯罪的，依法追究刑事责任。

第四十八条 国家机关及其工作人员设立保安服务公司，参与或者变相参与保安服务公司经营活动的，对直接负责的主管人员和其他直接责任人员依法给予处分。

第四十九条 公安机关的人民警察在保安服务活动监督管理工作中滥用职权、玩忽职守、徇私舞弊的，依法给予处分；构成犯罪的，依法追究刑事责任。

第九章 附 则

第五十条 保安服务许可证、保安培训许可证以及保安员证的式样由国务院公安部门规定。

第五十一条 本条例施行前已经设立的保安服务公司、保安培训单位，应当自本条例施行之日起6个月内重新申请保安服务许可证、保安培训许可证。本条例施行前自行招用保安员的单位，应当自本条例施行之日起3个月内向公安机关备案。

本条例施行前已经从事保安服务的保安员，自本条例施行之日起1年内由保安员所在单位组织培训，经设区的市级人民政府公安机关考试、审查合格并留存指纹等人体生物信息的，发给保安员证。

第五十二条 本条例自2010年1月1日起施行。

附录 D
展会餐饮服务食品安全管理规定

重大活动餐饮服务食品安全监督管理规范

各省、自治区、直辖市及新疆生产建设兵团食品药品监督管理局，北京市卫生局、福建省卫生厅：

为规范重大活动餐饮服务食品安全管理，确保重大活动餐饮服务食品安全，国家食品药品监督管理局组织制定了《重大活动餐饮服务食品安全监督管理规范》，现予印发，请遵照执行。

国家食品药品监督管理局
二〇一一年二月十五日

第一章 总 则

第一条 为规范重大活动餐饮服务食品安全管理，确保重大活动餐饮服务食品安全，根据《食品安全法》《食品安全法实施条例》《餐饮服务食品安全监督管理办法》等法律、法规及规章，制定本规范。

第二条 本规范适用于各级政府确定的具有特定规模和影响的政治、经济、文化、体育以及其他重大活动的餐饮服务食品安全监督管理。

第三条 国家食品药品监督管理局负责对重大活动餐饮服务食品安全管理工作进行指导、协调和监督。地方各级餐饮服务食品安全监管部门负责对本辖区内重大活动餐饮服务食品安全工作进行监督管理。

第四条 重大活动餐饮服务食品安全监督管理坚持预防为主、科学管理、属地负责、分级监督的原则。

第五条 餐饮服务食品安全监管部门、重大活动主办单位、餐饮服务提供者建立有效的食品安全信息沟通机制，共同做好重大活动餐饮服务食品安全保障工作。

第六条 鼓励餐饮服务提供者在重大活动中采用先进的科学技术和管理规范，配备先进的食品安全检验设备，提高科学管理水平。

第二章 主办单位责任

第七条 主办单位应当建立健全餐饮服务食品安全管理机构，负责重大活动餐饮服务食品安全管理，对重大活动餐饮服务食品安全负责。

第八条 主办单位应当选择符合下列条件的餐饮服务提供者承担重大活动餐饮服务保障：

1. 餐饮服务食品安全监督管理量化分级 A 级（或具备与 A 级标准相当的条件）；

2. 具备与重大活动供餐人数、供餐形式相适应的餐饮服务提供能力；

3. 配备专职食品安全管理人员；

4. 餐饮服务食品安全监管部门提出的其他要求。

第九条 主办单位应于活动举办前 20 个工作日向餐饮服务食品安全监管部门通报重大活动相关信息，包括活动名称、时间、地点、人数、会议代表食宿安排；主办单位名称、联系人、联系方式；餐饮服务提供者名称、地址、联系人、联系方式；重要宴会、赞助食品等相关情况。

第十条 主办单位在重大活动期间要确保餐饮服务食品安全监管部门开展餐饮服务食品安全监督执法所必要的工作条件。

第十一条 主办单位应当协助餐饮服务食品安全监管部门加强餐饮服务食品安全监管，督促餐饮服务提供者落实餐饮服务食品安全责任，并根据餐饮服务食品安全监管部门的建议，调整餐饮服务提供者。

第三章 餐饮服务提供者责任

第十二条 餐饮服务提供者为重大活动提供餐饮服务，依法承担餐饮服务食品安全责任，保证食品安全。

第十三条 餐饮服务提供者应当积极配合餐饮服务食品安全监管部门及其派驻工作人员的监督管理，对监管部门及其工作人员所提出的意见认真整改。在重大活动开展前，餐饮服务提供者应与餐饮服务食品安全监管部门签订责任承诺书。

第十四条　餐饮服务提供者应当建立重大活动餐饮服务食品安全工作管理机构，制订重大活动餐饮服务食品安全实施方案和食品安全事故应急处置方案，并将方案及时报送餐饮服务食品安全监管部门和主办单位。

第十五条　餐饮服务提供者应当制定重大活动食谱，并经餐饮服务食品安全监管部门审核；实施原料采购控制要求，确定合格供应商，加强采购检验，落实索证索票、进货查验和台账登记制度，确保所购食品、食品添加剂和食品相关产品符合食品安全标准。

第十六条　餐饮服务提供者应当加强对食品加工、储存、陈列等设施设备的定期维护，加强对保温设施及冷藏、冷冻设施的定期清洗、校验，加强对餐具、饮具的清洗、消毒。

第十七条　餐饮服务提供者应当依法加强从业人员的健康管理，确保从业人员的健康状况符合相关要求。

第十八条　餐饮服务提供者应当与主办单位共同做好餐饮服务从业人员的培训，满足重大活动的特殊需求。

第十九条　重大活动餐饮服务食品留样应当按品种分别存放于清洗消毒后的密闭专用容器内，在冷藏条件下存放 48 小时以上，每个品种留样量应满足检验需要，并做好记录。食品留样存放的冰箱应专用，并专人负责，上锁保管。

第二十条　有下列情形之一的，餐饮服务提供者应停止使用相关食品、食品添加剂和食品相关产品：

1. 法律法规禁止生产经营的食品、食品添加剂和食品相关产品；
2. 检验检测不合格的生活饮用水和食品；
3. 超过保质期的食品、食品添加剂；
4. 外购的散装直接入口熟食制品；
5. 监管部门在食谱审查时认定不适宜提供的食品。

第四章　监管部门责任

第二十一条　餐饮服务食品安全监管部门应当制订重大活动餐饮服务食

品安全保障工作方案和食品安全事故应急预案。

第二十二条 餐饮服务食品安全监管部门应当按照重大活动的特点，确定餐饮服务食品安全监管方式和方法，并要求主办单位提供必要的条件。

第二十三条 餐饮服务食品安全监管部门应当制定重大活动餐饮服务食品安全信息报告和通报制度，明确报告和通报的主体、事项、时限及相关责任。

第二十四条 餐饮服务食品安全监管部门应当在活动期间加强对重大活动餐饮服务提供者的事前监督检查。检查发现安全隐患，应当及时提出整改要求，并监督整改；对不能保证餐饮食品安全的餐饮服务提供者，及时提请或要求主办单位予以更换。

第二十五条 餐饮服务食品安全监管部门应当对重大活动餐饮服务提供者提供的食谱进行审定。

第五章　监督程序

第二十六条 餐饮服务食品安全监管部门应当根据重大活动餐饮服务食品安全工作需要，选派 2 名或 2 名以上的监督员，执行重大活动餐饮服务食品安全驻点监督工作，对食品加工制作重点环节进行动态监督，填写检查笔录和监督意见书。监督过程中如遇有重大食品安全问题，驻点监督人员不能现场解决的，应及时向有关部门报告。

第二十七条 餐饮服务食品安全监管部门对重大活动餐饮服务提供者进行资格审核，开展加工制作环境、冷菜制作、餐用具清洗消毒、食品留样等现场检查，对不能满足接待任务要求的、不能保证食品安全的餐饮服务提供者，应及时提请或要求主办单位予以更换。

第二十八条 餐饮服务食品安全监管部门应当及时对重大活动采购的重点食品及其原料进行抽样检验。

第二十九条 餐饮服务食品安全监管部门应当及时对重大活动餐饮服务食品安全进行现场检查，并制作现场检查笔录和监督意见书等，对餐饮服务提供者不符合相关法律法规要求的情况责令限期整改，并及时通报主办单位。

第三十条 发生食物中毒或疑似食物中毒时，主办单位、餐饮服务提供者、驻点监管人员应当依法依规向有关部门报告，餐饮服务监管部门应当立即封存可能导致食品安全事故的食品及其原料、工具及用具、设备设施和现场，协助、配合有关部门开展食品安全事故调查。

第三十一条 重大活动餐饮服务食品安全保障工作结束之日起 10 个工作日，餐饮服务食品安全监管部门应当对重大活动食品安全监督工作做出书面总结，并将有关资料归档保存。

第六章 附 则

第三十二条 本规范由国家食品药品监督管理局负责解释。

第三十三条 各省、自治区、直辖市餐饮服务食品安全监管部门可结合本地实际，制定重大活动餐饮服务食品安全监督管理规范实施细则。

第三十四条 本规范自发布之日起施行。

附录 E
展会知识产权保护管理相关规定

一、展会知识产权保护办法

第一章 总　　则

第一条　为加强展会期间知识产权保护，维护会展业秩序，推动会展业的健康发展，根据《中华人民共和国对外贸易法》、《中华人民共和国专利法》、《中华人民共和国商标法》和《中华人民共和国著作权法》及相关行政法规等制定本办法。

第二条　本办法适用于在中华人民共和国境内举办的各类经济技术贸易展览会、展销会、博览会、交易会、展示会等活动中有关专利、商标、版权的保护。

第三条　展会管理部门应加强对展会期间知识产权保护的协调、监督、检查，维护展会的正常交易秩序。

第四条　展会主办方应当依法维护知识产权权利人的合法权益。展会主办方在招商招展时，应加强对参展方有关知识产权的保护和对参展项目（包括展品、展板及相关宣传资料等）的知识产权状况的审查。在展会期间，展会主办方应当积极配合知识产权行政管理部门的知识产权保护工作。

展会主办方可通过与参展方签订参展期间知识产权保护条款或合同的形式，加强展会知识产权保护工作。

第五条　参展方应当合法参展，不得侵犯他人知识产权，并应对知识产权行政管理部门或司法部门的调查予以配合。

第二章　投诉处理

第六条　展会时间在三天以上（含三天），展会管理部门认为有必要的，展会主办方应在展会期间设立知识产权投诉机构。设立投诉机构的，展会举办地知识产权行政管理部门应当派员进驻，并依法对侵权案件进行处理。

未设立投诉机构的，展会举办地知识产权行政管理部门应当加强对展会知识产权保护的指导、监督和有关案件的处理，展会主办方应当将展会举办地的相关知识产权行政管理部门的联系人、联系方式等在展会场馆的显著位置予以公示。

第七条　展会知识产权投诉机构应由展会主办方、展会管理部门、专利、商标、版权等知识产权行政管理部门的人员组成，其职责包括：

（一）接受知识产权权利人的投诉，暂停涉嫌侵犯知识产权的展品在展会期间展出；

（二）将有关投诉材料移交相关知识产权行政管理部门；

（三）协调和督促投诉的处理；

（四）对展会知识产权保护信息进行统计和分析；

（五）其他相关事项。

第八条　知识产权权利人可以向展会知识产权投诉机构投诉，也可直接向知识产权行政管理部门投诉。权利人向投诉机构投诉的，应当提交以下材料：

（一）合法有效的知识产权权属证明：涉及专利的，应当提交专利证书、专利公告文本、专利权人的身份证明、专利法律状态证明；涉及商标的，应当提交商标注册证明文件，并由投诉人签章确认，商标权利人身份证明；涉及著作权的，应当提交著作权权利证明、著作权人身份证明；

（二）涉嫌侵权当事人的基本信息；

（三）涉嫌侵权的理由和证据；

（四）委托代理人投诉的，应提交授权委托书。

第九条　不符合本办法第八条规定的，展会知识产权投诉机构应当及时通知投诉人或者请求人补充有关材料。未予补充的，不予接受。

第十条　投诉人提交虚假投诉材料或其他因投诉不实给被投诉人带来损失的，应当承担相应法律责任。

第十一条　展会知识产权投诉机构在收到符合本办法第八条规定的投诉材料后，应于 24 小时内将其移交有关知识产权行政管理部门。

第十二条　地方知识产权行政管理部门受理投诉或者处理请求的，应当通知展会主办方，并及时通知被投诉人或者被请求人。

第十三条　在处理侵犯知识产权的投诉或者请求程序中，地方知识产权行政管理部门可以根据展会的展期指定被投诉人或者被请求人的答辩期限。

第十四条　被投诉人或者被请求人提交答辩书后，除非有必要作进一步调查，地方知识产权行政管理部门应当及时做出决定并送交双方当事人。

被投诉人或者被请求人逾期未提交答辩书的，不影响地方知识产权行政管理部门做出决定。

第十五条　展会结束后，相关知识产权行政管理部门应当及时将有关处理结果通告展会主办方。展会主办方应当做好展会知识产权保护的统计分析工作，并将有关情况及时报展会管理部门。

第三章　展会期间专利保护

第十六条　展会投诉机构需要地方知识产权局协助的，地方知识产权局应当积极配合，参与展会知识产权保护工作。地方知识产权局在展会期间的工作可以包括：

（一）接受展会投诉机构移交的关于涉嫌侵犯专利权的投诉，依照专利法律法规的有关规定进行处理；

（二）受理展出项目涉嫌侵犯专利权的专利侵权纠纷处理请求，依照专利法第五十七条的规定进行处理；

（三）受理展出项目涉嫌假冒他人专利和冒充专利的举报，或者依职权查处展出项目中假冒他人专利和冒充专利的行为，依据专利法第五十八条和第五十九条的规定进行处罚。

第十七条　有下列情形之一的，地方知识产权局对侵犯专利权的投诉或者处理请求不予受理：

（一）投诉人或者请求人已经向人民法院提起专利侵权诉讼的；

（二）专利权正处于无效宣告请求程序之中的；

（三）专利权存在权属纠纷，正处于人民法院的审理程序或者管理专利工作的部门的调解程序之中的；

（四）专利权已经终止，专利权人正在办理权利恢复的。

第十八条　地方知识产权局在通知被投诉人或者被请求人时，可以即行调查取证，查阅、复制与案件有关的文件，询问当事人，采用拍照、摄像等方式进行现场勘验，也可以抽样取证。

地方知识产权局收集证据应当制作笔录，由承办人员、被调查取证的当事人签名盖章。被调查取证的当事人拒绝签名盖章的，应当在笔录上注明原因；有其他人在现场的，也可同时由其他人签名。

第四章　展会期间商标保护

第十九条　展会投诉机构需要地方工商行政管理部门协助的，地方工商行政管理部门应当积极配合，参与展会知识产权保护工作。地方工商行政管理部门在展会期间的工作可以包括：

（一）接受展会投诉机构移交的关于涉嫌侵犯商标权的投诉，依照商标法律法规的有关规定进行处理；

（二）受理符合商标法第五十二条规定的侵犯商标专用权的投诉；

（三）依职权查处商标违法案件。

第二十条　有下列情形之一的，地方工商行政管理部门对侵犯商标专用权的投诉或者处理请求不予受理：

（一）投诉人或者请求人已经向人民法院提起商标侵权诉讼的；

（二）商标权已经无效或者被撤销的。

第二十一条　地方工商行政管理部门决定受理后，可以根据商标法律法规等相关规定进行调查和处理。

第五章　展会期间著作权保护

第二十二条　展会投诉机构需要地方著作权行政管理部门协助的，地方著作权行政管理部门应当积极配合，参与展会知识产权保护工作。地方著作权行政管理部门在展会期间的工作可以包括：

（一）接受展会投诉机构移交的关于涉嫌侵犯著作权的投诉，依照著作权法律法规的有关规定进行处理；

（二）受理符合著作权法第四十七条规定的侵犯著作权的投诉，根据著作权法的有关规定进行处罚。

第二十三条 地方著作权行政管理部门在受理投诉或请求后，可以采取以下手段收集证据：

（一）查阅、复制与涉嫌侵权行为有关的文件档案、账簿和其他书面材料；

（二）对涉嫌侵权复制品进行抽样取证；

（三）对涉嫌侵权复制品进行登记保存。

第六章 法律责任

第二十四条 对涉嫌侵犯知识产权的投诉，地方知识产权行政管理部门认定侵权成立的，应会同会展管理部门依法对参展方进行处理。

第二十五条 对涉嫌侵犯发明或者实用新型专利权的处理请求，地方知识产权局认定侵权成立的，应当依据专利法第十一条第一款关于禁止许诺销售行为的规定以及专利法第五十七条关于责令侵权人立即停止侵权行为的规定做出处理决定，责令被请求人从展会上撤出侵权展品，销毁介绍侵权展品的宣传材料，更换介绍侵权项目的展板。

对涉嫌侵犯外观设计专利权的处理请求，被请求人在展会上销售其展品，地方知识产权局认定侵权成立的，应当依据专利法第十一条第二款关于禁止销售行为的规定以及第五十七条关于责令侵权人立即停止侵权行为的规定做出处理决定，责令被请求人从展会上撤出侵权展品。

第二十六条 在展会期间假冒他人专利或以非专利产品冒充专利产品，以非专利方法冒充专利方法的，地方知识产权局应当依据专利法第五十八条和第五十九条规定进行处罚。

第二十七条 对有关商标案件的处理请求，地方工商行政管理部门认定侵权成立的，应当根据《商标法》《商标法实施条例》等相关规定进行处罚。

第二十八条 对侵犯著作权及相关权利的处理请求，地方著作权行政管理部门认定侵权成立的，应当根据著作权法第四十七条的规定进行处罚，没收、销毁侵权展品及介绍侵权展品的宣传材料，更换介绍展出项目的展板。

第二十九条 经调查，被投诉或者被请求的展出项目已经由人民法院或者知识产权行政管理部门做出判定侵权成立的判决或者决定并发生法律效力的，地方知识产权行政管理部门可以直接做出第二十六条、第二十七条、第二十八条和第二十九条所述的处理决定。

第三十条　请求人除请求制止被请求人的侵权展出行为之外，还请求制止同一被请求人的其他侵犯知识产权行为的，地方知识产权行政管理部门对发生在其管辖地域之内的涉嫌侵权行为，可以依照相关知识产权法律法规以及规章的规定进行处理。

第三十一条　参展方侵权成立的，展会管理部门可依法对有关参展方予以公告；参展方连续两次以上侵权行为成立的，展会主办方应禁止有关参展方参加下一届展会。

第三十二条　主办方对展会知识产权保护不力的，展会管理部门应对主办方给予警告，并视情节依法对其再次举办相关展会的申请不予批准。

第七章　附　　则

第三十三条　展会结束时案件尚未处理完毕的，案件的有关事实和证据可经展会主办方确认，由展会举办地知识产权行政管理部门在 15 个工作日内移交有管辖权的知识产权行政管理部门依法处理。

第三十四条　本办法中的知识产权行政管理部门是指专利、商标和版权行政管理部门；本办法中的展会管理部门是指展会的审批或者登记部门。

第三十五条　本办法自 2006 年 3 月 1 日起实施。

二、广东省展会专利保护办法

第一章　总　则

第一条　为了加强展会专利保护，维护展会秩序，推动经济社会发展，根据《中华人民共和国专利法》《广东省专利条例》和有关法律、法规，结合本省实际，制定本办法。

第二条　本省行政区域内举办的展会活动中有关专利的保护，适用本办法。

本办法所称的展会，是指展会主办方以招展的方式在固定场所和预定时期内举办的以展示、交易为目的的展览会、展销会、博览会、交易会、展示会等活动。

本办法所称的展会主办方（主办单位或者承办单位），是指与参展商签订参展合同或者其他形式的协议（以下简称参展合同），负责制订展会实施方案、计划和展会专利保护规则，对展会活动进行统筹、组织和安排，并对展会活动承担责任的单位。

本办法所称的展会专利投诉处理机构，是指由展会主办方设立的，负责调解处理展会期间专利侵权纠纷的工作机构。

第三条　展会专利保护应当遵循展会主办方负责、政府监管、社会公众监督的原则。

展会主办方应当与参展商签订参展合同，约定展会专利保护的相关条款，加强展会专利审查和保护工作。

参展商应当合法参展，不得有侵犯专利权和假冒专利行为。

第四条　县级以上人民政府专利行政部门负责指导、监督和管理本行政区域内的展会专利保护工作。

县级以上人民政府有关部门按照各自职责做好展会相关专利工作，维护展会正常秩序。

第五条　展会期间的专利侵权纠纷，专利权人或者利害关系人可以请求展会专利投诉处理机构或者专利行政部门调解，也可以请求展会所在地人民政府专利行政部门处理，或者直接向人民法院起诉。

第六条　行业协会应当通过制定行业自律规范，开展宣传培训等方式，增强会员的专利保护意识，协助专利行政部门和展会主办方开展展会专利保护工作。

第七条　参展商、专利权人或者利害关系人应当遵守展会主办方制定的展会专利保护规则。

第八条　展会主办方和参展商应当接受专利行政部门的指导、监督和管理，配合专利行政部门的执法活动。

第二章　展会专利保护规范

第九条　展会主办方应当制定展会专利保护规则，并通过电子邮件、传真等方式及时向展会所在地人民政府专利行政部门进行告知性备案。

展会专利保护规则的主要内容应当包括：

（一）展会主办方设立的展会专利投诉处理机构、人员组成、职责；

（二）参展展品涉及专利的，参展商应当准备相关权利证明材料，并对展品的专利状况进行自查；

（三）展会主办方应当依法维护专利权人的合法权益，对参展展品进行查验，参展商应当予以配合。

前款所称的参展展品，包括展品、展板、展台、产品及照片、目录册、视像资料，以及其他相关宣传资料。

第十条　展会主办方应当履行下列职责：

（一）在展会显著位置和参展商手册上公布展会专利投诉处理机构或者专利行政部门的地点、联系方式、投诉途径和专利保护规则等信息；

（二）设立展会专利投诉处理机构，接受专利权人或者利害关系人的投诉，对展会中发生的专利侵权纠纷进行调解处理；

（三）参展展品涉嫌假冒专利或者重复侵权的，及时移交专利行政部门依法处理；

（四）完整保存展会的专利保护信息与档案资料，自展会举办之日起保存不少于2年，并应当在展会结束之日起30日内按照专利行政部门的要求以电子邮件或者传真等方式报送信息。

第十一条 展会主办方应当建立专利公示制度，并将参展展品中涉及的专利以数据库、目录或者其他形式予以公布，涉及商业秘密的除外。

第十二条 展会主办方应当与参展商签订参展合同，参展合同应当包括以下主要专利保护条款：

（一）参展商应当遵守展会的专利保护规则；

（二）参展商应当接受展会专利投诉调解，拒绝配合调解的，展会主办方可以按照约定解除合同，取消参展；

（三）经展会专利投诉处理机构调解认为涉嫌专利侵权并禁止展出的参展展品，参展商拒绝采取遮盖、撤架、封存相关宣传资料、更换展板等撤展措施的，展会主办方可以按照约定解除合同，取消参展；

（四）参展商对专利权人或者利害关系人投诉其涉嫌专利侵权行为的，应当接受专利行政部门的简易程序处理；

（五）展品被专利行政部门或者人民法院认定为侵犯专利权的，参展商拒绝采取遮盖、撤架、封存相关宣传资料、更换展板等撤展措施时，展会主办方可以按照约定解除合同，取消参展；

（六）与展会专利保护有关的其他内容。

第十三条 涉及专利的参展合同范本，由省人民政府专利行政部门制定，在其门户网站上公布，并供免费下载使用。

第十四条 展会专利侵权纠纷当事人委托代理人的，应当提交委托人签名或者盖章的授权委托书，授权委托书必须记明委托事项和权限。对代为承认、放弃、变更投诉请求，进行和解的，必须有委托人的特别授权。

外国人、外国企业或者外国其他组织在展会期间对专利侵权纠纷提出调解或者处理请求的，应当委托依法设立的中国专利代理机构或者律师事务所办理。

第十五条 专利行政部门应当加强展会专利的保护，在展会举办期间，应当以巡查等管理方式督促展会主办方和参展商履行专利保护的义务，抽查有专利标识的展品，对涉嫌假冒专利的展品予以及时处理。

第十六条 专利行政部门应当指导、监督展会主办方按本办法要求设立展会专利投诉处理机构，并要求展会主办方在展馆显著位置或者参展手册上公布展会专利投诉处理机构的地点、联系方式和专利保护规则等信息。

第三章　展会专利侵权纠纷调解

第十七条　向展会专利投诉处理机构投诉的，应当提交以下材料：

（一）投诉申请书，包括投诉人与被投诉参展商（下称被投诉人）的基本情况、投诉请求和所依据的事实及理由；

（二）合法有效的权属证明，包括专利证书、专利公告文本、专利权人的身份证明、专利法律状态证明；

（三）其他相关证据材料。

第十八条　专利行政部门应当建立专利保护专家库，为展会提供服务。专家库由知识产权、法律及相关领域的专家组成。

展会主办方设立的展会专利投诉处理机构，依据参展合同的专利保护条款调解展会期间的专利侵权纠纷。其组成人员不得少于3人，可以从专利行政部门的专家库中选聘，也可以请求专利行政部门指派或者聘请相关领域的专家。

第十九条　展会专利投诉处理机构调解人员与专利侵权纠纷有利害关系的，应当回避。

第二十条　展会专利投诉处理机构根据本办法第九条和第十二条的规定，履行以下职责：

（一）接受展会专利侵权纠纷投诉；

（二）对投诉进行调查核实；

（三）组织投诉人与被投诉人进行调解；

（四）根据调查查明情况或者调解情况向展会主办方提出是否继续履行参展合同的意见。

第二十一条　展会专利投诉处理机构接受投诉后，应当到被投诉人的展位进行现场调查、送达相关文书，听取双方当事人意见，查明事实、分清是非责任，组织双方当事人进行调解。

调解达成协议的，应当当场制作调解协议书，并由双方当事人签收后发生效力；不接受调解或者调解不能达成协议的，展会主办方应当按照参展合同的约定进行处理。

第二十二条　展会主办方对涉嫌侵权的展品，应当要求被投诉人按照合同约定立即采取撤展措施。

展会专利投诉处理机构在调解过程中发现参展商违反本办法第十二条有关情形的，展会主办方可以按照约定解除合同。

参展合同解除后，被投诉人应当立即撤展。

第二十三条　被投诉人依调解协议执行后有异议的，应当在 24 小时内通过展会专利投诉处理机构向展会主办方提出书面意见，并提交相应的证据。

被投诉人的异议成立的，视为原双方达成的调解协议无效，展会专利投诉处理机构应当在 24 小时内通知被投诉人恢复展示，并书面告知投诉人。

被投诉人的异议不成立的，原双方达成的调解协议有效。

第二十四条　展会专利投诉处理机构在调解过程中，对涉及大型机械设备、精密仪器内部结构、产品制造方法以及其他难以判定的专利，可以终止调解，并书面告知投诉人。

展会专利投诉处理机构应当根据专利权人或者利害关系人的请求出具相关事实证明或者为其查阅、复印有关的材料提供便利。

第二十五条　专利行政部门调解展会专利侵权纠纷，依据相关法律法规规章的规定进行。

专利行政部门进行调解，达成协议的，应当当场制作调解协议书，经双方当事人签收后，即发生效力。

调解未达成协议或者调解协议书送达前反悔的，专利行政部门应当依法做出行政处理。

第四章　展会专利侵权纠纷行政处理

第二十六条　专利行政部门处理展会中的专利侵权纠纷可以适用简易程序或者普通程序。

第二十七条　展会举办时间在 3 日以上，所在地县级以上人民政府专利行政部门认为需要派员驻会的，可以派员驻会，并设立临时的专利侵权纠纷受理点，接受专利权人或者利害关系人提出的专利侵权纠纷处理请求，对符合受理条件的依法予以受理。

展会主办方应当配合，提供必要的场所和办公条件。

第二十八条　专利权人或者利害关系人向专利行政部门提出专利侵权纠纷处理请求的，应当符合下列条件：

（一）提交专利侵权纠纷处理请求书、证据，以及身份证明、营业执照等资料；

（二）请求人是专利权人或者利害关系人；

（三）有明确的被请求人；

（四）有明确的请求事项和事实、理由；

（五）当事人未向人民法院起诉；

（六）属于该专利行政部门管辖范围和受理事项范围；

（七）重复侵权的，请求人还应当提交已经生效的行政处理决定、民事裁判或者仲裁裁决文书。

专利权正处于无效宣告请求程序中且无效理由明显成立的展会专利侵权纠纷，专利行政部门可以不予受理。

第二十九条　当事人提交的证据材料，应当真实、合法。

当事人提交的证据材料是在中华人民共和国领域外形成的，应当经所在国公证机关予以证明，并经中华人民共和国驻该国使领馆予以认证，或者履行中华人民共和国与该所在国订立的有关条约中规定的证明手续。

当事人提交的证据材料是在中国香港、澳门、台湾地区形成的，应当履行相关的证明手续。

当事人是境外的，其主体资格的证明材料参照本条第二款和第三款的规定执行。

当事人提交外文书证或者外文说明资料，应当附有中文译本。

第三十条　专利行政部门处理展会专利侵权纠纷案件，可以到被请求人的展位进行现场检查，查阅、复制与案件有关的文件，询问当事人，采取拍照、摄像、抽样等方式调查取证。

第三十一条　展会期间专利侵权纠纷案件的普通处理程序，依据《广东省专利条例》和相关法律法规的规定执行。

执行《广东省专利条例》第三十二条、第三十三条等相关规定措施，所产生的运输、仓储等费用由请求人承担，涉及实用新型专利或者外观设计专利的，请求人应当提交国务院专利行政部门出具的实用新型检索报告或者专利权评价报告。

第三十二条　专利行政部门对事实清楚、证据确凿充分、争议不大并且符合下列条件之一的专利侵权纠纷案件，可以适用简易程序处理：

（一）专利权人或者利害关系人仅要求被投诉人停止在本届展会中的侵权行为；

（二）已经生效法律文书认定专利侵权的；

（三）被投诉的参展展品的技术方案或者外观设计与发明、实用新型或者外观设计专利权相同的；

（四）其他可以适用简易程序的情形。

第三十三条　适用简易程序处理的，除了应当符合本办法第二十八条规定外，请求人还应当提供担保，并提供落入专利权的保护范围的对比分析材料和国务院专利行政部门出具的实用新型检索报告或者专利权评价报告以及相关证明材料。

专利权人或者利害关系人提出专利侵权纠纷处理请求的时间距离展会结束不足 48 小时，不适用简易程序处理。

第三十四条　适用简易程序受理的案件，专利行政部门应当及时将案件受理通知书等相关文书材料送达双方当事人。

被请求人应当在收到案件受理通知书等相关文书材料 24 小时内进行答辩和举证，逾期未答辩和举证的，不影响专利行政部门的处理。

第三十五条　按照简易程序处理的专利侵权纠纷案件，专利行政部门应当在被请求人申辩期满后 24 小时内进行审理，调解不成的做出处理决定。

第三十六条　按照简易程序立案的案件，通过现场对比无法判断是否落入专利权的保护范围等案情复杂的，不再适用简易程序，按照本办法第三十一条的规定进行处理，专利行政部门应当及时告知当事人，并说明理由。

第三十七条　专利行政部门查处涉嫌假冒专利行为，依据《中华人民共和国专利法》等相关法律法规的规定执行。

专利行政部门查处假冒专利行为，展会主办方及参展商应当积极配合、协助。

第五章　展会专利诚信档案管理

第三十八条　专利行政部门应当建立展会专利诚信档案，将下列情形列入档案：

（一）违反本办法第十二条有关情形的；

（二）被认定为专利侵权、假冒专利或者重复侵权的；

（三）专利权人及利害关系人以现有技术或者现有设计申请专利并获得专利授权后，向展会主办方投诉或者专利行政部门提出处理请求的。

第三十九条　专利行政部门应当按照规定将展会诚信档案信息纳入行政部门企业信用信息系统，实现部门之间的企业信用信息资源共享，有效监控和防范专利侵权和假冒专利。

第四十条　专利行政部门应当对在展会期间的专利侵权和假冒专利行为向社会公布。

第四十一条　专利行政部门对纳入展会专利诚信档案的参展商，在展会期间巡查时应当对其进行重点检查，对其相关专利权利证明材料进行审查。

第六章　法律责任

第四十二条　展会主办方违反本办法第十条、第十一条、第十二条、第二十一条规定的，由专利行政部门责令限期改正；逾期不改正的，予以警告，并通报批评。

第四十三条　展会主办方违反本办法有关规定，有下列情形之一的，由专利行政部门责令改正；拒不改正的，可以处 1000 元以上 10000 元以下的罚款：

（一）不设立展会专利投诉处理机构的；

（二）拒绝接受专利权人或者利害关系人投诉，未按照规定或者合同约定对禁止展出的参展项目采取措施的；

（三）经专利权人或者利害关系人投诉，拒绝出具相关事实证明，或者拒绝配合公证机关进行取证的；

（四）拒绝行政和司法机关调取投诉案卷，拒绝当事人查阅、复印涉案投诉案卷的。

第四十四条 违反本办法第八条规定，阻碍专利行政部门依法执行职务的，由公安机关依法给予治安管理处罚。

第四十五条 专利行政部门及其工作人员违反本办法有关规定，有下列情形之一的，由上级专利行政部门或者监察部门依法给予处分：

（一）没有在其门户网站上公布参展合同范本的；

（二）没有对展会主办方给予指导、监督的；

（三）没有对展会专利保护工作尽到管理职责的；

（四）玩忽职守、滥用职权、徇私舞弊的。

第七章 附 则

第四十六条 中央和国家机关在粤主办的展会，参照本办法执行；其主管部门对展会专利保护另有规定的，可以从其规定。

第四十七条 本办法自 2012 年 10 月 15 日起施行。

参 考 文 献

1. 罗秋菊.参展商参展决策研究——以东莞展览会为例.旅游学刊.
   2007 年第 5 期

2. 童国颜.百年 AUMA——透视德国展览业发展历程.中国会展.2007
   年第 11 期

3. 张敏.中外会展业动态评估年度报告（2012）.社会科学文献出版社，
   2013 年

4. 华谦生.会展策划与营销.广东经济出版社，2004 年

5. 高玫.我国中心城市现代服务业发展现状与路径选择.企业经济.
   2012 年第 12 期

6. 国家统计局服务业统计司.“十一五”中国服务业发展报告.中国信
   息报（网络版）.2011 年第 11 期

7. 应丽君，牟红.会展服务管理.北京大学出版社，2007 年

8. 张玉明.会展服务管理.中山大学出版社，2010 年

9. 罗仕鉴，朱上上.服务设计.机械工业出版社，2011 年

10. 俞华，朱立文.会展学原理.机械工业出版社，2005 年

11. 刘月，罗仕.服务管理理论研究进展.管理评论.2004 年第 16 卷第
    4 期

12. ［美］詹姆斯·A.菲茨西蒙斯.服务管理：运营、战略和信息技术.
    机械工业出版社，2000 年

13. 陈剑飞，梅洪元.会展建筑.中国建筑工业出版社，2008 年

14. 华东建筑设计研究院有限公司，清华大学建筑设计研究院有限公司.
    中国博览会会展综合体（北块）方案设计.2012 年

15. 《建筑创作》杂志社.广州国际会展中心（一期）.天津大学出版社，
    2008 年

16. 周振宇．当代会展建筑发展趋势暨我国会展建筑发展探索．中国建筑工业出版社，2008 年

17. 陈兆平．中国国际高新技术成果交易会展览中心会馆的楼宇自控系统的五年回顾．智能建筑电气技术，2003 年第 5 期

18. 郑建瑜．会展场馆管理．旅游教育出版社，2007 年

19. 许懋彦等．德国大型会展中心建筑设计专题考察．建筑师．2004 年第 3 期

20. 周振宇．当代会展建筑发展趋势暨我国会展建筑发展探索．中国建筑工业出版社，2008 年

21. 上海标准化研究院．览业标准化综述．2011 年

22. 吴德平，王鸣，肖新才等．大型展会活动公共卫生保障工作实践与体会．中国公共卫生管理．2012 年第 3 期

23. 罗秋菊，庞嘉文，靳文敏．基于投入产出模型的大型活动对举办地的经济影响．2011.66（4）：487—503

24. 刘松萍．国内外展览场馆现状与投资管理模式分析．2009 中国会展经济研究会学术年会论文集，2009 年

25. 刘名俭，甘雪娟．现代展览场馆的盈利模式分析．中国展会．2009 年

26. 宋丹霞，黄卫来．服务供应链视角下的生产性服务供应商评价．武汉理工大学学报．2010 年第 6 期

27. 许传宏．会展服务管理．北京大学出版社，2012 年

28. 陈明．会展业信息化平台建设探讨．商业研究．2008 年第 2 期

29. 曼弗雷德·基希盖奥格等．博览管理——博览、会议和活动的策划、执行与控制．上海财经大学出版社，2008 年

30. 维克托·迈尔—舍恩伯格，肯尼思·库克耶，盛杨燕，周涛译．大数据时代．浙江人民出版社，2013 年

31. 刘大可．会展经济与管理．首都经贸大学出版社，2006 年

32. 刘大可．会展营销教程．高等教育出版社，2006 年

33. 王杏丹．服务视角下中国展览行业的现状与定位．中国市场．2011

年第 23 期

34. 张叶，张国云．绿色经济．中国林业出版社，2010 年

35. 张春霞．绿色经济发展研究．中国林业出版社，2002 年

36. ［美］卡恩，孟凡玲译．绿色城市．中信出版社，2008 年

37. 刘海莹，许锋．会议中心设计运营与管理．旅游教育出版社，2012 年

38. 黄彬．会展实践与研究．浙江大学出版社，2011 年

39. 胡昌平，邓胜利．数字化信息服务．武汉大学出版社，2012 年

40. 张树华，王京山，刘绿茵等．数字时代的图书馆信息服务．北京图书馆出版社，2005 年

41. 金蓓，罗铭．城市会展业信息化服务模式的探讨．北京城市学院学报，2009 年第 6 期

42. 杨顺勇，李晓玲．会展信息技术应用．中国人民大学出版社，2007 年

43. 张友生．系统分析师教程．清华大学出版社，2010 年

44. 林晖明．会展智能信息化．中国水利水电出版社，2010 年

45. 戴维·查菲，史蒂夫·伍德，赵苹，陈守龙，刘现伟译．企业信息管理．中国人民大学出版社，2008 年

46. 张良均．数据挖掘实用案例分析．机械工业出版社，2013 年

47. 张素．会展信息管理．清华大学出版社，2013 年

48. 金蓓．会展信息管理．东北财经大学出版社，2012 年

49. 陈锋仪．对我国会展业与会展旅游的相关分析．理论导刊．2002 年第 10 期

50. 胡平．会展旅游概论．立信会计出版社．2004 年